建设工程招标采购从业人员职业能力认定辅导教材

建设工程招标采购合同管理

中国土木工程学会建筑市场与招标投标研究分会　编

中国建材工业出版社

图书在版编目（CIP）数据

建设工程招标采购合同管理/中国土木工程学会建筑市场与招标投标研究分会编. --北京：中国建材工业出版社，2023.5

建设工程招标采购从业人员职业能力认定辅导教材

ISBN 978-7-5160-3687-7

Ⅰ.①建… Ⅱ.①中… Ⅲ.①建筑工程—招标—经济合同—岗位培训—教材 Ⅳ.①F284

中国国家版本馆CIP数据核字（2023）第007342号

建设工程招标采购合同管理

JIANSHE GONGCHENG ZHAOBIAO CAIGOU HETONG GUANLI

出版发行：中国建材工业出版社
地　　址：北京市海淀区三里河路11号
邮　　编：100831
经　　销：全国各地新华书店
印　　刷：北京印刷集团有限责任公司
开　　本：787mm×1092mm　1/16
印　　张：13.75
字　　数：330千字
版　　次：2023年5月第1版
印　　次：2023年5月第1次
定　　价：72.00元

本社网址：www.jccbs.com，微信公众号：zgjcgycbs

《建设工程招标采购从业人员职业能力认定辅导教材》编委会

主　　　任：安连发

编委会成员：赵桂君　李仁友　李继红　刘　谦
马　燕　徐逢治　韩如波　印捷欧
姜凤霞　洪　琳　邱佩莹　杨宏民
王　莉　张思业　刘跃广　张兴旺
张　岚　杨桂珍　迟玉星　李媛媛

本书主编：韩如波

本书副主编：印捷欧　杜继锋　吴雨冰　梁鸿远
蓝仑山　雷　涛
（按姓氏笔画为序，排名不分先后）

本书编写人员：车　丽　代　倩　花园园　陈　蕊
陈宇杰　夏明华　徐　茜　梁志远
（按姓氏笔画为序，排名不分先后）

主编单位：中国土木工程学会建筑市场与招标投标研究分会

参编单位：上海市建纬律师事务所
国信招标集团股份有限公司
吉林智晟项目管理有限公司
天津广正建设项目咨询股份有限公司

支持单位：北京市建设工程招标投标和造价管理协会
天津市建设工程造价和招投标管理协会
辽宁省建设工程招标投标协会
吉林省建设工程招标投标协会
黑龙江建设工程招投标协会
内蒙古自治区工程建设协会
云南省建设工程招标投标行业协会
安徽省建筑工程招标投标协会
福建省建筑业协会工程建设项目招标投标分会
贵州省建设工程招标投标协会
河南省建设工程招标投标协会
甘肃省建设工程招标投标协会
湖南省建设工程招标投标协会

河北省建设工程招标投标协会
济南市建设工程招标投标协会
新疆建设工程招标投标协会
广西建筑业联合会招标投标分会
江西省招标投标协会
四川省工程建设招标投标协会
青海省招标投标协会
广东省建设工程交易协会
北京建筑大学
广联达科技股份有限公司
上海东方投资监理有限公司
北京大成律师事务所
安徽安天利信工程管理股份有限公司
忱义工程项目管理有限公司
江西省机电设备招标有限公司
海逸恒安项目管理有限公司
天津市建设工程招标有限公司
北京华建联造价工程师事务所有限公司
中安天际有限公司

序　言

中国土木工程学会建筑市场与招标投标研究分会（以下简称“分会”）自1993年成立以来，始终把提升建设工程招标采购行业管理水平视为己任，围绕建筑市场与招标投标不同时期的工作重心及相关法律法规、部门规章的制订调整，围绕各级建设行政主管部门及市场各方交易主体的工作需求，从不同层面组织开展了很多富有成效的工作，其效果是有目共睹、显而易见的。

当今，我国建筑市场与招标采购行业已进入新常态。这种新常态具有以下明显特点：一是以“互联网＋”为标志，大数据、BIM技术、电子化三大科技手段的应用，促使建设工程领域的发展速度产生了质的飞跃，也为建筑业的改革发展带来革命性、方向性的变化，同时PPP项目等一系列新的资本运作模式也正给我国招标采购方式带来新的挑战与思考；二是行政监管工作正在充分体现简政放权的理念，取消非行政许可事项的同时，进一步简化审批事项，延伸服务内涵；三是全国招标采购交易场所按国务院最新要求，正在进行全面整合，总体目标依然体现了可持续这一经济学核心，其方向是明确的，公共资源及建设工程交易中心从传统意义的监管服务方式开始向信息化、电子化交易服务平台转变；四是随着政府指导价格的放开，企业资质的弱化，招标代理企业面临着如何健康持续发展的新课题。

基于当前市场环境，如何实现建筑市场与招标采购监管新的突破；如何提升工程造价及招标代理的效率和质量；如何在行业具体工作中及时跟进，实现管理机制、工作机制的改革创新，这些都是十分必要且需要认真思考的。为全面提升建设工程招标采购行业管理水平，规范从业人员职业行为，建立和完善招标采购从业人员的专业知识能力结构体系，全面促进建筑市场与招标采购行业改革创新的深入发展，分会决定在2016版的从业人员培训教材基础上进行修订，编写具有前瞻性、系统性、适用性的系列辅导教材，目的就是服务行业，服务广大会员单位，引领行业在正确的轨道上健康发展。

近年来，招标采购领域尤其是建设工程招标采购领域飞速发展，新思想、新方法、新技术层出不穷，这些变革都给招标采购从业人员带来了新的挑战和新的要求。过去简单的事务性操作已经远远不能满足新形势下的招标采购服务要求，新的法律法规及全流程电子化等工程招标采购发展趋势也要求从业人员具备新的技能，掌握新的知识。分会也收到了许多反馈，各省市行业协会及会员单位呼吁分会能够顺应行业诉求，聚焦建设工程招标采购领域，突出专业特色，打造我们建设工程招标采购领域的从业人员职业能力认定机制和体系。分会正是在此背景下经过深思熟虑，决定启动从业人员职业能力认定体系建设，推进辅导教材编写等工作。

本系列辅导教材分为4册，包括建设工程招标采购法律法规、合同管理、项目管理、专业实务。辅导教材紧密结合行业特点，较完整地对新的理论及概念做了归纳，既可以作为建设工程招标采购代理行业从业人员培训专用教材，也可以作为各级建设行政主管部门监管人员、评审专家以及企事业单位招采管理和投标岗位人员的业务指导和参考书。

本系列辅导教材由上海市建纬律师事务所、国信招标集团股份有限公司、吉林智晟项目管理有限公司、天津广正建设项目咨询股份有限公司、“建筑云在线”平台全程参与编写，同时得到了北京市建设工程招标投标和造价管理协会、天津市建设工程造价和招投标管理协会、辽宁省建设工程招标投标协会、吉林省建设工程招标投标协会、黑龙江建设工程招投标协会、内蒙古自治区工程建设协会、云南省建设工程招标投标行业协会、安徽省建筑工程招标投标协会、福建省建筑业协会工程建设项目招标投标分会、贵州省建设工程招标投标协会、河南省建设工程招标投标协会、甘肃省建设工程招标投标协会、湖南省建设工程招标投标协会、河北省建设工程招标投标协会、济南市建设工程招标投标协会、新疆建设工程招标投标协会、广西建筑业联合会招标投标分会、江西省招标投标协会、四川省工程建设招标投标协会、青海省招标投标协会、广东省建设工程交易协会等省市行业协会以及北京建筑大学、广联达科技股份有限公司、上海东方投资监理有限公司、北京大成律师事务所、安徽安天利信工程管理股份有限公司、忱义工程项目管理有限公司、江西省机电设备招标有限公司、海逸恒安项目管理有限公司、天津市建设工程招标有限公司、北京华建联造价工程师事务所有限公司、中安天际有限公司等众多单位的悉心指导和鼎力支持。

在此，我们向参加本系列辅导教材编审的各有关单位及专家深表敬意；同时也由衷地感谢各级建设行政主管部门对辅导教材编写工作给予的支持、指导与帮助。

中国土木工程学会
建筑市场与招标投标研究分会
2023 年 4 月

前　言

随着我国社会主义市场经济体系的不断完善和创新发展，招标采购代理资质、工程造价咨询资质相继取消，建设工程招标采购行业已进入高质量发展新常态。为贯彻落实党的二十大报告精神，全面提升建设工程招标采购行业管理水平，规范从业人员职业行为，建立健全招标采购人员的专业知识和能力结构体系，全面促进建筑市场与招标投标行业改革创新的深入发展，编制具有前瞻性、系统性和实用性的系列辅导教材尤为必要。

《建设工程招标采购合同管理》是由中国土木工程学会建筑市场与招标投标研究分会编委会统筹安排编制的《建设工程招标采购从业人员职业能力认定辅导教材》之一，上海市建纬律师事务所作为参编单位负责具体的编写工作，主编韩如波负责总体策划、构思和统筹定稿，副主编印捷欧（东方投资监理）、梁鸿远（东方投资监理）、雷涛（建纬律师事务所）、吴雨冰（大成北京律师事务所）、蓝仑山（大成北京律师事务所）、杜继锋（大成北京律师事务所）分别组织编写相关章节内容，参与编写人员有代倩、车丽、徐茜、梁志远（以上为建纬律师事务所人员）、陈宇杰、夏明华、陈蕊（以上为东方投资监理人员）、花园园（北京建筑大学）。

建设工程项目具有投资额大、建设周期长、各方参与人员多、法律关系复杂、变更索赔争议突出等特征，加之建筑业改革推行全过程咨询和工程总承包施工组织方式，各方参与主体的权利义务复杂，由此贯穿项目建设全过程的合同体系和合同管理就显得尤其重要。本书在编写过程中结合最近几年建筑业新颁布的法律法规、政策性文件，通过分析解读大量的案例和代表性项目提升内容的实用性。每个章节从合同概述、订立、履行、管理等条线入手，逐步展开，将造价咨询合同、工程总承包合同、全过程工程咨询合同增加进来，以便更好适应招标采购从业人员实践所需。

本书知识体系比较完善，密切联系实际，既注重系统性、实用性和可操作性，又兼顾建筑业改革的创新性和前瞻性，既可以作为建设工程招标采购代理行业从业人员培训专用教材，也可以作为各级建设行政主管部门监管人员、评审专家以及企事业单位招采管理和投标岗位人员的参考书。

由于建设工程招标采购合同管理相关法律法规和国家合同示范文本在不断完善过程中，加之编者水平有限，书中难免有遗漏和不足之处，恳请读者予以批评指正。

本书编写组
2023 年 4 月

目 录

第1章　绪论

1.1　招标采购合同管理概述

1.1.1　招标采购合同概念

《中华人民共和国民法典》（以下简称《民法典》）第四百六十四条规定，合同是民事主体之间设立、变更、终止民事法律关系的协议。合同，又称契约、合约，概而言之，是一种合意，是合同订立主体之间协商一致的行为。依法成立的合同，受法律保护；依法成立的合同，仅对当事人具有法律约束力。

招标采购合同是招标人依法通过招标采购方式采购工程、货物或服务，并与中标人订立的互设权利义务的协议。招标采购合同根据内容不同主要包括工程采购合同、货物采购合同和服务采购合同三类，具体可以划分为建设工程招标代理合同、建设工程勘察合同、建设工程设计合同、建设工程监理合同、建设工程造价咨询合同、建设工程施工合同、建设工程总承包合同、建设工程材料设备采购合同、建设工程全过程工程咨询合同。本书将分具体合同类型进行合同管理的介绍。

1.1.2　招标采购合同管理的概念

合同管理是合同当事人对合同的订立、履行、变更、转让、终止、违约和争议处理等进行的全过程的管理，包括针对合同进行的规划、计划、组织、协调、监督和控制等管理工作。其中招标采购合同的订立、履行、变更、转让、终止等均为招标采购合同管理的主要内容，而招标采购合同的规划、审查、监督和控制等是招标采购合同管理的主要手段。招标采购合同管理有利于维护合同主体在合同履行过程中的合法权益，提升经济效益，提高市场竞争力，实现合同主体的可持续发展。

从广义的范围看，招标采购合同管理还包括政府相关部门和合同管理机构对合同主体资格、合同内容、合同订立和履行等的审查、监督、管理和处理等工作。行政主管部门主要从市场管理的角度进行招标采购合同管理，例如对合同当事人进行资质管理，对合同签订的程序和规则进行控制，遵循公平、公开、公正原则，使招标采购合同的签订和履行能够依法实施且符合市场经济要求。值得注意的是，基于“放管服”改革和优化营商环境的目的，强调减审批、强监管、优服务，促进市场公平竞争，政府不断精减招标采购合同的审批事项，还权于市场主体，故而招标采购合同管理更多强调的是市场主体自身对于合同的管理。

1.1.3　招标采购合同管理的特点

在项目全生命周期中，为了完成工程建设项目或政府采购活动的总体目标，众多的项目参与方之间，如发包人、承包人、设计单位、监理单位、造价咨询单位、供应商等，形成了众多的合同法律关系。招标采购合同确定了项目的成本、时间、质量、安全、健康、环境等项目目标，明确了当事人各方的权利、义务和责任。因此合同管理是项目管理的重要内容，贯穿于工程项目实施的全过程，具有全程性、系统性、动态性特征。招标采购合同是市场主体对外经济活动的主要手段，招标采购合同管理涉及各种合同风险的管控，直接关系到合同当事人的履行效率和效益，其特点体现在以下方面：

（1）合同管理周期长。相比于其他合同，招标采购合同周期较长，尤其是工程采购合同。在合同履行过程中，会出现许多订立合同时未能预料的情况，为及时妥善解决可能出现的问题，必须对合同进行长期跟踪与管理，并对合同的任何修改、补充等情况做好记录和管理。

（2）合同管理系统性强。招标人、投标人等市场主体往往涉及众多合同，合同种类繁杂多样，合同管理必须处理好技术、经济、财务、法律等各方面关系，通过合理的、系统化的管理模式分门别类地管理合同。

（3）合同变更频繁。由于招标采购合同周期长、价款高、不确定因素多，导致合同变更频繁，尤其是施工合同，履约过程中合同主体面临大量的签证变更、索赔和反索赔事项，这也要求当事人的合同管理必须是动态、及时和全面的，合同的履约管理应根据变更及时调整。

（4）对合同管理人的法律知识水平要求高。招标采购合同管理不仅要求管理者熟悉普通企业所要了解的法律法规，还必须熟知招标投标的专业法律法规。由于招标投标领域的法律、法规、标准、规范和合同示范文本众多，且在不断更新和增加中，要求合同管理人员对合同的管理必须在具备基本的法律知识和充分、及时地学习最新法律规范的前提下，结合合同当事人的实际情况开展合同管理工作。

（5）合同管理信息化要求高。招标采购合同管理涉及大量信息，需要及时收集、整理、处理、提取和利用，必须建立合同管理信息系统，才能开展有效的合同管理。

（6）合同管理效益显著。在招标采购合同长期的履行过程中，有效的合同管理可以帮助合同当事人预见、发现并设法解决可能出现的问题，避免纠纷的发生，从而节约不必要的涉讼费用。同时，借助大量有理有据的书面合同和履约记录，当事人可以通过索赔等方式，合法、合理地获取补偿。可见，合同管理能够节约成本、预防风险和确保收益。

1.2 招标采购合同管理的目的及任务

1.2.1 招标采购合同管理的目的

招标采购合同管理是一项系统、专业的管理工作。对市场经济主体而言，有利于提升市场竞争力，实现投资目标、保障工程建设质量和安全，增加经济效益；对建筑市场而言，可以推动建筑市场的改革，实现建筑市场有序发展。以建设工程施工合同为例，建设工程施工合同是承包人进行工程建设活动，发包人支付价款的合同。建设工程施工合同的顺利履行是建设工程质量、安全和实现工程投资目的的基本保障，对建设工程合同当事人和社会公共利益、公众的生命健康都有重要的意义。

1. 发展和完善建筑市场

作为社会主义市场经济的重要组成部分，建筑市场需要不断发展和完善。市场经济与计划经济的最主要区别在于：市场经济主要是依靠合同来规范当事人的交易行为，而计划经济主要是依靠行政手段来规范财产流转关系，因此，发展和完善建筑市场，必须有规范的建设工程合同管理制度。

在市场经济条件下，由于主要是依靠合同来规范当事人的交易行为，合同的内容将成为实施建设工程行为的主要依据。依法加强建设工程合同管理，可以保障建筑市场的资金、材料、技术、信息、劳动力的管理，保障建筑市场有序运行。

2. 推进建筑领域的改革

我国建设领域推行项目法人责任制、招标投标制、工程监理制和合同管理制。在这些制度中，核心是合同管理制度，关联和促进其他制度的发展。因为项目法人责任制是要建立能够独立承担民事责任的主体制度，而市场经济中的民事责任主要是基于合同所设立的义务；而完善的合同管理制度又培育了独立的、承担责任的、满足工程建设的市场主体进而促进项目法人责任制。招标投标制实际上是要确立一种公平、公正、公开的合同订立制度，是合同形成过程的程序要求，而经招投标产生的合同法律关系不仅受到合同法律关系的约束还受到招投标法律关系的约束。工程监理制也是依靠合同来规范业主、承包人、监理人相互之间关系的法律制度，因此，建设领域的各项制度实际上是以合同制度为中心相互推进的，建设工程合同管理的健全完善无疑有助于建筑领域其他各项制度的推进。

3. 提高工程建设的管理水平

工程建设管理水平的提高体现在工程质量、进度和投资的三大控制目标上，这三大控制目标的水平可以通过合同管理的手段实现。在合同中设定三大控制目标后，通过履约过程中分阶段、分节点、分流程的管理，要求合同当事人在工程管理中细化这些内容，最终实现合同所预设的目标，避免违约责任的发生。同时，如果能够严格按照合同的要求进行管理，那么工程的质量就能够有效地得到保障，进度和投资的控制目标也就能够实现。因此，建设工程合同管理能够有效地提高工程建设的管理水平。

4. 避免和克服建设领域的经济违法和犯罪

建设领域是我国经济犯罪的高发领域。出现这样的情况主要是由于工程建设中的公开、公正、公平做得不够好，加强建设工程合同管理能够有效地做到公开、公正、公平。

特别是健全和完善建设工程合同的招标投标制度，将建筑市场的交易行为置于阳光之下，约束权力滥用行为，有效地避免和克服建设领域的违法犯罪行为。加强建设工程合同履行的管理也有助于政府行政管理部门对合同的监督，避免和克服建设领域的经济违法和犯罪。

1.2.2　招标采购合同管理的任务

合同生命期一般从签订之日起到权利义务履行完毕终止，而招标采购合同管理的生命期和整个项目建设期有关，主要包括合同规划、招标采购、合同签订和合同履行等阶段，这几个阶段既相对独立存在，具有各自不同的内容和特点，同时各个阶段之间又密切联系，不可分割，共同构成一个完整的管理过程。

1. 合同规划阶段

为了确保招标采购工作的顺利进行，有必要结合整个项目的目标期待、自身特点及外部条件，在招标采购工作开始实施前，对招标采购过程中所有的合同拟定、签订、履行管理作出统筹计划与安排。该阶段合同管理内容主要包括以下方面：

（1）初步合同规划。主要工作内容包括：工程建设项目或政府采购活动总体目标的确定、项目基本信息的采集、市场信息的调研、相关法规政策的收集、项目和合同总体需求的分析，最终形成能够指导合同规划和招投标开展的调研报告、需求建议等成果文件。

（2）招标采购总体合同结构分解。主要工作内容包括：工程建设项目或政府采购活动的工作结构分解，确定具备独立工作流程、能够单独实施、不可再分解的最小工作单元；确定具备独立交易条件、可以独立作为合同内容的最小合同单元；通过优化组合形成招标合同单元，招标合同单元构成的体系能覆盖项目的所有工作。最终建构形成以网状结构、树状结构或表格形式等表示的招标投标总体合同结构分解体系，需要注意的是招标人的合同结构分解不得违反国家招投标法律规定和相应制度。

（3）构建招标采购合同体系。主要工作内容包括：根据工程建设项目和政府采购活动的规律，分析各招标合同单元之间的逻辑关系；根据工程建设项目和政府采购活动的时间计划和关键线路，分析各招标合同单元之间的时序关系，合理确定各招标合同的订立顺序；分析各招标合同单元的界面和接口。最终形成以招标合同单元为关联、以最小合同单元为终端的相互衔接的合同网络体系。招标采购合同体系规划，不得违反国家关于违法发包的禁止规定。

（4）计划与配置招标采购合同要素。主要工作包括：根据各招标合同单元的类型和特点，合理确定合同类型；决定合同要素的构成以及相互关系；设置满足实现合同目的的合同条款，尤其是关键条款和特殊条款；公平、清晰界定合同双方当事人的权利和义务；合理分配合同当事人的风险和责任等。

（5）设置合同管理机构和配备合同管理专业人员。主要工作内容包括：根据工程建设项目和政府采购活动的特点和性质，合理设置合同管理机构，配备合同管理专业人员，确定合同管理责任等。

（6）有效设计合同管理程序。主要工作内容包括设计招标采购合同的投资控制、时间控制、质量控制、变更管理、支付与结算、竣工验收、合同索赔和争议处理等重要管理程序。

2. 招标采购阶段

合同管理并不是在合同签订之后才开始的，招标过程中形成的大部分文件，在合同签订后都将成为对双方当事人有约束力的合同文件的组成文件。因此，在招标阶段应保证合同文件的完整性、准确性、严密性、合理性与可行性。该阶段合同管理的主要内容有：

（1）编制资格预审文件（采用资格预审时），对潜在投标人进行资格预审。

（2）编制招标文件，依法组织招标。

（3）必要时组织现场踏勘；潜在投标人编制投标方案和投标文件。

（4）做好开标、评标和定标工作。

（5）做好合同分析和审查工作。

（6）组织合同谈判和签订，落实履约担保。

（7）合同备案等（如有）。

3. 合同履行阶段

合同履行阶段是合同管理的重点阶段，包括履行过程和履行后的合同管理工作，主要内容有：

（1）合同管理责任体系及其分解。

（2）合同工作分析和合同交底。

（3）合同成本控制、进度控制、质量控制及安全、健康、环境管理等。

（4）合同变更管理。

（5）合同索赔管理。

（6）合同款项支付。

（7）工程资料管理。

（8）合同争议管理。

（9）合同收尾、审计等。

1.3　招标采购合同管理的方法和手段

1.3.1　招标采购合同管理的方法

招标采购合同管理方法就是对招标采购合同的形成、订立和履行进行规划、计划、组织、协调、监督和控制等的方法，主要包括合同规划、合同分析、合同控制、合同信息化管理等方法。

1. 合同规划

合同规划是指在工程、货物、服务项目中，为了招标采购工作的顺利进行，在招标采购项目开始实施前，对招标采购过程中所有合同的形成、签订、履行管理作出统筹计划与安排的活动，是为实现整个项目的目标而做出的全局性系统安排，以保证整个项目合同的订立和履行，减少合同争议和纠纷，从而保证整个项目目标的实现。

2. 合同分析

合同分析可分为合同订立阶段的分析和合同履行阶段的分析。合同订立阶段的分析主要是审查合同草案的合法性、完备性和公正性；合同履行阶段的分析主要是对已经生效的合同进行分析，明确合同目标，进行合同结构分解，分配和落实合同责任等，保证合同能够顺利履行。

3. 合同控制

合同控制是合同当事人为保证合同所约定的各项义务的履行及各项权利的实现，以合同分析的成果为基准，对整个合同实施过程进行全面监督、检查、对比和纠正的管理活动。所谓控制，就是合同主体为保证在变化的条件下实现其目标，按照事先拟定的计划和标准，通过各种控制方法，对被控制对象实施中发生的各种实际值与计划值进行检查、对比、分析和纠正，以保证合同履行按预定的计划实施，顺利地实现预定的目标。

4. 合同信息化管理

在招标投标项目实施过程中，合同管理主要是对招标采购合同的形成、签订、履行、变更和解除进行监督检查，对合同当事人争议进行调解和处理，以保证合同的依法签订和全面履行。由于合同信息种类多、信息量大，必须实行计算机信息化管理，建立完整的合同管理信息系统，对合同管理过程中输出的各种信息进行收集、整理、处理、存储、传递和应用，以便及时、高效地发出各项正确指令，全面提高合同管理水平和效率。尤其目前招投标制度改革推行电子招投标，在做好电子招投标管理基础上，更需要加强合同信息化管理。

1.3.2 招标采购合同管理的手段

1. 严格执行建设工程合同管理法律法规

应当说，随着我国《民法典》《中华人民共和国招标投标法》（以下简称《招标投标法》）《中华人民共和国建筑法》（以下简称《建筑法》）的颁布和实施，建设工程合同管理法律已基本健全。但是，在实践中，这些法律的执行还存在着很大的问题，其中既有勘察、设计、施工单位转包，违法分包和不认真执行工程建设强制性标准，偷工减料，忽视工程质量的问题，也有监理单位监理不到位的问题，还有建设单位违法发包、不认真履行合同，特别是拖欠工程款的问题。市场经济条件下，要求我们在建设工程合同管理时要严格依法依约进行。这样，我们的管理行为才能有效，才能提高我们建设工程合同管理的水平，才能解决建设领域存在的诸多问题。

2. 普及相关法律知识，培训合同管理人才

在市场经济条件下，工程建设领域的从业人员应当增强合同观念和合同意识，这就要求我们普及相关法律知识，培训合同管理人才。建设工程合同的当事人，以及涉及有关合同的各类人员，都应当熟悉合同的相关法律知识，增强合同观念和合同意识，努力做好建设工程合同管理工作。

3. 设立合同管理机构，配备合同管理人员

加强建设工程合同管理，应当设立合同管理机构，配备合同管理人员。一方面，建设工程合同管理工作，应当作为建设行政管理部门的管理内容之一；另一方面，建设工程合同当事人内部也要建立合同管理机构，并配备合同管理人员，建立合同台账、统计、检查和报告制度，提高建设工程合同管理的水平。

4. 建立合同管理目标制度

合同管理目标，是指合同管理活动应当达到的预期结果和最终目的。建设工程合同管理需要设立管理目标，并且管理目标可以分解为管理的各个阶段的目标。合同的管理目标应当落到实处。为此，还应当建立建设工程合同管理的评估制度。这样，才能有效地督促合同管理人员提高合同管理的水平。

5. 推行合同示范文本制度

推行合同示范文本制度，一方面有助于当事人了解、掌握有关法律、法规，使具体实施项目的建设工程合同符合法律法规的要求，避免合同约定缺款少项，防止出现显失公平的条款，也有助于当事人熟悉合同的运行，更好维护当事人自身合法权益，便于做好相应风险管理；另一方面，有利于行政管理机关对合同的监督，有助于仲裁机构或者人民法院及时裁判纠纷，维护当事人的合法权益。使用标准化的范本签订合同，对完善建设工程合同管理制度起到了极大的推动作用。

1.4　招标采购合同管理存在的问题及发展趋势

1.4.1　招标采购合同管理存在的问题

由于我国招标投标领域法律法规还不健全、市场运行不规范、市场主体法律意识不强和诚信缺失等原因，在招标采购合同管理中，还存在合同管理意识薄弱、合同管理水平不高、合同管理人员能力不强、合同内容不完备、合同风险意识不强、合同管理体系混乱或缺失、合同履约率较低等问题，往往导致管理效率低下，同时对项目的经济效益和产品质量等产生重大的影响。合同管理存在的问题主要表现在以下方面：

1）签约条件不具备

招标采购合同应在具备法律规定的一定条件之后签订，如工程项目获得立项、履行了招标手续、获得建设用地规划许可证、项目建设资金落实等。如当事人在招标投标合同条件不具备的情况下签约，可能在履行中引发争议，如在资金未落实的情况下签订合同并履行，将很容易引发工程款的支付争议；如建设项目的用地规划许可证或者工程规划许可证未取得而签订合同并履行的，将可能导致合同在履行过程中遇到履行不能的障碍，还会对合同效力产生影响。

2）合同条款不平等

合同的重要原则之一就是合同主体地位的平等。以工程合同为例，由于市场竞争激烈，合同双方当事人实际地位很难平等，如一方当事人要求对方承担垫资等额外义务，或利用自己的优势地位和便利条件强行增加不平等条款等。这些不平等或不合理条款的存在，既严重违背了合同精神，也给合同履行埋下大量矛盾、隐患。

3）合同内容缺陷

合同的内容缺陷主要表现在合同内容不完备、文字表述不严谨等。合同内容不完备往往是因合同主体不愿意或不合理使用标准的合同范本、缺条漏项而导致。有些虽然使用标准合同范本，但在专用条款中几乎不作约定，或者约定的内容过于简单，如对“不可抗力”不作约定或约定不详细，一旦发生意外事件，双方很难就责任承担、时间延长和费用增加等达成一致。合同文字不严谨容易发生歧义和误解，导致合同难以履行或引起争议。合同是当事人权利和义务的体现，因此，当事人在签订合同时必须对合同条款进行仔细推敲和字斟句酌，避免因招标采购合同文字表达不清、内容不准确而产生歧义和误解，引发矛盾和纠纷。

4）合同管理制度不健全、管理不规范

有些合同主体不能从战略高度分析和认识合同管理对企业生存和发展的重要意义，缺乏对合同管理职能的重视，既没有设立专职的合同管理机构和人员，又没有建立严格的合同管理制度和规范的工作程序，将合同管理职能分解为技术、经营、质检、人力、财务、风控等几大部门分别进行分散管理，无法从整体上分析和把握合同的确切状态及应采取的措施，导致合同管理存在漏洞，影响合同目的的实现。

5）合同管理人员法律意识和管理能力不强

合同管理人员的法律知识水平直接影响着合同管理水平的高低。合同管理的专业性强、知识面宽、法律意识要求高，需要具备丰富的实践经验、多方面知识和能力的专业人才。合同管理人员的法律意识和管理能力不强，表现在合同签订之前对合同相对方的资信和履约能力缺乏必要的调查，合同签订时对合同内容表达模糊，合同履行过程中缺少相应的跟踪，合同文档、工程资料和信息管理不健全，导致纠纷发生后没有相应的证据等。合同管理意识是市场经济意识、法律意识、项目管理意识的综合体现。合同法律意识不强导致的直接后果就是合同主体不能有效保护自身合法权益，蒙受权益损害或经济损失。

1.4.2　招标采购合同管理的发展趋势

从现代合同管理的角度看，合同管理的发展趋势就是要培养懂法律、会经营、善管理的合同管理人才队伍，建立科学、完善的合同管理模式、管理制度和全程、动态的合同管理体系，建立和完善合同管理信息系统，强化对合同形成、签订和履行的全过程和动态化监管和控制，实现项目总体目标和企业长远健康发展。招标投标合同管理发展趋势体现在以下方面：

1. 建立完善的合同管理组织体系

合同管理涉及技术、经济、法律、管理、人力、财务等多方面知识，专业性很强，必须设立专门机构和人员从事这项工作。合同管理可以按照纵、横两个方向设立合同管理机构：按照纵向关系可以在企业总部、分公司、子公司分级设立合同管理部门；按照横向关系可以在合同管理机构中再细分为合同管理小组，按合同的性质、类别和区域进行合同管理，从而使合同管理机构覆盖到企业的每个层次、每个方面，实行统一管理，对合同的立项、谈判、起草、签订、履行、变更、纠纷处理等行使监督、检查和指导的职责，在企业内部形成由各层次的合约法务机构组成的全方位合同管理体系。

2. 建立完善的合同管理人才体系

通过采取对外公开招聘、内部选拔等方式，培养一支懂法律、懂经营、会管理的合同管理队伍。同时，要加强对他们的业务培训，定期或不定期地对其进行法律、管理等知识培训，使其熟练掌握合同法律知识和签约技巧，提高他们的专业知识水平和实践技能。对合同管理人员要实行岗位责任制，建立竞争上岗机制。建立合同管理激励机制，对提出合理化建议、避免重大损失或是给企业争取额外经济效益的人员予以奖励，以此激发和提高合同管理人员的工作积极性、主动性和创造性。

3. 建立标准的合同文本体系

由于招标投标合同特别是工程采购合同种类多、数量大、合同内容复杂，合同管理工作量大。合同主体应依照国家颁布实施的法律、法规，借鉴国际合同管理有益经验，参照已经颁布的标准示范合同文本，根据自身经营特点和项目实际需要，结合所从事招标投标项目类型和特点，建立自己的标准合同文本体系。这对于规范合同当事人的行为、完善合同制度和合同内容、提高合同履约水平和效果，将起到重要的指导和规范作用。

4. 建立完善的合同管理制度和运行体系

合同管理涉及企业管理的许多方面，仅靠合同管理机构难以完成管理职能，应建立完善的合同管理制度体系和运行机制，使合同管理机构和其他部门之间协调配合，形成齐抓共管的局面，通过制度来规范、协调各方的工作，使合同的签订、履行和争议处理都处于有效的控制状态。合同管理制度主要包括合同会签评审制度、合同内部评审制度、合同印章管理制度、合同信息管理制度、合同检查和奖惩制度、合同统计考核制度、合同管理目标制度、合同管理评估制度、合同交底制度等。如建立合同评审制度，一般合同由业务部门、技术部门、项目负责人、合同管理部门分别审查，重大合同还须由安全部门、财务部门、主管领导审查，由参与审查的各部门和人员提出审查意见，对存在的问题经整改后会签。如建立合同联席会议制度，对于金额较大的投资项目，必须召开相关部门参加的联席会议，共同对合同内容进行审查和把关，形成科学的合同管理方法。如合同内部评审制度，是为了保证签订的合同合法、有效，在签订前完成合同主体内部的审查、批准手续，主要指在各相关部门会签后，交由合同管理部门或法律顾问进行审查和由合同主体的主管或法定代表人签署意见，批准同意对外签订合同。又如，合同印章管理制度，是对代表合同主体对外行使合同权利、承担义务、签订合同的凭证的合同专用章进行登记、保管、使用等管理的制度。

5. 建立完善的企业信用评价体系

防范信用风险是目前国内企业在合同管理上应予重视的重要方面。应建立对企业或单位的合同管理水平、合同履约能力、合同履约状况和企业合同信誉度等方面进行量化、细化的综合评价考核机制，多与那些信用好、履约率高的企业或单位签订合同协议，对那些信用较差的企业在签订合同时应谨慎防范，加入防范信用风险的特别条款，严格控制与被纳入失信被执行人的主体签订工程合同。

6. 建立完善的合同管理信息系统

随着信息化进程加快，单位或组织必须建立现代化信息管理系统，利用先进的计算机技术、网络技术，建立现代化的网络信息处理系统，实现合同的分类查询、统计，以及有效的统一管理。实现合同签订、履行、变更到终止等全过程合同管理环节的跟踪管理和闭环管理，并与项目的进度管理、成本管理、质量管理、财务管理等子系统相互集成，实现合同管理工作的科学化、信息化、智能化和网络化。

第 2 章　建设工程招标代理合同管理

2.1　招标代理合同概述

2.1.1　招标代理合同的概念

招标代理合同是指招标人将项目招标工作委托给具有相应招标业务能力的招标代理机构实施招标活动而签订的合同。

2.1.2　招标代理合同的特点

1. 招标代理合同受多部法律约束

招标代理合同订立过程中，招标人既可以采用招标方式，也可以采用非招标采购方式选择招标代理机构，任何单位和个人不得以任何方式为招标人指定招标代理机构。这一过程体现了民法意思自治的基本原则。招标代理合同订立后，招标人与招标代理机构应当按照《招标投标法》《招标投标法实施条例》《政府采购法》《政府采购法实施条例》《建筑法》《民法典》等相关规定依法进行招标活动，接受有关部门的监督，这一过程体现了招标人和招标代理机构的活动不能侵犯公共（国家）利益。

2. 招标代理合同的主体具有特定性

依据 2017 年修订后的《招标投标法》第十三条规定，招标代理机构必须是依法设立、从事招标代理业务并提供相关服务的社会中介组织。招标代理机构应当具备下列条件：（一）有从事招标代理业务的营业场所和相应资金；（二）有能够编制招标文件和组织评标的相应专业力量。

值得关注的是此法条规定取消了作为招标代理合同主体之一的招标代理机构的资质要求。

3. 招标代理合同应当采用书面形式

依据《招标投标法实施条例》第十四条规定，招标人应当与被委托的招标代理机构签订书面委托合同。因此，招标代理合同应当采用书面形式。

4. 招标代理合同是委托代理合同

代理属于民事法律行为，公民、法人可以通过代理人实施民事法律行为。代理合同按照双方的约定，代理人在代理权限内，以被代理人的名义实施民事法律行为。被代理人对代理人的代理行为承担民事责任。代理包括委托代理、法定代理和指定代理。委托代理人按照被代理人的委托行使代理权。代理人与被代理人属于委托代理关系，按照代理协议约定，提供代理服务事项。

2.1.3　招标代理合同示范文本

1. 招标代理合同示范文本简介

关于招标代理合同文本，目前全国性文本仍然仅有住房城乡建设部与国家工商行政管理总局于 2005 年联合颁发的《建设工程招标代理合同（示范文本）》（GF-2005-0215）（以下简称《示范文本》）。凡在中华人民共和国境内开展工程建设项目招标代理业务的，签订工程建设项目招标代理合同时，应参照《示范文本》订立合同。签订工程建设项目招标代理合同的受托人应当具有法人资格，具备相应招标业务能力。《示范文本》由《协议书》《通用条款》和《专用条款》组成。其中《通用条款》应全文引用，不得删改；《专用条款》可以根据工程建设项目的实际情况进行修改和补充，但不得违反公正、公平原则。示范文本中依照的《中华人民共和国合同法》应调整为《民法典》。

2. 招标代理合同示范文本主要条款

招标代理合同的内容主要包括主体条款、工作范围和工作内容条款、招标人提供资料条款、招标人询问及建议条款、招标代理机构拒绝权条款、招标代理机构更换招标代理从业人员条款、招标代理服务费条款、奖励条款以及清廉条款等。

1）主体条款

招标代理合同主体包括招标人和招标代理机构。招标人作为项目投资主体需要具备法律规定的招标人条件。招标代理机构作为专业从事招标投标活动的机构，应当达到法律规定的条件，具备相应招标业务能力。此外，主体条款应当明确合同双方当事人的通讯地址、联系方式等信息，便于合同顺利履行。

（1）招标人。依据《招标投标法》的规定，招标人是依法提出招标项目、进行招标的法人或者其他组织。法人是指具有独立的民事权利能力和民事行为能力，依法享有民事权利和履行民事义务，并独立承担民事责任的组织，包括企业法人、机关法人、事业单位法人及社会团体法人。其他组织是指依法成立、有一定组织机构和财产，但又不具备法人资格的组织，如依法登记领取执照的合伙组织、企业的分支机构等。招标人应当有进行招标项目的相应资金或者资金来源已经落实，并应当在招标文件中如实载明。

（2）招标代理机构。招标代理机构是依法设立、从事招标代理业务并提供相关服务的社会中介组织。招标代理机构应当具备招标业务能力。

招标代理机构应当具备下列条件：①有从事招标代理业务的营业场所和相应资金；②有能够编制招标文件和组织评标的相应专业力量。

取消了原有 2 项条件：①有符合《招标投标法》规定可以作为评标委员会成员人选的技术、经济等方面的专家库；②有一定数量的取得招标职业资格的专业人员。

同时，招标代理机构与行政机关和其他国家机关不得存在隶属关系或者其他利益关系。

2）工作范围条款

招标代理机构的工作范围主要包括：拟订招标策划方案；项目登记和预公告（若

需）；编制和发布招标公告、资格预审公告（若需）或投标邀请书；编制和出售资格预审文件（若需）、招标文件；协助组织现场踏勘；答疑、澄清、编制和发放补充资格预审文件（若需）和补充招标文件；接收资格预审申请文件（若需），接收投标；组织资格申请文件开启（若需），组织开标；清标；组建评审委员会；组织资格预审评审（若需），组织评标；公示中标候选人；协助招标人定标；公告中标人；草拟合同；招投标资料整理归档保管；会同招标人答复异议，配合招投标行政监督部门处理投诉等。

招标人和招标代理机构在约定工作范围和内容时，应当考虑招投标的流程要求，尽可能地细化和明确，准确衔接各阶段的招投标工作，使双方的履约工作具有明确的依据，保证招标工作的顺利开展。

3）招标代理机构的主要工作内容

（1）拟订招标策划方案。招标策划方案对整个招标过程具有重要的指导作用。招标策划方案内容一般包括：招标项目的概况和具体范围、招标的组织形式、采用的招标方式、资格审查方式、标段划分、发包模式、合同模式、报价和结算方式、评标办法、合同主要条款、招标代理团队人员组成等。上述内容确定后，还应包括制订招标项目的招标计划，计划内容包括招标流程、工作进度安排、项目特点分析和解决预案等。

招标人和招标代理机构应当约定招标策划方案编写的范围和内容、招标策划方案提交的方式和时间、招标人对招标策划方案确认或提出意见的程序等。

（2）编制和发布招标公告、资格预审公告（若需）或投标邀请书，编制和发放资格预审文件（若需）、招标文件。

编制招标文件是招标代理机构最重要的职责之一。招标文件是招标过程中必须遵守的法律文件，是投标人编制投标文件、招标代理机构接收投标、组织开标、评标委员会评标、招标人确定中标人和签订合同的依据。招标文件编制的优劣将直接影响招标质量和招标的成败，也是体现招标代理机构服务水平高低的重要标志。如果招标项目需要，且符合采用资格预审的条件，可采用资格预审，编制资格预审文件。资格预审公告或招标公告或投标邀请书，资格预审文件或招标文件经招标人确认后，方可由招标代理机构对外发布和发放。资格预审文件和招标文件发出后，招标代理机构还要负责有关澄清和修改等工作。

（3）组织审查投标人资格。审查投标人资格分为资格预审和资格后审两种方法。资格预审是在投标前对资格预审申请人进行的资格审查；资格后审一般是在开标后评标时对投标人进行的资格审查。资格预审包括合格制和有限数量制两种方式。

招标代理机构负责组建资格预审审查委员会或评标委员会，根据资格预审文件或招标文件的规定，组织审查资格预审申请人或投标人的资格。

（4）澄清和修改。招标代理机构应根据《招标投标法》《招标投标法实施条例》以及资格预审文件（若需）或招标文件的规定，收集潜在申请人或潜在投标人提出的针对资格预审文件或招标文件的疑问和异议，编制澄清和修改文件发给所有获得资格预审文件或招标文件的潜在申请人或潜在投标人。

（5）接收资格预审申请文件（若需）；组织资格申请文件开启（若需）；清标；组建

评审委员会；组织资格预审评审（若需）。

招标代理机构应按资格预审文件的规定，接收资格预审申请文件；组织资格申请文件开启；清标；组建评审委员会；组织资格预审评审等工作。根据评审委员会的评审报告，确定资格预审合格的申请人，并向他们发出投标邀请书，同时作为预审合格的通知书。

（6）接收投标，组织开标、清标、评标，协助招标人定标。招标代理机构应按招标文件的规定，接收投标，组织开标、清标、组建评标委员会、组织评标等工作。根据评标委员会的评标报告和招标人的确认结果，发布中标候选人公示及相关评标信息；公示结束无异议后协助招标人从中标候选人中确定中标人；发布中标人公告并向中标人发出中标通知书，向未中标人发出招标结果通知书。

（7）草拟合同。招标代理机构可以根据招标人的委托，依据招标文件和中标人的投标文件拟订合同，组织或参与招标人和中标人之间的谈判，签订合同。

（8）答复异议和配合处理投诉。潜在投标人或者其他利害关系人对资格预审文件有异议的，应当在提交资格预审申请文件截止时间 2 日前提出；对招标文件有异议的，应当在投标截止时间 10 日前提出。招标代理会同招标人应当自收到异议之日起 3 日内作出答复；作出答复前，应当暂停招标投标活动。

投标人或者其他利害关系人认为招标投标活动不符合法律、行政法规规定的，可以自知道或者应当知道之日起 10 日内向有关行政监督部门投诉。行政监督部门处理投诉，有权查阅、复制有关文件、资料，调查有关情况，招标代理机构、招标人等相关单位和人员应当予以配合。

4）招标人提供资料条款

招标人应当为招标代理机构提供在从事编制资格预审文件、招标文件等招标代理业务时所需要的前期资料（如立项批准手续、规划许可）、资金落实情况资料、招标代理业务所需的全部技术资料和图纸等，其中需要交底的，招标人须向招标代理机构详细交底，并对提供资料的真实性、完整性、准确性负责。总之，招标人应向招标代理机构提供保证招标工作顺利完成的各种条件，合同双方当事人可以在合同中明确约定招标工作需要的应由招标人提供的具体条件。

5）招标人询问及建议条款

招标代理合同履行过程中，招标人有权向招标代理机构询问招标工作进展情况和相关内容，有权审查招标代理机构编制的各种文件，并提出修正意见。但是，招标人提出的建议不得违反法律法规等规定。为此，合同双方当事人在进行约定招标人询问及建议权条款时，应尽量明确招标人就哪些事项可以提出建议，以免影响招标代理工作正常进行。

6）招标代理机构拒绝权条款

招标代理机构作为专业咨询机构，应了解法律规范的各种禁止性规定。因此，对于招标人提出的违反法律规范的各种要求，招标代理机构应明确拒绝并且负责解释。

7）招标代理机构更换招标代理从业人员条款

招标代理机构接受招标人的委托后，应组成专门工作小组负责完成委托项目的招标代理工作，招标代理业务从业人员应具有专业技术与职业操守。

招标代理机构不得与投标人串通投标。不得在所代理的招标项目中投标、代理投标或者向该项目投标人提供咨询，不得接受委托编制标底的中介机构参加该项目的投标或者为该项目的投标人编制投标文件、提供咨询。

招标代理工作进行时，如果招标人发现招标代理从业人员不能够依法称职地完成其委托的工作，有权建议招标代理机构更换不称职的工作人员。合同双方当事人可以在招标代理合同中约定更换招标代理从业人员的具体情形以及举证责任，以免产生争议。同时，为保证招标代理工作的前后衔接，招标人和招标代理人可以在合同中约定有利于保持招标工作人员稳定性的条款，如招标代理机构未经招标人同意不得随意更换招标工作人员。

8）廉洁自律条款

为保证招标工作公平、公正、诚信地进行，招标人与招标代理机构可以在招标代理合同中约定清廉条款。如招标代理机构不得私下接触投标人，不得收受投标人的财物或者其他好处等。

2.2 招标代理合同的订立与履行

2.2.1 招标代理合同的订立

1. 委托合同的特征

招标代理合同属于委托合同的一种。我国《民法典》中规定：委托合同是委托人和受托人约定，由受托人处理委托人事务的合同。

1）委托合同以当事人相互信任为基础

委托合同任何一方当事人都有选择对方当事人的权利和自由。委托人选择某人或某组织为其办理受托事务，是基于对该受托人业务能力、社会信誉等情况的了解，相信受托人能够处理好受托事项；而受托人接受委托，也是因为对委托人的了解和信任。因此，双方当事人如缺乏相互信任，则委托合同关系难以建立，即使建立了也不会牢固，任何一方当事人对对方产生不信任时，都可以解除委托合同。

2）委托合同的客体是提供劳务或工作

委托合同是一种提供劳务或工作的合同。受托人在接受委托人委托办理事项中，所付出的是与委托事项相关的劳务行为或工作行为，而非财物或智力成果。受托人所实施的具体行为，即使利用了自身的知识储备，如专有技术、业务信息、特殊经验等，受托人交付委托人的也只是知识含量较高的工作成果，而并非技术、信息、经验本身。根据这一特征，在委托合同尤其是有偿委托合同中，衡量受托人义务的多少主要是依据受托人办理委托事务付出的劳务或工作量的大小来确定。

3）委托合同是不要式合同

我国《民法典》对委托合同的形式未作出限制性规定，委托合同原则上是不要式合同。当事人可以选择口头、书面或其他形式设立委托合同关系，不论何种形式都可以产生法律效力。对书面委托合同的格式、文式，我国法律也未限定，其目的是方便当事人建立委托合同关系。委托合同不要式性并不是说在任何情况下当事人都可以自由选择委托合同形式，在法律另有规定时，当事人订立委托合同应采用法律规定的形式。如根据有关规定，提起诉讼、申请仲裁，委托人要签署书面授权委托书；法人组织委托代理人签订经济合同以及不动产出售、出租、设定抵押等委托关系均要采用书面委托形式。《招标投标法实施条例》第十四条也规定了招标代理合同应是书面委托合同。

4）委托合同可以是有偿合同也可以是无偿合同

大陆法系国家的委托合同原则上是无偿合同，罗马法以及法国、德国的民法典对此都有明确规定。根据我国《民法典》对委托合同的有关规定，委托合同可以是有偿的，也可以是无偿的，是否有偿依据当事人双方的意思表示或者委托合同的约定。委托合同无论是有偿还是无偿都是双务合同，即委托人和受托人都负有一定的义务。在无偿委托合同中，受托人仍然有义务按照委托人的指示尽职尽责地办理委托事务；委托人也有义务接受受托人完成委托事项的结果，并支付必要费用。不过根据我国《民法典》的规定，无偿委托受托人比有偿委托受托人承担较少的义务和责任，这体现了权利、义务对等的法律原则。

说明：招标代理是专业技术服务，应是有偿委托的。根据《国家发展改革委关于进一步放开建设项目专业服务价格的通知》（发改价格〔2015〕299 号），废止了原招标代理收费标准，委托人和受托人可以通过协商或者招标或非招标采购活动确定有偿服务的价格。

2. 委托合同与代理合同的联系和区别

1）委托合同与代理合同的联系

（1）代理合同是委托合同的一种类型、二者之间存在着从属关系，代理合同具有委托合同的基本法律特征。代理合同的委托人就是被代理人，受托人就是代理人。

（2）委托关系是产生代理关系的主要原因和基础，委托关系的内容决定代理关系的内容。

2）委托合同与代理合同的区别

（1）性质上有所区别。委托属于对外关系，主要表现委托人与受托人之间的关系；而代理则是一种双重或递进式法律关系，它不仅表现委托人与受托人之间的关系，还反映委托人与受托人之外的第三人之间的关系。

（2）适用范围上的区别。委托关系中受托人的行为包括一切合法的事实行为，如代办行为、管理行为、中介行为、行纪行为等；而代理关系中受托人的代理行为不包括事实行为，只能是以委托人名义实施的目的在于设立、变更、终止法律关系的行为。如代理签订各种经济合同、代理工程招标等。

（3）效力上的区别。委托合同受托人一般对办理受托事务实施的行为独立承担法律责任，如果受托人实施的是违法行为或侵权行为，则属于无效行为；而代理合同委托人要对受托人实施的代理行为承担法律责任或负连带责任。

（4）成立条件上的区别。委托合同成立需要委托人和受托人分别作出独立的意思表示并达成一致后生效，即委托人发出委托事项要约，受托人表明接受委托事项的承诺；而代理合同成立，委托人授予代理权是单方法律行为，无须受托人同意。

（5）涵盖内容上的区别。委托与代理既有交叉内容也有不相关的内容。代理除委托代理外还有法定代理和指定代理；委托除委托代理事项外还有委托非代理事项。

3. 代理委托合同的特征

代理委托合同是委托合同的一种类型，除具有委托民法典律特征外，代理委托合同还具有以下特征：

（1）以实施代理法律行为为目的。委托人与受托人订立委托代理合同的最终目的是通过受托人的代理行为使委托人与第三人建立一定的法律关系。如产品买卖、工程承包、货物运输等关系。订立代理委托合同的直接目的是采用契约形式约束受托人实施代理行为，而不论代理行为能否引起相应法律关系的发生。如果受托人不根据委托向第三人实施法律行为，那么代理委托就失去了意义。代理委托合同的这一特征是代理委托合同与其他委托合同的一个重要区别。

（2）以授予代理权为内容。合同内容其实质是确定当事人之间具有的权利和义务。与其他委托合同不同，代理委托合同的内容主要是委托人授予受托人代理权，这其中包括两个含义：第一，委托人采用委托合同方式授予受托人代理权是一种单方法律行为，其内容完全反映委托人的意志，对受托人产生约束力；第二，代理人获得的代理权不仅仅是代理委托事项的权利，而且是代理这一事项的权限，代理人可以按照自己的意志决定如何实施代理行为。代理权是代理合同的核心内容，当事人可以通过调整代理权来设定不同的代理委托关系。

2.2.2 招标代理合同的履行

招标代理合同在履行过程中，要依据代理合同中约定的委托人和代理人的权利和义务，确实履行合同职责。

1. 委托人的权利和义务

1）委托人的权利

（1）委托人有权参与招投标的有关活动。

（2）委托人有权要求代理人及时提供代理工作阶段性的进展情况。

（3）委托人有权要求代理人更换不称职的人员或应回避的人员。

（4）委托人有权确定代理人的具体工作内容。

（5）如委托人或建设行政主管部门发现代理人在代理活动中违反有关的法律、法规或建设程序并经确认，委托人有权要求代理人纠正，直至终止合同。

2）委托人的义务

（1）委托人在代理人开展招标代理业务之前应按照有关规定办理完成本项目招标所需的有关审批手续，使招标工作具备条件。

（2）委托人应当向代理人及时、无偿、真实、详细地提供招投标代理工作范围内所需的文件和资料（如建设批文、资金证明、地质勘察资料、施工图纸等）。

（3）对代理人提出的书面要求，委托人应当在约定期限内做出书面答复，如因此造成的时间延长由委托人负责。

（4）在合同履行期间，委派熟悉业务、知晓法律法规、工作认真负责的委托人代表，配合代理人工作。

（5）委托代理咨询项目中如内容、时间等有重大调整，委托人应当书面提前通知代理人，以便调整相应的工作安排，如因此造成的时间延长由委托人负责。

（6）委托人不得泄露依法应当保密的任何信息。

说明：《招标投标法实施条例》第四十一条　禁止招标人与投标人串通投标。

有下列情形之一的，属于招标人与投标人串通投标：

（一）招标人在开标前开启投标文件并将有关信息泄露给其他投标人；

（二）招标人直接或者间接向投标人泄露标底、评标委员会成员等信息；

……

（7）在法律规定的时限内签订工程合同，并在签订合同后提交招投标监管机构备案。

（8）承担由于自己过失造成代理人的经济损失。

（9）委托方及其工作人员，不得以任何形式向代理人收受或索要回扣、好处费、礼金、有价证券和其他礼物；不得向代理人报销应由个人支付的费用。

（10）委托人应当完成的其他工作。

2. 代理人的权利和义务

1）代理人的权利

（1）有权拒绝违反国家法律、法规和规章以及行政主管部门规范性文件有关规定的要求或人为干预。

（2）依据国家和项目所在地有关法律、法规和规章以及行政主管部门规范性文件的规定，在授权范围内办理委托项目的招标工作。

（3）有权建议更换不称职或有其他原因不宜参与招标活动的委托方人员。

（4）如委托人的某些条件和要求不符合现行的法律、法规和规章以及行政主管部门规范性文件，代理人可以建议委托人进行修改。

（5）依据国家和项目所在地有关法律、法规和规章以及行政主管部门规范性文件的规定，在必须由招标代理机构及项目负责人、经办人员签署的招标资料和文件上盖章或签字。

2）代理人的义务

（1）按照国家法律、法规和规章以及行政主管部门规范性文件、招标代理服务规范的有关规定从事招标代理活动。

（2）在委托授权范围内为委托方提供招标代理服务，不得将受托的招标代理服务转让给第三方。

（3）有义务向委托方提供招标策划方案以及相关的招投标资料，做好相关法律、法规和规章以及行政主管部门规范性文件的解释工作。

（4）代理人工作人员如与本招标项目潜在投标人或投标人有直接利益关系可能影响招标公正性的，应主动说明，并按规定告知相关潜在投标人终止投标或提请评标委员会否决相关投标人的投标。

（5）在代理活动中不得泄露依法应当保密的任何信息。

说明：《招标投标法实施条例》第四十一条　禁止招标人与投标人串通投标。

有下列情形之一的，属于招标人与投标人串通投标：

（一）招标人在开标前开启投标文件并将有关信息泄露给其他投标人；

（二）招标人直接或者间接向投标人泄露标底、评标委员会成员等信息；

……

(6) 对代理过程中产生的各类成果文件、过程文件等文件资料的正确性、公正性、公平性负责。

(7) 代理人应成立招标代理项目组，并任命项目组组长，负责该项目招标代理工作。

(8) 因代理人的单方过失造成的经济损失，应当向委托人进行赔偿。双方可在招标代理合同中约定最高赔偿限额。

(9) 因不可抗力导致代理合同不能全部或部分履行，代理人不承担责任。

(10) 代理人不得采用行贿、给予其他利益、诋毁他人或者弄虚作假等不正当手段获取招标代理合同。

2.2.3 招标代理合同的变更与终止

1. 招标代理合同的变更终止

1) 委托合同终止的原因

委托合同终止的原因是指引起委托合同关系消灭的法律事实。其中包括一般法律事实和特殊法律事实。

(1) 委托合同终止的一般原因如下。

① 委托事务完成；

② 委托合同期限届满；

③ 委托合同约定的终止条件成就。

(2) 委托合同终止的特殊原因如下。

① 当事人一方解除合同。委托合同订立后，除合同有相反规定外，当事人有权任意解除委托合同。其任意性表现为：无论是委托人还是受托人，无论是无偿委托合同还是有偿委托合同，无论是无期限委托合同还是有限期委托合同，也无论委托事务处理到何种程度，都可以终止委托合同。因为，委托合同以当事人相互信任为基础，而是否相互信任是以委托人或受托人的主观意念为衡量标准，法律不宜做出具体的规定和限制，所以，只要一方无意保持委托关系，委托合同就应该终止。

② 当事人一方解除委托合同，要向对方作出解除合同的意思表示，对方收到解除意思表示后，委托合同终止。

③ 当事人死亡及丧失民事行为能力或者作为法人的当事人终止。我国《民法典》规定具有下列情形之一，委托合同自然终止：

A. 委托人死亡或者受托人死亡，以及两者同时死亡；

B. 委托人或者受托人丧失民事行为能力；

C. 法人自行或者依法终止。

委托合同当事人之间具有的特定信赖关系因任何一方的死亡而消灭，同时委托权具有人身属性，不能继承和转让，因此，委托人或受托人死亡，委托关系自然终止。委托合同因当事人丧失民事行为能力而终止是因为：若委托人丧失民事行为能力，有关事务应由其法定代理人处理或由法定代理人另行委托；若受托人丧失民事行为能力，则意味着受托人丧失了处理受托事务的法律资格，委托合同理应终止。法人组织因被宣告破产、解散等原因而终止即丧失了参加法律关系的主体资格，不能再独立地享受权利和承担义务，因此导致其作为当事人的委托合同自然终止。

根据《民法典》的有关规定，当事人死亡、丧失民事行为能力或者法人被宣告破产、解散，委托合同另有约定或者根据委托事务的性质不宜终止的，委托关系暂不终止。

2）委托合同终止的效力

委托合同终止的效力是指委托合同终止对当事人发生的作用和后果。由于引起委托合同终止的原因不同，委托合同终止的后果也就不同。

因一般原因引起委托合同终止的，当事人彼此不再享有权利承担义务，除合同另有约定一方另有侵权行为外，委托人或受托人不就合同终止承担其他法律责任。

因一方解除引起委托合同终止的，虽然当事人有任意终止权，但并不意味着当事人对其解除合同行为不承担任何后果。为了防止当事人滥用终止权，《民法典》第九百三十三条规定："委托人或者受托人可以随时解除委托合同。因解除合同造成对方损失的，除不可归责于该当事人的事由外，无偿委托合同的解除方应当赔偿因解除时间不当造成的直接损失，有偿委托合同的解除方应当赔偿对方的直接损失和合同履行后可以获得的利益。"

《民法典》第九百三十五条规定："因委托人死亡或者被宣告破产、解散，致使委托合同终止将损害委托人利益的，在委托人的继承人、遗产管理人或者清算人承受委托事务之前，受托人应当继续处理委托事务。"用以维护委托人利益。受托人继续处理委托事务后，仍可按前述委托合同请求偿还费用、支付报酬。

《民法典》第九百三十六条规定："因受托人死亡、丧失民事行为能力或者被宣告破产、解散，致使委托合同终止的，受托人的继承人、遗产管理人、法定代理人或者清算人应当及时通知委托人。因委托合同终止将损害委托人利益的，在委托人作出善后处理之前，受托人的继承人、遗产管理人、法定代理人或者清算人应当采取必要措施。"

2. 违约责任

（1）由于一方违约造成的损失，由违约方承担，另一方要求违约方继续履行合同时，违约方承担上述违约责任后仍应继续履行合同。

（2）由于违约造成第三方损失的，也由违约方在赔偿另一方损失的基础上再赔偿第三方损失。

（3）双方对代理合同条款变更时必须另签补充合同条款，补充合同条款作为本代理合同的组成部分与主合同具有同等法律效力。

（4）委托人与代理人在合同履行期间发生争议时，可以和解或者要求有关主管部门调解。一方不愿和解、调解或者和解、调解不成的，双方可以选择两种方式之一解决争议：①向双方约定的仲裁委员会申请仲裁；②向有管辖权的人民法院起诉。

2.3　招标代理合同管理

2.3.1　范围管理

招标代理合同的工作范围和职权管理包括工作交底、明确人员与授权以及工作任务分解等三个方面。

招标代理合同属于委托合同，是招标代理机构受招标人委托，在合同授权及法律规定的范围内，行使招标人权利的合同。在委托招标组织形式下，招标工作通常需要由招标人和招标代理机构共同完成，因此，双方应当明确了解招标代理合同中约定的各自工作任务和工作职责，并对各自有关人员予以工作交底。

《招标投标法》及《招标投标法实施条例》均规定，招标代理机构应当在招标人的委托范围内开展招标代理业务。在合同履行过程中，招标人应当严格按照合同约定的职权，要求代理机构完成其工作任务。招标人可以要求招标代理机构制订招标策划方案作为开展各项工作的基础，并按照授权报送招标人审核。双方应当将工作范围内各自的工作任务予以分解，并明确工作职责，以保证严格按照招标代理合同的约定全面、及时地完成各自工作范围内的工作。

2.3.2 人员管理

招标代理合同的人员管理主要包括人员稳定性管理、人员资格管理和人员职业规范管理等方面。

为保证招标工作的顺利开展，招标人和招标代理机构需要在合同中明确约定招标代理项目负责人，即负责合同履行的代表。招标代理机构应当根据委托工作范围选择有足够经验的专职技术经济人员担任招标代理项目负责人。

说明：《国务院关于修改和废止部分行政法规的决定》（第 676 号国务院令）通过修改《招标投标法实施条例》等 10 部行政法规的 27 个条款，取消了招标师执业资格等 10 项职业资格。取消招标师执业资格后，为规范招标采购从业人员（以下简称“招采人员”）的职业行为，提高招采人员的专业技术能力，中国招标投标协会制订了《招标采购从业人员专业技术能力评价暂行办法》，将招采人员按能力分为初级、中级和高级三个级别。

招标工作专业性较强，对从业人员的综合素质要求较高。招标代理机构应当根据委托工作范围，选派具备招标采购专业技术岗位工作相应水平、能力以及职业操守的人员，协助项目负责人完成招标工作。同时，鉴于招标代理属于依赖从业人员专业能力和经验的委托工作，招标代理机构未经招标人同意不能任意更换其管理人员尤其是项目负责人，应当确保其人员队伍的稳定性。同时招标人和招标代理机构在合同履行过程中均应当根据相关法律法规及招标代理规范、单位规章制度加强对从业人员的考核和监督管理。

另外，招标人和招标代理机构均应当对其派出的人员进行岗位培训，包括技术培训、法律培训和廉洁自律培训，防止出现利用职权牟取非法利益的事件。

2.3.3 计划管理

招标代理合同的计划管理是指代理工作事项的进度、程序和资源配置管理活动，其核心即为控制工作时间，确保招标项目的顺利推进。招标工作通常包括拟订招标策划方案；项目登记和预公告（若需）；编制和发布招标公告、资格预审公告（若需）或投标邀请书；编制和出售资格预审文件（若需）、招标文件；协助组织现场踏勘；答疑、澄清、编制和发放补充资格预审文件（若需）和补充招标文件；接收资格预审申请文件（若需），接收投标；组织资格申请文件开启（若需），组织开标；清标；组建评审委员会；组织资格预审评审（若需），组织评标；公示中标候选人；协助招标人定标；公告中标人；草拟合同；招投标资料整理归档保管；会同招标人答复异议，配合招投标行政监督部门处理投诉等诸多工作内容。上述各项工作并非各自独立，而是前后衔接、环环相扣的。因此，招标代理机构必须根据招标代理合同约定的各项工作目标制订详细的招标计划，并应根据实际招标工作的完成情况及时对招标计划进行偏差分析和提出改进措施，在与招标人商定后进行调整，以保证招标工作始终处于可控状态。

2.3.4　数据信息管理

招标代理合同的数据信息管理包括信息沟通机制的建立、信息的搜集和处理、信息的归档三个方面。

招标代理机构的招标代理工作是基于招标人委托产生的，招标工作应体现招标人的意志，亦应当体现招标人的招标目的。招标人和招标代理机构除了进行全面、准确的交底及相关招标项目基础资料互通之外，在合同履行过程中还应建立双向、顺畅、高效的沟通机制，保证招标人及时掌握招标工作进展，保障招标代理机构及时获得来自招标人的指示，如及时将资格预审潜在申请人或潜在投标人提出的澄清要求和异议等情况反馈至招标人，并及时根据招标人的决定修改或澄清资格预审文件（若需）和招标文件；对于招标人不合法合规的做法应当及时沟通和明示，并避免从事违法招标等。

另外，对于数据信息的收集和归档也是信息管理的重要环节，尤其在推行电子招标的招标项目中，更应当注重电子招标信息的采集和处理。需要注意的是，关于评标过程中的信息公开事宜，应当严格按照法律规定进行。

第3章　建设工程勘察合同管理

3.1　勘察合同概述

3.1.1　勘察合同的概念

建设工程勘察合同是指根据建设工程的要求，查明、分析、评价建设场地的地质地理环境特征和岩土工程条件，编制建设工程勘察文件订立的协议。为了保证工程项目的建设质量达到预期的投资目的，实施过程必须遵循项目建设的内在规律，即坚持先勘察、后设计、再施工的程序。

发包人通过招标方式与选择的中标人就委托的勘察任务签订合同。订立合同委托勘察是发包人和承包人的自主市场行为，但必须遵守《民法典》《建筑法》《建设工程勘察设计管理条例》《建设工程勘察设计市场管理规定》等法律和法规的要求。

3.1.2　勘察合同的特点

工程勘察的内容、性质和特点，决定了勘察合同除了具备建设工程合同的一般特征外，还有自身的特点。

1. 需符合法定质量标准

勘察人应按国家技术规范、标准、规程和发包人的勘察任务书及其要求进行工程勘察工作。发包人不得提出或指使勘察单位不按法律、法规、工程建设强制性标准和设计程序进行勘察。

2. 工程勘察与工程设计紧密联系

工程设计工作的开展以工程勘察成果为依据，同时，初步设计又是进一步详细勘察的基础，两者关系紧密。

3. 分阶段支付报酬

勘察费计算方式可以采用中标价加变更签证、预算包干或实际完成工作量结算等。在实际工作中，由于勘察工作往往分阶段进行，分阶段交付勘察成果，勘察费也是按阶段支付（Milestone Payment）。

4. 发包人需履行协助义务

勘察人完成相关工作时，往往需要发包人提供工作条件，包括相关资料、文件和必要的生产、生活及交通条件等，发包人需要对所提供资料或文件的正确性和完整性负责。若发包人未履行或不完全履行相关协助义务，造成勘察返工、停工或者修改勘察的，发包人应承担相应费用。

3.1.3　勘察合同示范文本

为了保证勘察合同的内容完备、责任明确、风险责任分担合理，住房城乡建设部和国家工商总局联合颁布了《建设工程勘察合同（示范文本）》（GF-2016-0203）。

3.2　勘察合同订立与履行

3.2.1　勘察合同的订立

1. 建设工程勘察的内容和合同当事人

1）建设工程勘察合同委托的工作内容

建设工程勘察合同是指发包人与勘察人就完成建设工程地理、地质状况的调查研究工作而达成的明确双方权利、义务的协议。建设工程勘察，是指根据建设工程的要求，查明、分析、评价建设场地的地质地理环境特征和岩土工程条件，编制建设工程勘察文件的活动。建设工程勘察的内容一般包括工程测量、水文地质勘察和工程地质勘察。目的在于查明工程项目建设地点的地形地貌、地层土壤岩型、地质构造、水文条件等自然地质条件资料，做出鉴定和综合评价，为建设项目的工程设计和施工提供科学的依据。就具体工程项目的需求而言，可以委托勘察人承担一项或多项工作，订立合同时应具体、明确地约定勘察工作范围和成果要求。

（1）工程测量，包括平面控制测量、高程控制测量、地形测量、摄影测量、线路测量和绘制测量图等多项工作，其目的是为建设项目的选址（选线）、设计和施工提供有关地形地貌的依据。

（2）水文地质勘察，一般包括水文地质测绘、地球物理勘探、钻探、抽水试验、地下水动态观测、水文地质参数计算、地下水资源评价和地下水资源保护方案等工作。其任务在于提供有关供水地下水源的详细资料。

（3）工程地质勘察，包括选址勘察、初步勘察、详细勘察以及施工勘察。选址勘察主要解决工程地址的确定问题；初步勘察是为了初步设计做好基础性工作；详细勘察和施工勘察则主要针对建设工程地基做出评价，并为地基处理和加固基础而进行深层次勘察。

2）建设工程勘察合同当事人

建设工程勘察合同当事人包括发包人和勘察人。发包人通常可能是工程建设项目的建设单位或者工程总承包单位。勘察工作是一项专业性很强的工作，是工程质量保障的基础。因此，国家对勘察合同的勘察人有严格的管理制度。勘察人必须具备以下条件：

（1）依据我国法律规定，作为承包人的勘察单位必须具备法人资格，任何其他组织和个人均不能成为承包人。这不仅是因为建设工程项目具有投资大、周期长、质量要求高、技术要求强、事关国计民生等特点，还因为勘察设计是工程建设的重中之重，影响整个工程建设的成败，因此一般的非法人组织和自然人是无法承担的。

（2）建设工程勘察合同的承包方必须持有建设行政主管部门颁发的工程勘察资质证

书、工程勘察收费资格证书，而且应当在其资质等级许可的范围内承揽建设工程勘察业务。无资质或超越其资质范围订立的建设工程勘察合同为无效合同。

关于建设工程勘察企业资质管理制度，我国法律、行政法规以及大量的规章均作了十分具体的规定。建设工程勘察企业应当按照其拥有的专业技术、人员、技术装备和勘察业绩等条件申请资质，经审查合格，取得建设工程勘察资质证书后，方可在资质等级许可的范围内从事建设工程勘察活动。取得资质证书的建设工程勘察企业可以从事相应的建设工程勘察咨询和技术服务。

3）订立勘察合同时应约定的内容

（1）勘察依据。除专用合同条款另有约定外，工程的勘察依据如下：

① 适用的法律、行政法规及部门规章；

② 与工程有关的规范、标准、规程；

③ 工程基础资料及其他文件；

④ 本勘察服务合同及补充合同；

⑤ 本工程设计和施工需求；

⑥ 合同履行中与勘察服务有关的来往函件；

⑦ 其他勘察依据。

（2）发包人应向勘察人提供的文件资料。

发包人应及时向勘察人提供下列文件资料，并对其准确性、可靠性负责，通常包括：

① 本工程的批准文件（复印件），以及用地（附红线范围）、施工、勘察许可等批件（复印件）。

② 工程勘察任务委托书、技术要求和工作范围的地形图、建筑总平面布置图。

③ 勘察工作范围已有的技术资料及工程所需的坐标与标高资料。

④ 勘察工作范围地下已有埋藏物的资料（如电力、电信电缆、各种管道、人防设施、洞室等）及具体位置分布图。

⑤ 其他必要相关资料。

如果发包人不能提供上述资料，一项或多项由勘察人收集时，订立合同时应予以明确，发包人需向勘察人支付相应费用。

（3）发包人应为勘察人提供现场的工作条件。

根据项目的具体情况，双方可以在合同内约定由发包人负责保证勘察工作顺利开展应提供的条件，可能包括：

① 落实土地征用、青苗树木赔偿；

② 拆除地上地下障碍物；

③ 处理施工扰民及影响施工正常进行的有关问题；

④ 平整施工现场；

⑤ 修好通行道路、接通电源水源、挖好排水沟渠以及备好水上作业用船等。

（4）勘察工作的成果。在明确委托勘察工作的基础上，约定勘察成果的内容、形式以及成果的要求等。具体写明勘察人应向发包人交付的报告、成果、文件的名称，交付数量，交付时间和内容要求。

（5）勘察费用的阶段支付。订立合同时约定工程勘察费用阶段支付的时间、占合同总金额的百分比和相应的款额。勘察合同的阶段支付时间通常按勘察工作完成的进度，或委托勘察范围内的各项工作中提交了某部分的成果报告进行分阶段支付，而不是按月支付。

（6）合同约定的勘察工作开始和终止时间。当事人双方应在订立的合同内，明确约定勘察工作开始的日期，以及交付勘察成果的时间。

（7）合同争议的最终解决方式。明确约定解决合同争议的最终方式是采用仲裁或诉讼。采用仲裁时，需注明仲裁委员会的名称。

2. 建设工程勘察合同的发包方式

建设工程勘察合同的发包依法实行招标发包或者直接发包。建设工程勘察应当依照《招标投标法》的规定，实行招标发包。直接发包是指建设单位不通过招标方式，将建设工程勘察业务直接发包给选定的建设工程勘察单位。直接发包仅适合特殊工程项目和特定情况下建设工程勘察业务的发包。下列建设工程的勘察经有关部门批准，可以直接发包：（1）采用特定的专利或者专有技术的；（2）建筑艺术造型有特殊要求的；（3）国务院规定的其他建设工程的勘察。

发包方可以将整个建设工程的勘察发包给一个勘察单位，也可以将建设工程的勘察分别发给几个勘察单位。除建设工程主体部分的勘察外，经发包方书面同意，承包方可以将建设工程其他部分的勘察再分包给其他具有相应资质等级的建设工程勘察单位。建设工程勘察单位不得将所承揽的建设工程勘察业务转包。

3.2.2　勘察合同的履行

1. 发包人的义务

发包人应及时向勘察人提供相关的文件资料，并对其准确性、可靠性负责。在合同中通常要具体说明资料的名称、份数、内容要求及提供的时间。发包人的义务包括：

（1）遵守法律。发包人在履行合同过程中应遵守法律，并保证勘察人免于承担因发包人违反法律而引起的任何责任。

（2）发出开始勘察通知。发包人应按约定向勘察人发出开始勘察通知。

（3）办理证件和批件。法律规定和（或）合同约定由发包人负责办理的工程建设项目必须履行的各类审批、核准或备案手续，发包人应当按规定办理，勘察人应给予必要的协助。法律规定和（或）合同约定由勘察人负责办理的勘察所需的证件和批件，发包人应给予必要的协助。

（4）支付合同价款。发包人应按合同约定向勘察人及时支付合同价款。

（5）提供勘察基础资料。发包人应按约定向勘察人提供勘察所需基础资料。

（6）其他义务。发包人应履行合同约定的其他义务。

2. 勘察人的义务

勘察单位应按照现行的标准、规范、规程和技术条例，进行工程测量、工程地质、水文地质等勘察工作，并按合同规定的进度、质量提交勘察成果。勘察人的义务包括：

（1）遵守法律。勘察人在履行合同过程中应遵守法律，并保证发包人免于承担因勘察人违反法律而引起的任何责任。

（2）依法纳税。勘察人应按有关法律规定纳税，应缴纳的税金（含增值税）包括在合同价格之中。

（3）完成全部勘察工作。勘察人应按合同约定以及发包人要求，完成合同约定的全部工作，并对工作中的任何缺陷进行整改、完善和修补，使其满足合同约定的目的。勘察人应按合同约定提供勘察文件，以及为完成勘察服务所需的劳务、材料、勘察设备、实验设施等，并应自行承担勘探场地临时设施的搭设、维护、管理和拆除。

（4）保证勘察作业规范、安全和环保。勘察人应按法律、规范标准和发包人要求，采取各项有效措施，确保勘察作业操作规范、安全、文明和环保，在风险性较大的环境中作业时应当编制安全防护方案并制订应急预案，防止因勘察作业造成的人身伤害和财产损失。

（5）避免勘探对公众与他人的利益造成损害。勘察人在进行合同约定的各项工作时，不得侵害发包人与他人使用公用道路、水源、市政管网等公共设施的权利，避免对邻近的公共设施产生干扰，保证勘探场地的周边设施、建构筑物、地下管线、架空线和其他物体的安全运行。勘察人占用或使用他人的施工场地，影响他人作业或生活的，应承担相应责任。

（6）其他义务。勘察人应履行合同约定的其他义务。

3.2.3 勘察合同的变更与终止

1. 变更与终止

一方提出申请并经对方书面同意时，可对合同进行变更或终止。

由于变更计划，提供的资料不准确，未按期提供勘察必需的资料或工作条件而造成勘察工作的返工、停工、窝工，甲方应按乙方人员每台班标准费用或者合同约定的其他方式支付损失费。

在勘察过程中，如遇地质情况复杂时，乙方有权会同甲方与设计单位商量增加或减少钻探工作量，相应增加或减少的勘察费用按实际费用结算。在勘察过程中，根据场地地形、地质条件和技术规范要求，乙方有权会同甲方与设计单位商量增减工程量或改变勘察手段，并正式办理变更手续。

勘察过程中的任何变更，经办理正式变更手续后，甲方应按实际发生的工作量支付勘察费。

勘察工程质量，必须符合国家或地方现行的技术规范、规程的要求，因乙方勘察质量低劣，而不能满足勘察任务委托的技术要求时，乙方应返工进行弥补，由此发生的一切费用均为自理。因勘察错误而造成工程重大质量事故，乙方除免收勘察费外，并根据损失程度向甲方偿付赔偿金，双方可在合同中约定赔偿金上限，比如最多不超过全部勘察费用。

2. 违约责任

1）发包人的违约责任

（1）由于发包人未给勘察人提供必要的工作生活条件而造成停工、窝工或来回进出场地，发包人应承担的责任包括：

① 付给勘察人停工、窝工费，金额按预算的平均工日产值计算；

② 工期按实际延误的工日顺延；

③ 补偿勘察人来回的进出场费和调遣费。

(2) 根据《建设工程勘察合同（示范文本）》(GF-2016-0203) 通用条款规定，合同履行期间，由于工程停建而终止合同或发包人要求解除合同时，勘察人未进行勘察工作的，不退还发包人已付定金；已进行勘察工作的，完成的工作量在 50%以内时，发包人应向勘察人支付预算额 50%的勘察费；完成的工作量超过 50%时，则应向勘察人支付预算额 100%的勘察费。

(3) 发包人未按合同规定时间（日期）拨付勘察费，应偿付未支付勘察费的逾期违约金，《建设工程勘察合同（示范文本）》(GF-2016-0203) 通用条款规定为每超过一日按逾期付款额的千分之一承担违约金。

(4) 发包人不履行合同时，无权要求返还定金。

2) 勘察人的违约责任

(1) 由于勘察人原因造成勘察成果资料质量不合格，不能满足技术要求时，其返工勘察费用由勘察人承担。对交付的报告、成果、文件达不到合同约定条件的部分，发包人可要求承包人返工，承包人按发包人要求的时间返工，直到符合约定条件。返工后仍不能达到约定条件，承包人承担违约责任，并根据由此造成的损失程度向发包人支付赔偿金，赔偿金额最高不超过返工项目的收费额。

(2) 由于勘察人原因未按合同规定时间提交勘察成果资料，应承担延期违约金。《建设工程勘察合同（示范文本）》(GF-2016-0203) 通用条款规定为每超过一日按逾期付款额的千分之一承担违约金。

(3) 勘察人不履行合同时，应双倍返还定金。

3.3　勘察合同管理

3.3.1　发包人对勘察合同的管理

勘察合同发包人的责任如下。

(1) 在勘察现场范围内，不属于委托勘察任务而又没有资料、图纸的地区（段），发包人应负责查清地下埋藏物。若因未提供上述资料、图纸，或提供的资料图纸不可靠、地下埋藏物不清，致使勘察人在勘察工作过程中发生人身伤害或造成经济损失时，由发包人承担民事责任。

(2) 若勘察现场需要看守，特别是在有毒、有害等危险现场作业时，发包人应派人负责安全保卫工作。按国家有关规定，对从事危险作业的现场人员进行保健防护，并承担费用。

(3) 工程勘察前，属于发包人负责提供的材料，应根据勘察人提出的工程用料计划，按时提供各种材料及其产品合格证明，并承担费用和运到现场，派人与勘察人的工作人员一起验收。

(4) 勘察过程中的任何变更，经办理正式变更手续后，发包人应按实际发生的工作量支付勘察费。

(5) 为勘察人的工作人员提供必要的生产、生活条件，并承担费用；如不能提供时，应一次性付给勘察人临时设施费。

(6) 发包人若要求在合同规定时间内提前完工（或提交勘察成果资料）时，发包人应按每提前一天向勘察人支付计算的加班费。

(7) 发包人应保护勘察人的投标书、勘察方案、报告书、文件、资料图纸、数据、特殊工艺（方法）、专利技术和合理化建议。未经勘察人同意，发包人不得复制，不得泄露，不得擅自修改、传送或向第三人转让或用于本合同外的项目。

3.3.2 承包人对勘察合同的管理

承包人也应当加强对勘察合同的管理。承包人应当设立专门的合同管理机构，对合同实施的各个阶段进行管理。

在订立合同时，应当了解委托人的资信，起草合同条款或者进行合同条款谈判；合同开始履行后，应当经常进行检查，及时发现问题进行纠正，避免和减少损失，并且负责各方进行协商。

承包人还应当做好合同管理人员的培训工作，以及合同档案的管理工作。

3.3.3 勘察合同的管理要点

勘察合同是发包人和勘察人在工程勘察过程中的最高行为准则。勘察合同管理是指勘察合同条件的拟定、合同的签订和履行、合同的变更与解除、合同争议的解决和合同索赔等管理工作，目的是促使合同双方全面而有序地完成合同规定各方的义务与责任，从而保证工程勘察工作的顺利实施。

1. 勘察合同主体与客体的法律地位

勘察合同法律关系的主体是合同双方当事人，即发包人和勘察人；其客体是指发包人委托勘察的建设工程项目。合同主体与客体的地位必须符合有关法律的规定，否则合同的有效性得不到法律的承认与保护。因此，合同管理第一步是确认合同法律关系主体与客体是否合法。

1）勘察合同法律关系主体的法律地位

按照《建设工程勘察设计合同管理办法》第四条规定，勘察合同的发包人应当是法人或者自然人，勘察人必须具有法人资格。发包人可以是建设单位或者项目管理部门，勘察人则应是持有建设行政主管部门颁发的工程勘察资质证书和工商行政管理部门核发的企业法人营业执照的工程勘察单位。

从发包人合同管理角度来看，发包人在选择勘察人时，审查候选勘察人的资质证书是合同管理的首要环节。《建设工程勘察设计管理条例》第十七条规定，发包人不得将建设工程勘察业务发包给不具有相应勘察资质等级的建设工程勘察单位。如果发包人明知勘察人没有资质或者资质等级达不到发包工程所要求的等级时而将工程勘察任务授予勘察人，是一种不合法的行为，将直接影响到合同的有效性。

从勘察人合同管理角度来看，勘察人寻求和承接勘察业务时，要审查本企业的勘察资质等级与所承接工程所要求的等级是否相符。《建筑法》第二十六条、《建设工程勘察设计管理条例》第二十一条和《建设工程勘察设计资质管理规定》第八条都明确规定，禁止建设工程勘察单位超越其资质等级许可的范围或者以其他建设工程勘察单位的名义承揽建设工程勘察业务。禁止建设工程勘察单位允许其他单位或者个人以本单位的名义承揽建设工程勘察业务。《建筑法》第六十五条规定，超越本单位资质等级承揽工程的，责令停止违法行为，处以罚款，可以责令停业整顿，降低资质等级；情节严重的，吊销资质证书；有违法所得的，予以没收。因此，勘察人采用虚假或伪造资质、超过资质等级承揽勘察任务，都属于违法行为，除了所签订的合同属于无效合同外，企业还将受到法律的处罚。

2）勘察合同法律关系客体的法律地位

在《建设工程勘察合同（示范文本）》中有条款要求发包人提供工程批准文件、用地红线、施工许可证等项目审批手续。在相关法规中，工程招标作为发包签订合同前的一个重要环节，则对招标项目的法定手续有着明确的要求。《招标投标法》第九条规定，招标项目按照国家有关规定需要履行项目审批手续的，应当先履行审批手续，取得批准。招标人应当有进行招标项目的相应资金或者资金来源已经落实，并应当在招标文件中如实载明。《工程建设项目勘察设计招标投标办法》第九条规定："依法必须进行勘察招标的工程建设项目，在招标时应当具备下列条件：①按照国家有关规定需要履行项目审批手续的，已履行审批手续，取得批准。②勘察所需资金已经落实。③所必需的勘察基础资料已经收集完成。④法律法规规定的其他条件。"

2. 勘察合同的签订程序

勘察合同的当事人双方进行协商，就合同的各项条款取得一致意见。合同双方法人代表或其指定的代理人在合同文本上签字，并加盖各自单位公章，合同生效。

根据《建设工程勘察设计管理条例》第十二条规定，建设工程勘察发包依法实行招标发包或直接发包。按照《招标投标法》第三条规定，在中华人民共和国境内进行下列工程建设项目的勘察必须进行招标：①大型基础设施、公用事业等关系社会公共利益、公众安全的项目；②全部或者部分使用国有资金投资或者国家融资的项目；③使用国际组织或者外国政府贷款、援助资金的项目。《必须招标的工程项目规定》（国家发展改革委令第 16 号）和《必须招标的基础设施和公用事业项目范围规定》（发改法规〔2018〕843 号）进一步明确必须招标的范围和规模标准，其中国家发展改革委令第 16 号第五条："本规定第二条至第四条规定范围内的项目，其勘察、设计、施工、监理以及与工程建设有关的重要设备、材料等的采购达到下列标准之一的，必须招标：勘察、设计、监理等服务的采购，单项合同估算价在 100 万元人民币以上。""同一项目中可以合并进行的勘察、设计、施工、监理以及与工程建设有关的重要设备、材料等的采购，合同估算价合计达到前款规定标准的，必须招标。"

可以不招标的情况，《招标投标法》第六十六条和《招标投标法实施条例》第九条都有明确规定。《工程建设项目勘察设计招标投标办法》第四条规定："按照国家规定需要履行项目审批、核准手续的依法必须进行招标的项目，有下列情形之一的，经项目审批、核准部门审批、核准，项目的勘察设计可以不进行招标：①涉及国家安全、国家秘密、抢险救灾或者属于利用扶贫资金实行以工代赈、需要使用农民工等特殊情况，不适宜进行招标；②主要工艺、技术采用不可替代的专利或者专有技术，或者其建筑艺术造型有特殊要求；③采购人依法能够自行勘察、设计；④已通过招标方式选定的特许经营项目投资人依法能够自行勘察、设计；⑤技术复杂或专业性强，能够满足条件的勘察设计单位少于三家，不能形成有效竞争；⑥已建成项目需要改、扩建或者技术改造，由其他单位进行设计影响项目功能配套性；⑦国家规定的其他特殊情形。”

3. 勘察过程合同管理

勘察合同的双方当事人都应重视合同管理工作，应建立自己的合同管理专门机构，负责勘察合同的起草、协商和签订工作，同时在每个勘察项目中指定合同管理人员参加勘察项目管理班子，专门负责勘察合同的实施控制和管理。招标负责人也应该跟踪勘察合同的履行过程，了解实施过程中因招标投标工作而导致的问题、矛盾和纠纷，及时总结经验，提高勘察的招标工作水平和质量。

合同资料文档管理是合同管理的一个基本业务。勘察中主要合同资料包括：

① 勘察招标投标文件（如果有）；

② 中标通知书（如果有）；

③ 勘察合同及附件，包括勘察任务书、工程勘察收费表、补充协议书等；

④ 发包人的各种指令、签证，双方的往来书信和电函，会谈纪要等；

⑤ 各种变更指令、变更记录等；

⑥ 各种检测、试验等；

⑦ 勘察文件、勘察工作的各种报表、报告等；

⑧ 政府部门和上级机构的各种批文、文件和签证等；

⑨ 其他合同文件。

4. 合同实施的跟踪与监督

在发包人方面，合同的跟踪与监督就是掌握勘察人勘察工作的进程，监督其是否按合同进度和合同规定的质量标准进行，发现拖延应立即督促勘察人进行弥补，以保证勘察工作能够按期按质完成。同时，也应及时将本方的合同变更指令通知对方。

在勘察人方面，合同的跟踪与监督就是对合同实施情况进行跟踪，将实际情况和合同资料进行对比分析，发现偏差。合同管理人员应及时将合同的偏差信息及原因分析结果和建议提供给勘察项目的负责人，以便及早采取措施，调整偏差。同时，合同管理人员应及时将发包人的变更指令传达到本方勘察项目负责人或直接传达给各专业勘察部门和人员。

合同跟踪与监督管理的对象有以下三个方面：

（1）勘察工作的质量。工程勘察质量应当符合工程建设国家标准、行业标准或地方标准。勘察质量监督的法律依据包括《建筑法》《建设工程质量管理条例》《建设工程勘察质量管理办法》《实施工程建设强制性标准监督规定》《工程建设国家标准管理办法》和《工程建设行业标准管理办法》等。

（2）勘察工作量。包括合同约定的勘察任务完成工作量以及合同外增加勘察任务或附加勘察项目工作量。

（3）勘察进度。包括勘察工作的总体进展状况和未来合同进度履行的风险分析，如项目各专业勘察的进展，相互之间的衔接配套，与合同计划的差距等。

另外，按照《建设工程勘察设计合同管理办法》第七条规定，在合同履行过程中，勘察人经发包人同意可以将自己承包的部分工作分包给具有相应资质条件的第三人。第三人就其完成的工作成果与勘察人向发包人承担连带责任。禁止勘察人将其承包的工作全部转包给第三人或者肢解以后以分包的名义转包给第三人。禁止第三人将其承包的工作再分包。严禁出卖图章、图签等行为。

5. 合同变更管理

勘察合同的变更表现为设计图纸和说明的非勘察错误的修改、勘察进度计划的变动、勘察规范的改变、增减合同中约定的勘察工作量等。这些变更导致了合同双方的责任变化。合同变更是合同管理中频繁遇到的一个工作内容。在合同变更管理中要注意以下几个方面：

（1）应尽快提出或下达变更要求或指令。因为时间拖得越长，造成的损失越多，双方的争执越大。

（2）应迅速而全面地落实和执行变更指令。对于勘察人来说，迅速地执行发包人的变更指令，调整工作部署，可以减少费用和时间的浪费。这种浪费往往被认为是勘察人管理失误造成的，难以得到补偿。

（3）应严格遵守变更程序。即变更指令应以书面形式下达，如果是口头指令，勘察人应在指令执行后立即得到发包人的书面认可。若非紧急情况，双方应首先签署变更协议，对变更的内容、变更后的费用与工期的补偿达成一致意见后，再下达变更指令。

6. 勘察合同的索赔管理

在勘察合同履行的过程中，合同一方因合同另一方未能履行或未能正确履行合同中所规定的义务而受到损失，则可向另一方提出索赔。勘察合同中通常规定各分项索赔费用限额或合同总索赔费用限额。

勘察人在下列情况下可向发包人提出索赔要求：

（1）发包人不能按合同要求及时提交满足勘察要求的基础资料，致使勘察人员无法正常开展勘察工作，勘察人可提出延长合同工期索赔。

（2）因发包人未能履行其合同规定的责任或在勘察中途提出变更要求，而造成勘察工作的返工、停工、窝工或修改勘察成果，勘察人向发包人提出增加勘察费和延长合同工期索赔。

（3）发包人不按合同规定按时支付价款，勘察人可提出合同违约金索赔。

（4）因其他原因属发包人责任造成勘察人利益损害时，勘察人可提出增加勘察费索赔。

发包人在下列情况下可向勘察人提出索赔：

（1）勘察人未能按合同规定期限提交勘察成果文件，拖延了项目建设工期，发包人可向勘察人提出违约金索赔。

（2）由于勘察人提交的勘察成果错误或遗漏，使发包人在工程施工或使用时遭受损失，发包人可向勘察人提出减少支付勘察费或赔偿损失。

（3）因勘察人的其他原因造成发包人损失的，发包人可依合同约定向勘察人提出索赔。

第 4 章　建设工程设计合同管理

4.1　设计合同概述

4.1.1　设计合同的概念

建设工程设计合同是指根据建设工程的要求，对建设工程所需的技术、经济、资源、环境等条件进行综合分析、论证，编制建设工程设计文件的协议。

发包人通过招标方式与选择的中标人就委托的设计任务签订合同。订立合同委托设计任务是发包人和承包人的自主市场行为，但必须遵守《民法典》《建筑法》《建设工程勘察设计管理条例》《建设工程勘察设计市场管理规定》等法律和法规的要求。为了保证设计合同的内容完备、责任明确、风险责任分担合理，住房城乡建设部和国家工商行政管理局联合颁布了《建设工程设计合同示范文本（房屋建筑工程）》（GF-2015-0209）《建设工程设计合同示范文本（专业建设工程）》（GF-2015-0210）。

4.1.2　设计合同的特点

工程设计的内容、性质和特点，决定了设计合同除了具备建设工程合同的一般特征外，还有自身的特点：

1. 需符合法定质量标准

设计人应按国家技术规范、标准、规程和发包人的设计任务书及其要求进行设计工作。发包人不得提出或指使设计单位不按法律、法规、工程建设强制性标准和设计程序进行设计。此外工程设计工作具有专属性，工程设计修改必须由原设计单位负责完成，建设单位或施工单位不得擅自修改工程设计。经原设计单位书面同意，建设单位也可以委托其他具有相应资质的建设工程设计单位修改。

2. 工程勘察与工程设计紧密联系

工程设计工作的开展以工程勘察成果为依据，同时，初步设计又是进一步详细勘察的基础，两者关系紧密。

3. 交付成果多样化

与工程施工合同不同，设计人通过自己的设计行为，需要提交多样化的交付成果，一般包括结构计算书、图纸、实物模型、概预算文件、计算机软件和专利技术等智力性成果。

4. 分阶段支付报酬

设计费计算方式可以采用中标价加变更签证、预算包干或实际完成工作量结算等。

在实际工作中，由于设计工作往往分阶段进行，分阶段交付设计成果，设计费也是按阶段支付（Milestone Payment）。

5. 知识产权保护

我国《中华人民共和国著作权法》（以下简称《著作权法》）第三条明确将建筑作品与美术作品一起列入其保护范围，建筑物、设计图、建筑模型均可受到我国著作权的保护，但受著作权法保护的建筑设计必须具备独创性、可复制性，并且必须具有审美意义。在工程设计合同中，发包人按照合同支付设计人酬金，作为交换，设计人将设计成果交给发包人。因此，发包人一般拥有设计成果的财产权，除了明示条款有相反约定外，设计人一般拥有发包人项目设计成果的著作权，双方当事人可以在合同中约定设计成果的著作权的归属。发包人应保护设计人的投标书、设计方案、文件、资料图纸、数据、计算机软件和专利技术等成果。发包人对设计人交付的勘察设计资料不得擅自修改、复制或向第三人转让或用于本项目之外。设计人也应保护发包人提供的资料和文件，未经发包人同意，不得擅自修改、复制或向第三人披露。若发生上述情况，各方应承担相应的法律责任。

6. 发包人需履行协助义务

设计人完成相关工作时，往往需要发包人提供工作条件，包括相关资料、文件和必要的生产、生活及交通条件等，发包人需要对所提供资料或文件的正确性和完整性负责。若发包人未履行或不完全履行相关协助义务，造成设计返工、停工或者修改设计的，发包人应承担相应费用。

4.2　设计合同订立与履行

4.2.1　设计合同的订立

1. 建设工程设计合同的内容和合同当事人

1）建设工程设计合同的内容

建设工程设计合同，是指设计人依据约定向发包人提供建设工程设计文件，发包人受领该成果并按约定支付酬金的合同。建设工程设计，是指根据建设工程的要求，对建设工程所需的技术、经济、资源、环境等条件进行综合分析、论证，编制建设工程设计文件。设计是基本建设的重要环节。在建设项目的选址和设计任务书已确定的情况下，建设项目是否能保证技术上先进和经济上合理，设计将起着决定作用。

按我国现行规定，一般建设项目按初步设计和施工图设计两个阶段进行，对于技术复杂而又缺乏经验的项目，可以增加技术设计阶段。对一些大型联合企业、矿区和水利枢纽，为解决总体部署和开发问题，还需进行总体规划设计或方案设计。

2）建设工程设计合同当事人

建设工程设计合同当事人包括发包人和设计人。发包人通常也是工程建设项目的业主（建设单位）或者项目管理部门（如工程总承包单位）。承包人则是设计人（本章内容中设计合同中的承包人与设计人概念相同），设计人须为具有相应设计资质的企业法人。工程设计资质分为工程设计综合资质、工程设计行业资质、工程设计专业资质和工程设计专项资质。

取得工程设计综合资质的企业，可以承接各行业、各等级的建设工程设计业务；取得工程设计行业资质的企业，可以承接相应行业相应等级的工程设计业务及本行业范围内同级别的相应专业、专项（设计施工一体化资质除外）工程设计业务；取得工程设计专业资质的企业，可以承接本专业相应等级的专业工程设计业务及同级别的相应专项工程设计业务（设计施工一体化资质除外）；取得工程设计专项资质的企业，可以承接本专项相应等级的专项工程设计业务。

例：根据住房城乡建设部 2007 年颁布的《工程设计资质标准》："三、承担业务范围"中规定：取得设计资质的企业，可"承担资质证书许可范围内的工程设计业务，承担与资质证书许可范围相应的建设工程总承包、工程项目管理和相关的技术、咨询与管理服务业务。承担设计业务的地区不受限制。"

此外，工程设计综合甲级资质可承担各行业建设工程项目的设计业务，其规模不受限制；但在承接工程项目设计时，须满足本标准中与该工程项目对应的设计类型对专业及人员配置的要求。且可承担其取得的施工总承包（施工专业承包）一级资质证书许可范围内的工程施工总承包（施工专业承包）业务。

2015 年，住房城乡建设部发布的《建筑业企业资质管理规定和资质标准实施意见》中，第十条第 3 款规定，已取得设计综合资质，行业甲级资质，但未取得建筑业企业资质的企业，可以直接申请相应类别施工总承包一级资质。

2. 建设工程设计合同的发包方式

建设工程设计发包依法实行招标发包或者直接发包。建设工程设计应当依照《招标投标法》的规定，实行招标发包。直接发包是指建设单位不通过招标方式，将建设工程勘察设计业务直接发包给选定的建设工程设计单位。直接发包仅适合特殊工程项目和特定情况下建设工程设计业务的发包。下列建设工程的设计，经有关部门批准，可以直接发包：（1）采用特定的专利或者专有技术的；（2）建筑艺术造型有特殊要求的；（3）国务院规定的其他建设工程的设计。

发包方不得将建设工程设计业务发包给不具有相应设计资质等级的建设工程设计单位。发包方可以将整个建设工程的设计发包给一个设计单位；也可以将建设工的设计分别发给几个设计单位。除建设工程主体部分的设计外，经发包方书面同意，承包方可以将建设工程其他部分的设计再分包给其他具有相应资质等级的建设工程设计单位。建设工程设计单位不得将所承揽的建设工程设计业务转包。

3. 订立设计合同时应约定的内容

1）委托设计项目的内容

订立设计合同时应明确委托设计项目的具体要求，包括分项工程、单位工程的名称、设计阶段和各部分的设计费。如民用建筑工程中，各分项名称对应的建设规模（层数、建筑面积）；设计人承担的设计任务是全过程设计（方案设计、初步设计、施工图设计），还是部分阶段的设计任务；相应分项名称的建筑工程总投资；相应的设计费用。

示例：住房城乡建设部和国家工商总局联合修订的《建设工程设计合同示范文本（房屋建筑工程）》（GF-2015-0209）中对发包人委托的设计内容分为工程设计基本服务和工程设计其他服务。其中，工程设计基本服务是指设计人根据发包人的委托，提供编制房屋建筑工程方案设计文件、初步设计文件（含初步设计概算）、施工图设计文件服务，并相应提供设计技术交底、解决施工中的设计技术问题、参加竣工验收等服务，基本服务费用包含在设计费中。

工程设计其他服务是指发包人根据工程设计实际需要，要求设计人另行提供且发包人应当单独支付费用的服务，包括总体设计服务、主体设计协调服务、采用标准设计和复用设计服务、非标准设备设计文件编制服务、施工图预算编制服务、竣工图编制服务等。

2）发包人应向设计人提供的有关资料和文件

（1）设计依据文件和资料：

① 经批准的项目可行性研究报告或项目建议书；

② 城市规划许可文件；

③ 工程勘察资料等。

发包人应向设计人提交的有关资料和文件在合同内须约定资料和文件的名称、份数、提交的时间和有关事宜。

（2）项目设计要求：

① 限额设计的要求；

② 设计依据的标准；

③ 建筑物的设计合理使用年限要求；

④ 设计深度要求。设计标准可以高于国家规范的强制性规定，发包人不得要求设计人违反国家有关标准进行设计。方案设计文件应当满足编制初步设计文件和控制概算的需要，初步设计文件应当满足编制施工招标文件、主要设备材料订货和编制施工图设计文件的需要，施工图设计文件，应当满足设备材料采购、非标准设备制作和施工的需要，并注明建设工程合理使用年限。具体内容要根据项目的特点在合同内约定。

⑤ 设计人配合施工工作的要求，包括向发包人和施工承包人进行设计交底、处理有关设计问题、参加重要隐蔽工程部位验收和竣工验收等事项。

⑥ 法律、法规规定应满足的其他条件。

3）工作开始和终止时间。合同内约定设计工作开始和终止的时间，作为设计期限。

4）设计费用的支付。合同内除了写明双方约定的总设计费外，还需列明分阶段支付进度款的条件、占总设计费的百分比及金额及合同解除情况下设计费的结算和支付。

5）发包人应为设计人提供现场的服务。可能包括设计人员进入施工现场的工作条件、生活条件及交通等方面的具体内容。

6）设计人应交付的设计资料和文件。明确分项列明设计人应向发包人交付的设计资料和文件，包括资料和文件的名称、份数、提交日期、成果验收和其他有关事项的要求。

7）违约责任。需要约定的内容包括承担违约责任的条件和违约金的计算方法等。

8）合同争议的最终解决方式。约定仲裁或诉讼为解决合同争议的最终方式。

4.2.2 设计合同的履行

1. 发包人的义务

（1）遵守法律。发包人在履行合同过程中应遵守法律，并保证设计人免于承担因发包人违反法律而引起的任何责任。

（2）发出开始设计通知。发包人应按约定向设计人发出开始设计通知。

（3）办理证件和批件。法律规定和（或）合同约定由发包人负责办理的工程建设项目必须履行的各类审批、核准或备案手续，发包人应当按时办理，设计人应给予必要的协助。法律规定和（或）合同约定由设计人负责办理的设计所需的证件和批件，发包人应给予必要的协助。

（4）支付合同价款。发包人应按合同约定向设计人及时支付合同价款。

（5）提供设计资料。发包人应按约定向设计人提供设计资料。

（6）其他义务。发包人应履行合同约定的其他义务。

2. 设计人的义务

（1）遵守法律。设计单位在履行合同过程中应遵守法律，并保证发包人免于承担因设计人违反法律而引起的任何责任。

（2）完成合同约定全部设计工作。设计单位要根据批准的设计任务书或上一阶段设计的批准文件，以及有关设计技术经济协议文件、设计标准、技术规范、规程、定额等提出设计技术要求和进行设计，完成合同约定的全部工作，并对工作中的任何缺陷进行整改、完善和修补，使其满足合同的约定。设计单位按合同规定的进度和质量提交设计文件（包括概预算文件、材料设备清单）及相关服务等。

① 初步设计经主管部门审查后，在原定任务书范围内的必要修改，由设计单位负责。原定任务书有重大变更而重做或修改设计时，须具有设计审批机关或设计任务书批准机关的意见书。

② 设计单位对所承担设计任务的建设项目应配合施工，进行设计技术交底，解决施工过程中有关设计的问题，负责设计变更和修改预算，参加试车考核及工程竣工验收。对于大中型工业项目和复杂的民用工程应派现场设计代表，并参加隐蔽工程验收。

（3）其他义务。承包人（设计单位）应履行合同约定的其他义务。

4.2.3 设计合同的变更与终止

1. 变更与终止

设计文件批准后，就具有一定的严肃性，不得任意修改和变更。如果必须修改，也需经有关部门批准，其批准权限，根据修改内容所涉及的范围而定。如果修改部分是分步设计的内容，必须经设计的原批准单位批准；如果修改的部分是属于可行性研究报告的内容，则必须经可行性研究报告的原批准单位批准；施工图设计的修改，必须经设计单位批准。

发包人因故要求修改工程设计，经承包人同意后，除设计文件的提交时间另定外，发包人还应按承包人实际返工修改的工作量增付设计费。原定可行性研究报告或初步设计如有重大变更而需重作或修改设计时，须经原批准机关同意，并经双方当事人协商后另订合同。发包人负责支付已经进行了的设计的费用。

发包人因故要求中途停止设计时，应及时书面通知承包人，已付的设计费不退，并按该阶段实际所耗工时，增付和结清设计费，同时终止合同关系。

2. 违约责任

1）发包人的违约责任

（1）发包人延误支付。发包人应按合同规定的金额和时间向设计人支付设计费，国家示范文本通用条款规定，每逾期支付 1 天，应承担支付金额千分之二的逾期违约金，且设计人提交设计文件的时间顺延。逾期 30 天以上时，设计人有权暂停履行下一阶段工作，并书面通知发包人。

（2）审批工作的延误。发包人的上级或设计审批部门对设计文件不审批或合同项目停缓建，均视为发包人应承担的风险。

（3）发包人原因要求解除合同。在合同履行期间，发包人要求终止或解除合同，应与设计人就已完设计成果进行结算。参照国家示范文本通用条款，设计人未开始设计工作的，不退还发包人已付的定金；已开始设计工作的，发包人应根据设计人已进行的实际工作量，不足一半时，按该阶段设计费的一半支付；超过一半时，按该阶段设计费的全部支付。

2）设计人的违约责任

（1）设计错误。作为设计人的基本义务，应对设计资料及文件中出现的遗漏或错误负责修改或补充，并对提交的设计成果质量负责。由于设计人员错误造成工程质量事故损失，设计人除负责采取补救措施外，应免收直接受损失部分的设计费，还应结合损失的程度和设计人责任大小根据设计合同约定向发包人支付赔偿金。国家示范文本中要求设计人的赔偿责任按工程实际损失的百分比计算，当事人双方订立合同时需在相关条款内具体约定百分比的数额。

（2）设计人延误完成设计任务。由于设计人自身原因，延误了按合同规定交付的设计资料及设计文件的时间，应按设计合同约定承担延误责任。国家示范文本中要求每延误 1 天，应减收该项目应收设计费的千分之二。

（3）设计人原因要求解除合同。合同生效后，设计人要求终止或解除合同，设计人应双倍返还定金或按约定向发包人支付违约金。

3）不可抗力事件的影响

由于不可抗力因素致使合同无法履行时，双方应及时协商解决。

4.3　设计合同管理

4.3.1　发包人对设计合同的管理

设计合同发包人的责任如下。

1）提供必要的现场开展工作条件

由于设计人完成设计工作的主要地点不是施工现场，因此发包人有义务为设计人在现场工作期间提供必要的工作、生活等方便条件。发包人为设计人派驻现场的工作人员提供的方便条件可能涉及工作、生活、交通等方面的便利条件，以及必要的劳动保护装备。

2）外部协调工作

设计的阶段成果（初步设计、技术设计、施工图设计）完成后，应由发包人组织鉴定和验收，并负责向发包人的上级或设计审批部门完成报批手续。

施工图设计完成后，法律法规对施工图设计审查有要求的，发包人应将施工图报送建设行政主管部门，由建设行政主管部门委托的审查机构进行结构安全和强制性标准、规范执行情况等内容的审查。发包人和设计人必须共同保证施工图设计满足以下条件：

（1）建筑物（包括地基基础、主体结构体系）的设计稳定、安全、可靠。

（2）设计符合消防、节能、环保，抗震、卫生、人防等有关强制性标准、规范。

（3）设计的施工图达到规定的设计深度。

（4）不存在有可能损害公共利益的其他影响。

3）其他相关工作

发包人委托设计配合引进项目的设计任务，从询价、对外谈判、国内外技术考察直至建成投产的各个阶段，应吸收承担有关设计任务的设计人参加。

发包人委托设计人承担合同约定委托范围之外的服务工作，需另行支付费用。

4）保护设计人的知识产权

发包人应保护设计人的投标书、设计方案、文件、资料图纸、数据、计算软件和专利技术。未经设计人同意，发包人对设计人交付的设计资料及文件不得擅自修改、复制或向第三人转让或用于本合同外的项目。如发生以上情况，发包人应负法律责任，设计人有权向发包人提出索赔。

5）遵循合理设计周期的规律

如果发包人从施工进度的需要或其他方面的考虑，要求设计人比合同规定的时间提前交付设计文件时，须征得设计人同意。设计的质量是工程发挥预期效益的基本保障，发包人不应严重背离合理设计周期的规律，强迫设计人不合理地缩短设计周期的时间。若双方经过协商达成一致并签订提前交付设计文件的协议后，发包人应支付相应的赶工费。

4.3.2 承包人对设计合同的管理

承包人也应当加强对设计合同的管理。承包人应当设立专门的合同管理机构，对合同实施的各个阶段进行管理。

在订立合同时，应当了解委托人的资信，起草合同条款或者进行合同条款谈判；合同开始履行后，应当经常进行检查，及时发现问题进行纠正，避免和减少损失，并且负责各方进行协商。

承包人还应当做好合同管理人员的培训工作，以及合同档案的管理工作。

4.3.3　设计合同的管理要点

设计合同是发包人和设计人在工程设计过程中的最高行为准则。设计合同管理是指设计合同条件的拟定、合同的签订和履行、合同的变更与解除、合同争议的解决和合同索赔等管理工作，目的是促使合同双方全面而有序地完成合同规定各方的义务与责任，从而保证工程设计工作的顺利实施。

1. 设计合同主体与客体的法律地位

设计合同法律关系的主体是合同双方当事人，即发包人和设计人；其客体是指发包人委托设计的建设工程项目。合同主体与客体的地位必须符合有关法律的规定，否则合同的有效性得不到法律的承认与保护。因此，合同管理第一步是确认合同法律关系主体与客体是否合法。

1）设计合同法律关系主体的法律地位

按照《建设工程勘察设计合同管理办法》第四条规定，设计合同的发包人应当是法人或者自然人，设计人必须具有法人资格。发包人可以是建设单位或者项目管理部门，设计人则应是持有建设行政主管部门颁发的工程设计资质证书和工商行政管理部门核发的企业法人营业执照的工程设计单位。

从发包人合同管理角度来看，发包人在选择设计人时，审查候选设计人的资质证书是合同管理的首要环节。《建设工程勘察设计管理条例》第十七条规定，发包人不得将建设工程设计业务发包给不具有相应设计资质等级的建设工程勘察、设计单位。如果发包人明知设计人没有资质或者资质等级达不到发包工程所要求的等级时而将工程设计任务授予设计人，是一种不合法的行为，将直接影响到合同的有效性。

从设计人合同管理角度来看，设计人寻求和承接设计业务时，要审查本企业的设计资质等级与所承接工程所要求的等级是否相符。《建筑法》第二十六条、《建设工程勘察设计管理条例》第二十一条和《建设工程勘察设计资质管理规定》第八条都明确规定，禁止建设工程设计单位超越其资质等级许可的范围或者以其他建设工程设计单位的名义承揽建设工程设计业务。禁止建设工程设计单位允许其他单位或者个人以本单位的名义承揽建设工程设计业务。《建筑法》第六十五条规定，超越本单位资质等级承揽工程的，责令停止违法行为，处以罚款，可以责令停业整顿，降低资质等级；情节严重的，吊销资质证书；有违法所得的，予以没收。因此，设计人采用虚假或伪造资质、超过资质等级、出借资质承揽设计任务，都属于违法行为，除了所签订的合同属于无效合同外，企业还将受到法律的处罚。

2）设计合同法律关系客体的法律地位

在建筑工程设计示范文本中有条款要求发包人提供工程批准文件、用地红线、施工许可证等项目审批手续。在相关法规中，工程招标作为发包签订合同前的一个重要环节，则对招标项目的法定手续有着明确的要求。《招标投标法》第九条规定，招标项目按照国家有关规定需要履行项目审批手续的，应当先履行审批手续，取得批准。招标人应当有进行招标项目的相应资金或者资金来源已经落实，并应当在招标文件中如实载明。《工程建设项目勘察设计招标投标办法》第九条规定："依法必须进行勘察设计招标的工程建设项目，在招标时应当具备下列条件：①按照国家有关规定需要履行项目审批手续的，已履行审批手续，取得批准。②勘察设计所需资金已经落实。③所必需的勘察设计基础资料已经收集完成。④法律法规规定的其他条件。”

2. 设计合同的签订程序

设计合同的当事人双方进行协商，就合同的各项条款取得一致意见。合同双方法定代表人或其指定的代理人在合同文本上签字，并加盖各自单位公章，合同生效。

根据《建设工程勘察设计管理条例》第十二条规定，建设工程勘察设计发包依法实行招标发包或直接发包。按照《招标投标法》第三条规定，在中华人民共和国境内进行下列工程建设项目的勘察设计必须进行招标：①大型基础设施、公用事业等关系社会公共利益、公众安全的项目；②全部或者部分使用国有资金投资或者国家融资的项目；③使用国际组织或者外国政府贷款、援助资金的项目。《必须招标的工程项目规定》第二条：“全部或者部分使用国有资金投资或者国家融资的项目包括：（一）使用预算资金200万元人民币以上，并且该资金占投资额10%以上的项目；（二）使用国有企业事业单位资金，并且该资金占控股或者主导地位的项目。”第五条：“本规定第二条至第四条规定范围内的项目，其勘察、设计、施工、监理以及与工程建设有关的重要设备、材料等的采购达到下列标准之一的，必须招标：（一）施工单项合同估算价在400万元人民币以上；（二）重要设备、材料等货物的采购，单项合同估算价在200万元人民币以上；（三）勘察、设计、监理等服务的采购，单项合同估算价在100万元人民币以上。同一项目中可以合并进行的勘察、设计、施工、监理以及与工程建设有关的重要设备、材料等的采购，合同估算价合计达到前款规定标准的，必须招标。”

同时《工程建设项目勘察设计招标投标办法》第四条规定：“按照国家规定需要履行项目审批、核准手续的依法必须进行招标的项目，有下列情形之一的，经项目审批、核准部门审批、核准，项目的勘察设计可以不进行招标：①涉及国家安全、国家秘密、抢险救灾或者属于利用扶贫资金实行以工代赈、需要使用农民工等特殊情况，不适宜进行招标；②主要工艺、技术采用不可替代的专利或者专有技术，或者其建筑艺术造型有特殊要求；③采购人依法能够自行勘察、设计；④已通过招标方式选定的特许经营项目投资人依法能够自行勘察、设计；⑤技术复杂或专业性强，能够满足条件的勘察设计单位少于三家，不能形成有效竞争；⑥已建成项目需要改、扩建或者技术改造，由其他单位进行设计影响项目功能配套性；⑦国家规定其他特殊情形。

3. 设计过程合同管理

设计合同的双方当事人都应重视合同管理工作，应建立自己的合同管理专门机构，负责设计合同的起草、协商和签订工作，同时在每个设计项目中指定合同管理人员参加设计项目管理班子，专门负责设计合同的实施控制和管理。招标师也应该跟踪设计合同的履行过程，了解实施过程中因招标投标工作而导致的问题、矛盾和纠纷，及时总结经验，提高设计的招标工作水平和质量。

（1）合同资料文档管理。

合同资料文档管理是合同管理的一个基本业务。设计中主要合同资料包括：

① 设计招标投标文件（如果有）；

② 中标通知书（如果有）；

③ 设计合同及附件，包括设计任务书、工程设计收费表、补充协议书等；

④ 发包人的各种指令、签证，双方的往来书信和电函，会谈纪要等；

⑤ 各种变更指令、变更记录等；

⑥ 各种检测、试验资料等；

⑦ 设计文件；

⑧ 设计工作的各种报表、报告等；

⑨ 政府部门和上级机构的各种批文、文件和签证等。

（2）设计进度管理。

① 工程设计进度计划

设计人应按照专用合同条款约定提交工程设计进度计划，经发包人批准后实施。工程设计进度计划是控制工程设计进度的依据，发包人有权按照工程设计进度计划中列明的关键性控制节点检查工程设计进度情况。工程设计进度计划中的设计周期应由发包人与设计人协商确定，明确约定各阶段设计任务的完成时间区间。

工程设计进度计划不符合合同要求或与工程设计的实际进度不一致的，设计人应向发包人提交修订的工程设计进度计划，并附有关措施和相关资料。除专用合同条款对期限另有约定外，发包人应在收到修订的工程设计进度计划后及时完成审核和批准或提出修改意见，否则视为发包人同意设计人提交的修订的工程设计进度计划。

② 工程设计开始

发包人应按照法律规定获得工程设计所需的许可。发包人发出的开始设计通知应符合法律规定，一般应在计划开始设计日期 7 天前向设计人发出开始工程设计工作通知，工程设计周期自开始设计通知中载明的开始设计的日期起算。

设计人应当在收到发包人提供的工程设计资料及专用合同条款约定的定金或预付款后，开始工程设计工作。各设计阶段的开始时间均以设计人收到的发包人发出开始设计工作的书面通知书中载明的开始设计的日期起算。

③ 工程设计进度延误

发包人导致工程设计进度延误的情形主要有：

a. 发包人未能按合同约定提供工程设计所需基础资料或所提供的工程设计基础资料不符合合同约定或存在错误或疏漏的。

b. 发包人未能按合同约定日期足额支付定金或预付款、进度款的。

c. 发包人提出影响设计周期的设计变更要求的。

d. 专用合同条款中约定的其他情形。

发包人上述工程设计进度延误情形导致增加了设计工作量和设计周期的，发包人应当另行支付相应设计费用并顺延设计周期。因设计人原因导致工程设计进度延误的，设计人应当按照合同条款约定承担违约责任。设计人支付逾期完成工程设计违约金后，不免除设计人继续完成工程设计的义务。

④ 暂停设计

a. 发包人原因引起的暂停设计。因发包人原因引起暂停设计的，发包人应及时下达暂停设计指示。因发包人原因引起的暂停设计，发包人应承担由此增加的设计费用和（或）延长的设计周期。

b. 设计人原因引起的暂停设计。因设计人原因引起的暂停设计，设计人应当尽快向发包人发出书面通知并按合同约定承担责任，且设计人在收到发包人复工指示后约定期限内（国家示范文本规定为15天）仍未复工的，视为设计人无法继续履行合同的情形，设计人应按合同约定解除合同并承担责任。

c. 其他原因引起的暂停设计。当出现非设计人原因造成的暂停设计，设计人应当尽快向发包人发出书面通知。设计人的设计周期应当相应延长，导致设计人增加设计工作量的，发包人应当另行支付相应设计费用。

d. 暂停设计后的复工。暂停设计后，发包人和设计人应采取有效措施积极消除暂停设计的影响。当工程具备复工条件时，发包人向设计人发出复工通知，设计人应按照复工通知要求复工。

⑤ 提前交付工程设计文件

发包人要求设计人提前交付工程设计文件的，发包人应向设计人下达提前交付工程设计文件指示，设计人应向发包人提交提前交付工程设计文件建议书，提前交付工程设计文件建议书应包括实施的方案、缩短的时间、增加的合同价格等内容。发包人接受该提前交付工程设计文件建议书的，发包人和设计人应协商采取加快工程设计进度的措施，并修订工程设计进度计划，由此增加的设计费用由发包人承担。设计人认为提前交付工程设计文件的指示无法执行的，应向发包人提出书面异议，发包人应在收到异议后7天内予以答复。任何情况下，发包人不得压缩合理设计周期。

发包人要求设计人提前交付工程设计文件，或设计人提出提前交付工程设计文件的建议能够给发包人带来效益的，合同当事人可以在专用合同条款中约定提前交付工程设计文件的奖励。

4. 合同实施的跟踪与监督

在发包人方面，合同的跟踪与监督就是掌握设计人设计工作的进程，监督其是否按合同进度和合同规定的质量标准进行，发现拖延应立即督促设计人进行弥补，以保证设计工作能够按期按质完成。同时，也应及时将本方的合同变更指令通知对方。

在设计人方面，合同的跟踪与监督就是对合同实施情况进行跟踪，将实际情况和合同资料进行对比分析，发现偏差。合同管理人员应及时将合同的偏差信息及原因分析结果和建议提供给设计项目的负责人，以便及早采取措施，调整偏差。同时，合同管理人员应及时将发包人的变更指令传达到本方设计项目负责人或直接传达给各专业设计部门和人员。

合同跟踪与监督管理的对象有以下四个方面：

① 设计工作的质量。工程设计质量应当符合工程建设国家标准、行业标准或地方标准。设计质量监督的法律依据包括《建筑法》《建设工程质量管理条例》（中华人民共和国国务院令第279号）、《实施工程建设强制性标准监督规定》（中华人民共和国建设部令第81号）、《工程建设国家标准管理办法》（中华人民共和国建设部令第24号）和《工程建设行业标准管理办法》（中华人民共和国建设部令第25号）等。

② 设计工作量。包括合同约定的设计任务完成工作量以及合同外增加设计任务或附加设计项目工作量。

③ 设计进度。包括设计工作的总体进展状况和未来合同进度履行的风险分析，如

项目各专业设计的进展，相互之间的衔接配套，与合同计划的差距等。

④ 项目的设计概算。如设计方案的设计概算是否超过了合同中发包人的投资计划额、投资估算等。

另外，按照《建设工程勘察设计管理条例》规定，除建设工程主体部分的设计外，经发包方书面同意，承包方可以将建设工程其他部分的设计再分包给其他具有相应资质等级的建设工程设计单位。建设工程设计单位不得将所承揽的建设工程设计转包。承包方必须在建设工程设计资质证书规定的资质等级和业务范围内承揽建设工程的设计业务。

5. 合同变更管理

设计合同的变更表现为设计图纸和说明的非设计错误的修改、设计进度计划的变动、设计规范的改变、增减合同中约定的设计工作量等。这些变更导致了合同双方的责任变化。例如，由于发包人产生了新的想法，要求设计人对按合同进度计划已完成的设计图纸进行返工修改，这就增加了设计人的合同责任及费用开支，并拖延了设计进度。对此，发包人应给予设计人应得的补偿，这往往又是引起双方合同纠纷的原因。合同变更是合同管理中频繁遇到的一个工作内容。在合同变更管理中要注意以下几个方面：

① 应尽快提出或下达变更要求或指令。因为时间拖得越长，造成的损失越多，双方的争执越大。

② 应迅速而全面地落实和执行变更指令。对于设计人来说，迅速地执行发包人的变更指令，调整工作部署，可以减少费用和时间的浪费。这种浪费往往被认为是设计人管理失误造成的，难以得到补偿。

③ 应严格遵守变更程序。即变更指令应以书面形式下达，如果是口头指令，设计人应在指令执行后立即得到发包人的书面认可。若非紧急情况，双方应首先签署变更协议，对变更的内容、变更后的费用与工期的补偿达成一致意见后，再执行变更指令。

6. 设计合同的索赔管理

在设计合同履行的过程中，合同一方因合同另一方未能履行或未能正确履行合同中所约定的义务而受到损失的，则可向另一方提出索赔。设计合同中通常规定各分项索赔费用限额或合同总索赔费用限额。

（1）设计人在下列情况下可向发包人提出索赔要求：

① 发包人不能按合同要求及时提交满足设计要求的资料，致使设计人员无法正常开展设计工作，设计人可提出延长合同工期索赔。

② 因发包人未能履行其合同规定的责任或在设计中途提出变更要求，而造成设计工作的返工、停工、窝工或修改设计，设计人可向发包人提出增加设计费和延长合同工期索赔。

③ 发包人不按合同规定按时支付价款，设计人可提出合同违约金索赔。

④ 因其他原因属发包人责任造成设计人利益损害时，设计人可提出增加设计费索赔。

（2）发包人在下列情况下可向设计人提出索赔：

① 设计人未能按合同规定工期提交设计文件，拖延了项目建设工期，发包人可向

设计人提出违约金索赔。

② 由于设计人提交的设计成果错误或遗漏，使发包人在工程施工或使用时遭受损失，发包人可向设计人提出减少支付设计费或赔偿索赔。

③ 因设计人的其他原因造成发包人损失的，发包人可向设计人提出索赔。

第 5 章　建设工程监理合同管理

5.1　监理合同概述

5.1.1　监理合同概念

监理合同是指委托人与监理人签订的，委托其在工程建设实施阶段代为对建设工程质量、进度、造价进行控制，对合同、信息进行管理，对工程建设相关方的关系进行协调，履行建设工程安全生产管理法定职责，并明确双方权利义务的协议。

5.1.2　监理合同特点

工程建设项目采用施工总承包模式的，监理合同具有以下性质和特点，如采用工程总承包模式，则应当根据标准设计施工总承包合同文本和项目实际情况进行相应调整：

1. 监理合同属于委托合同

监理工作是监理人接受发包人的委托，依照法律法规、工程建设标准、勘察设计文件及合同，对建设工程质量、进度、造价进行控制，对合同、信息进行管理，对工程建设相关方的关系进行协调，并履行建设工程安全生产管理法定职责的服务活动。根据《民法典》第七百九十六条规定，“建设工程实行监理的，发包人应当与监理人采用书面形式订立委托监理合同。发包人与监理人的权利和义务以及法律责任，应当依照本编委托合同以及其他有关法律、行政法规的规定”。因此，监理合同的法律性质为委托合同。委托合同是建立在委托人与受托人相互信任基础上订立的，发包人与监理人的相互信任也是监理合同订立的基础。

2. 监理合同的主体具有特定性

监理人必须具有与合同工作范围相应的资质要求。根据《建设工程质量管理条例》第三十四条规定：“工程监理单位应当依法取得相应等级的资质证书，并在其资质等级许可的范围内承担工程监理业务。禁止工程监理单位超越本单位资质等级许可的范围或者以其他工程监理单位的名义承担工程监理业务。禁止工程监理单位允许其他单位或者个人以本单位的名义承担工程监理业务。工程监理单位不得转让工程监理业务。”

根据《工程监理企业资质管理规定》规定：“从事建设工程监理活动的企业，应当取得工程监理企业资质，并在工程监理企业资质证书许可的范围内从事工程监理活动。”

3. 部分项目强制监理

根据《建筑法》第三十条的规定：“国家推行建筑工程监理制度。国务院可以规定实行强制监理的建筑工程的范围”。根据《建设工程质量管理条例》第十二条的规定：“实行监理的建设工程，建设单位应当委托具有相应资质等级的工程监理单位进行监理，也可以委托具有工程监理相应资质等级并与被监理工程的施工承包单位没有隶属关系或者其他利害关系的该工程的设计单位进行监理。”根据前述法律法规以及《建设工程监理范围和规模标准规定》的规定，有五类建设工程项目实行强制监理，包括：

1）国家重点建设工程

所谓国家重点建设工程，是指根据《国家重点建设项目管理办法》所确定的对国民经济和社会发展有重大影响的骨干项目。

2）大中型公用事业工程

所谓大中型公用事业工程，根据《建设工程监理范围和规模标准规定》，是指项目总投资额在3000万元以上的下列工程项目：①供水、供电、供气、供热等市政工程项目；②科技、教育、文化等项目；③体育、旅游、商业等项目；④卫生、社会福利等项目；⑤其他公用事业项目。

3）成片开发建设的住宅小区工程

根据《建设工程监理范围和规模标准规定》，建筑面积在5万平方米以上的住宅建设工程必须实行监理，5万平方米以下的住宅建设工程，可以实行监理，具体范围和规模标准，由省、自治区、直辖市人民政府建设行政主管部门规定。为了保证住宅质量，对高层住宅及地基、结构复杂的多层住宅应当实行监理。

4）利用外国政府或者国际组织贷款、援助资金的工程项目

根据《建设工程监理范围和规模标准规定》，利用外国政府或者国际组织贷款、援助资金的工程范围包括：①使用世界银行、亚洲开发银行等国际组织贷款资金的项目；②使用国外政府及其机构贷款资金的项目；③使用国际组织或者国外政府援助资金的项目。

5）国家规定必须实行监理的其他工程

根据《建设工程监理范围和规模标准规定》，国家规定必须实行监理的其他工程是指项目总投资额在3000万元以上关系社会公共利益、公众安全基础设施项目，以及学校、影剧院、体育场馆项目。“关系社会公共利益、公众安全基础设施项目”包括：①煤炭、石油、化工、天然气、电力、新能源等项目；②铁路、公路、管道、水运、民航以及其他交通运输业等项目；③邮政、电信枢纽、通信、信息网络等项目；④防洪、灌溉、排涝、发电、引（供）水、滩涂治理、水资源保护、水土保持等水利建设项目；⑤道路、桥梁、地铁和轻轨交通、污水排放及处理、垃圾处理、地下管道、公共停车场等城市基础设施项目；⑥生态环境保护项目；⑦其他基础设施项目。

4. 监理合同应采用书面形式

根据《民法典》第七百九十六条规定：“建设工程实行监理的，发包人应当与监理人采用书面形式订立委托监理合同。发包人与监理人的权利和义务以及法律责任，应当依照本编委托合同以及其他有关法律、行政法规的规定。”

5. 监理人义务法定

首先，监理人应当在法定的工作范围内提供监理服务，即在其资质等级许可的监理

范围内，承担工程监理业务。同时，监理人在承担监理业务时应受到法定限制，即根据《建设工程质量管理条例》的规定，工程监理单位与被监理工程的施工承包单位以及建筑材料、建筑构配件和设备供应单位有隶属关系或者其他利害关系的，不得承担该项建设工程的监理业务。

其次，监理人应当代表发包人依法对建设工程的设计要求和施工质量、安全、工期和资金等方面进行监督。根据《建筑法》规定，建筑工程监理应当依照法律、行政法规及有关的技术标准、设计文件和建筑工程承包合同，对承包单位在施工质量、建设工期和建设资金使用等方面，代表建设单位实施监督。根据《建设工程安全生产管理条例》规定，工程监理单位和监理工程师应当按照法律、法规和工程建设强制性标准实施监理，并对建设工程安全生产承担监理责任。

最后，监理人若违反法律规定，需承担民事赔偿责任、行政责任和刑事责任。如根据《建筑法》第六十九条第 1 款规定，“工程监理单位与建设单位或者建筑施工企业串通，弄虚作假、降低工程质量的，责令改正，处以罚款，降低资质等级或者吊销资质证书；有违法所得的，予以没收；造成损失的，承担连带赔偿责任构成犯罪的，依法追究刑事责任”。《中华人民共和国刑法》第一百三十七条规定，“建设单位、设计单位、施工单位、工程监理单位违反国家规定，降低工程质量标准，造成重大安全事故，对直接责任人员，处五年以下有期徒刑或者拘役，并处罚金；后果特别严重的，处五年以上十年以下有期徒刑，并处罚金”。

5.1.3　监理合同示范文本

近年来，为规范建设工程监理活动，维护建设工程监理合同当事人的合法权益，有关行政主管部门相继制定颁布了监理合同示范文本。

2012 年 3 月 27 日，住房城乡建设部与国家工商行政管理总局联合发布了《建设工程监理合同（示范文本）》（GF-2012-0202）。该工程监理合同适用于包括房屋建筑、市政工程等 14 个专业工程类别的建设工程项目，在通用条件中明确了 22 项工程监理基本工作内容，细化了酬金计取及支付方式，考虑了监理的工作范围、时间变化，使酬金得以动态调整，强化了总监责任制，增加了监理合同终止的条件规定等。

2007 年 4 月 20 日，水利部与国家工商行政管理总局联合印发了《水利工程施工监理合同（示范文本）》（GF-2007-0211），自 2007 年 6 月 1 日起施行。该监理合同文本是在《水利工程建设监理合同（示范文本）》（GF-2000-0211）基础上修订形成的，包括监理合同书、通用合同条款、专用合同条款、合同附件四个部分。该合同文本着重规范了委托人与监理人的权利与义务和合同双方纠纷处置方式，进一步明确了监理人在质量、进度、投资和安全生产目标控制的职责，有利于理顺项目法人与监理人之间的关系，充分发挥监理人的主观能动作用，提高水利工程建设管理水平。

5.2　监理合同的订立和履行

5.2.1　监理合同的订立

建设工程项目实施监理时，应由委托人与监理人订立建设工程监理合同。订立监理合同时，应遵守《民法典》《建筑法》《招标投标法》等有关法律、行政法规的规定，经当事人方在平等和协商一致的基础上以书面形式签订。

建设工程委托监理时，应当实行招标委托的，委托人依据《招标投标法》的规定，采用招标方式择优选择监理人。招标选择监理人时，在符合邀请招标的情形下，采用邀请招标，既能引入竞争机制，又能节省时间和人力、财力等。

根据《民法典》第四百七十一条规定："当事人订立合同，可以采取要约、承诺方式或者其他方式。"要约人在要约有效期内，受要约的约束；承诺人应当在要约确定的期限内，将承诺送达要约人；承诺生效时合同成立；依法成立的合同，自成立时生效。已经生效的合同，对合同当事人具有法律效力。

《建设工程监理合同（示范文本）》由《协议书》《通用条件》《专用条件》组成。建设工程监理合同文件构成如下：

（1）协议书；

（2）中标通知书（适用于招标工程）或委托书（适用于非招标工程）；

（3）投标文件（适用于招标工程）或监理与相关服务建议书（适用于非招标工程）；

（4）专用条件；

（5）通用条件；

（6）附录，即：

附录 A 相关服务的范围和内容；

附录 B 委托人派遣的人员和提供的房屋、资料、设备。

本合同签订后，双方依法签订的补充协议也是本合同文件的组成部分。

5.2.2 监理合同的履行

委托人与监理人应当依据法律规定和合同约定，全面、实际地履行监理合同的义务，从而确保相对人的权利得以实现，以便委托监理的建设工程项目按期、保质保量地交工，从而实现当事人订立合同的目的。

5.2.3 监理合同的变更与终止

1. 变更

1）任何一方提出变更请求时，双方经协商一致后可进行变更。

2）发生监理合同中约定的可变更监理合同的情形时，可以变更合同内容。

2. 终止

1）双方协商一致可以解除监理合同。

2）发生监理合同中约定的解除监理合同的事由时，享有解除权的一方可以要求解除监理合同，自解除通知到达对方当事人时合同解除。

3）除合同解除外，以下条件全部满足时，监理合同即告终止：

（1）监理人完成监理合同约定的全部工作；

（2）委托人与监理人结清并支付全部酬金。

5.3　监理合同管理

5.3.1　委托人对监理合同管理

1. 签约前管理

在委托人具备了与监理人签订委托监理合同条件的情况，委托人主要是对监理人的资格、资信和履约能力进行预审。预审的主要内容：

（1）必须有经建设主管部门颁发的具有承担监理合同内规定的建设工程资格的相应资质等级证书；

（2）必须是经工商行政管理机关审查注册、取得企业法人营业执照、具有独立法人资格的企业，或者法律规定的其他主体资格；

（3）具备对拟委托的建设工程进行监理的相应能力，包括监理人员资格、素质，主要检测设备情况；

（4）具备履约的财务能力，包括资金情况和近几年经营效益；

（5）社会信誉和资信，包括已承接的监理任务的完成情况，承担类似业务的监理业绩、经历及合同的履行情况。是否被纳入失信被执行人及较多诉讼案件或法院执行案件，影响其履约信誉和能力的。

委托人只有经过上述几个方面的预审，对监理人有了充分了解，签订的监理合同才有相应的保障。对监理人的资格预审，可以通过招标预审进行，也可以通过社会调查进行。

2. 谈判签约管理

监理合同谈判和签约是谈判管理的两个程序。谈判是委托人经过监理人资格预审后，认为可以将建设工程委托其监理，就可以与其进行签订合同谈判。委托人在谈判前，提出监理合同的各项条款；招标工程应将合同主要条款包括在招标文件内。不论是直接委托还是招标方式，委托人和监理人都要对监理合同的主要条款负责任，具体谈判如委托人对工程的工期、质量有具体要求必须具体提出。在使用《示范文本》时，要依据《通用条件》结合《专用条件》逐条加以谈判，对《通用条件》的哪些条款要进行修改，哪些条款不采用，还应补充哪些条款，以及《通用条件》内容要在《专用条件》内加以具体约定的，如拟委托监理的工程范围，委托人为监理人提供的外部条件的具体内容、委托人提供的工程资料及具体时间等等，都要提出具体的要求或建议。在谈判时合同内容要具体，责任要明确，对谈判内容双方达成一致的意见，要有准确的文字记载。作为委托人切忌以手中有工程的委托权，而不以平等的原则对待监理人，应该看到监理单位良好的服务能为委托人带来巨大的利益。如监理单位委派的工程师对承包人完成的工程量进行严格的计量和审核，控制变更工程的额外工程费用，处理索赔事宜等工作，能直接降低成本；监理工程师促使承包人按时或提前完工，能使项目早日产生效益；监理工程师严格控制工程质量，使工程高质量完成，对工程未来的维修费用、运行费用可大为减少；监理工程师提出的改进建议能节省投资等。总之监理工作的实质是为委托人服务的，如果因为外部环境或监理酬金过低而使监理人不能很好地发挥作用，对委托人来说是得不偿失的。

经过谈判，双方对监理合同内容取得一致的意见后即可正式签订监理合同，双方签字、盖章后，监理合同即正式签订完毕。

3. 履约管理

委托人在合同履行中主要从以下几个方面进行管理：

（1）严格按照监理合同的约定履行应尽义务。监理合同内规定的应由委托人负责的工作，是使合同最终顺利实现的基础，如外部关系的协调，为监理工作提供外部条件，为监理人提供获取本工程使用的原材料，构配件、机构设备等生产厂家名录等等都是为监理人做好工作的先决条件，委托人应严格按照监理合同的约定，履行应尽的义务。

（2）按照监理合同的规定行使权利，监理合同中规定的委托人的权利，主要有如下三个方面：①对设计、施工单位的发包权；②对工程规模、设计标准的认定权及设计变更、签证、调价、索赔的审批权；③对监理人的监督管理权。

（3）委托人的档案管理。在全部工程项目竣工后，委托人应将全部合同文件，包括完整的工程竣工资料加以系统整理，按照档案管理规定，建档保管。为了保证监理合同档案的完整性，委托人对合同文件及履行中与监理人之间进行的签证，记录、协议、补充合同备忘录、函件等都应系统地认真整理妥善保管。

5.3.2 监理人对监理合同管理

监理合同是监理人在项目监理过程中的最高行为准则，监理人在项目监理过程中的一切活动都是为了履行监理合同职责和义务。所以广义地说，项目监理实施和管理的全部工作都可以纳入监理合同管理的范围。监理合同管理贯穿于工程实施的全过程和工程实施的各个方面。

监理人合同管理工作的内容，按照实施的先后顺序，可分为合同签订前管理、谈判签约管理和合同履行管理。

1. 合同签订前的管理

监理人在决定是否参加某项监理业务的竞争，并签订合同之前，要对工程委托人的主体资格进行审查，完成投标和合同洽谈。

1）审查合同主体资格。

监理人应对委托人主体资格的合法性、合同标的符合经营范围、履约能力、履约信用等资格和资信情况进行审查和确认。

2）参与投标与合同谈判。

监理人进行项目投标与合同洽谈，确定合同文本。对监理人来说，这一阶段合同管理的基本任务是：①获得招标文件之后，按规定完成投标报价。②成功中标后，在签订合同过程中监理人与委托人沟通合同审查意见；应与委托人就合同条款充分协商达成一致，即可正式签订合同文件。③进行合同风险分析，为项目管理及履约准备合同交底。

2. 合同履行管理

由于监理合同管理贯穿于监理人经营管理的各个环节，因而履行监理合同涉及监理人的各项管理工作，监理合同一经生效，监理人就要按合同规定，行使权利，履行义务，具体履行内容程序如下：

1）确定项目总监理工程师，成立项目监理机构

监理人应根据合同约定，结合工程项目规模、性质，委托人对监理的要求，委派称职的人员担任项目的总监理工程师，代表监理人全面负责该项目的监理工作。总监理工程师对内向监理人负责，对外向委托人负责。

在总监理工程师的带领下，组建项目监理机构，委派符合项目监理要求和合同要求的专业监理等人员，并根据签订的监理合同，制订监理规划和监理实施细则，开展监理工作。

2）进一步熟悉情况，收集有关资料，为开展建设监理工作做准备

（1）反映工程项目特征的有关资料；

（2）反映当地工程建设报建程序的有关规定；

（3）反映工程所在地区技术经济状况及建设条件的资料；

（4）类似工程项目建设情况的有关资料。

3）制订工程项目监理规划

制订工程项目监理规划，是开展项目监理活动的纲领性文件，是根据委托人委托监理的要求，在详细了解监理项目有关资料的基础上，编制的开展监理工作的指导性文件。其内容包括：①工程概况；②监理范围和目标；③监理主要措施；④监理组织和人员结构；⑤项目监理工作制度等。

4）制订各专业监理工作计划或实施细则

在监理规划的指导下，为具体指导投资控制、质量控制、进度控制、安全管理的进行，还需结合工程项目实际情况，制订相应的实施性计划或细则。

5）根据制订的监理工作计划和运行制度，实现监理工作的规范化

（1）工作的时序性。即监理和各项工作都是按一定逻辑顺序先后展开的，从而使监理工作能有效地达到目标而不致造成工作状态的无序和混乱。

（2）职责分工的严密性。建设监理工作是由不同专业、不同层次的专家群体共同完成的，严密的职责分工是监理工作的前提和实现监理目标的重要保证。

（3）工作目标的确定性。在职责分工的基础上，每一项监理工作应达到的具体目标都是确定的，完成的时间也应有时限规定，从而能通过报表资料对监理工作及其效果进行检查和考核。

6）编制监理日记和监理月报

根据监理规范和委托人要求，如实、客观、及时地编制监理日记和监理月报，并供委托人根据需要及时查阅。

7）监理工作总结归档

（1）监理工作总结主要包括向委托人和监理人内部工作总结两个方面：

① 向委托人提交的监理工作总结内容主要包括：监理合同履行情况概述；监理任务或监理目标完成情况评价；由委托人提供的监理活动使用的办公用房、车辆、试验设施等清单；表明监理工作终结的说明等。

② 由监理人内部的工作总结内容主要包括：监理工作经验，可以是采用某种监理技术、方法的经验，也可以是采用某种经济措施、组织措施的经验，以及签订委托监理

合同方面的经验，如何处理好与委托人、承包人关系的经验等，监理工作中存在的问题及改进的建议等。

（2）在全部监理工作完成后，监理人应注意做好监理合同的归档工作，这包括两方面的内容，一是向委托人移交档案资料，第二是监理人内部的归档。监理合同归档资料应包括：监理合同，包括与合同有关的在履行中与委托人之间进行的签证、补充合同备忘录、函件等，监理大纲、监理规划、在监理工作中的程序性文件，包括监理会议纪要、监理日记月报等。

5.3.3 监理合同的管理要点

建设工程实行监理制度的主要目的是确保工程建设的质量和安全，提高工程建设的效率，同时使建设效果满足发包人的需求，而监理合同承载了发包人和监理人的主要权利义务，是监理工作开展的主要依据之一。发包人和监理人对监理合同进行科学有效的管理有利于监理作用的发挥和监理合同目的的实现。

监理人凭借自身的知识、经验、技能，接受发包人的委托监督和管理建设工程合同的履行。同时，监理合同管理过程中，还应结合监理人义务法定、监理人地位特殊等特点，对其特点进行综合考虑，才能保证监理合同得到全面、适当的履行，从而保障与工程建设有关的其他合同顺利履行，最终确保工程建设各项目标的达成。考虑到合同管理的目的和效率，监理合同管理工作要点包括工作范围管理、监理人员管理、监理费用管理、工作计划管理、工作实施管理等。

1. 工作范围管理

监理合同的工作范围管理主要包括工作交底、明确人员与授权两方面。对于监理的授权范围，以及监理人与发包人代表、发包人聘请的第三方咨询人员的职权之间的权限划分，发包人应当予以说明，并以书面形式通知承包人、监理人及其他相关方。

根据《建筑法》的规定，监理人应当根据发包人的委托，客观、公正地执行监理工作。监理人实施监理工作实际上是在行使发包人的部分权利，而这部分发包人权利是通过合同约定和法律规定来明确的，发包人和监理人应当对监理合同中各自的工作范围及职权进行清晰约定和充分的理解，并向有关人员说明。同时，监理人进场前，发包人应当将委托的监理人、监理的内容及监理权限，书面通知被监理对象。由于在建设工程施工合同履行过程中，承包人不仅需要面对发包人，还需要面对监理人，为了确保施工合同的顺利履行，发包人应当将监理人的工作范围及相应职权、与发包人代表及发包人委托的其他咨询服务人员的职权区分对承包人进行说明，以使其充分了解相关工作程序及审批权限，确保项目建设顺利进行。

2. 监理人员管理

由于监理人提供工程质量、工期等监督管理服务，监理人派驻工程现场人员的资格、素质、经验、能力等直接决定着监理服务的质量。因此，在监理合同的履行中，对监理人员的管理则显得尤为重要。监理合同的人员管理主要包括人员资格管理、人员稳定性管理和人员的执业规范管理。

发包人授予监理人对工程实施监理的权利，并由监理人派驻施工现场的监理人员行使，监理人员一般包括总监理工程师和监理工程师。根据《建设工程质量管理条例》第三十七条规定，监理人应当选派具备相应资格的总监理工程师和监理工程师进驻施工现场。因此，总监理工程师和监理工程师均需具备监理工程师执业资格，此外总监理工程师还需具备与工程规模和标准相适应的监理执业经验。另外，由于监理工作的专业性很强，监理人应当注重对其监理人员的日常业务培训，尤其是与项目相关的合同内容、新颁布的法律法规及标准规范、新的施工工艺等方面的培训，以保证监理工作质量。同时，为了保证监理工作的顺利开展，监理人未经发包人同意不得随意更换监理人员，尤其是总监理工程师，应当确保其人员的稳定性。

由于监理工作自身的特殊性，其执业规范管理是合同管理中不可或缺的一环，监理人应当通过制度建设等方式加强监理人员的执业规范管理，开展廉洁自律教育。廉洁公正是所有监理人员基本的职业道德，监理人员必须严格按照合同约定及法律规定行使监理权利并履行相应的义务，在开展监理工作时，应当坚持公正的立场和实事求是的原则，对于发包人与承包人之间的争议应当公正处理。

3. 监理费用管理

监理费用是监理合同中的重要内容。目前，我国关于监理费用的价格从实行政府指导价和市场调节价双轨制改变为实行市场调节价的机制，由合同当事人依据服务成本、服务质量和市场供求状况等协商确定。监理人提供的服务，应当符合国家和行业有关标准规范，满足合同约定的服务内容和质量等要求。不得违反标准规范规定或合同约定，不得通过降低服务质量、减少服务内容等手段进行恶性竞争，扰乱正常市场秩序。

4. 工作计划管理

监理工作一般具有工作周期长、任务繁杂等特点，需要进行有效的计划管理，以保证各项监理目标的完成。监理合同的计划管理是指根据具体项目的实际情况，依据法律规定和合同约定对即将开展监理工作的进度、程序和资源进行优化配置的管理活动。

监理计划应当结合监理合同的要求以及监理工作范围内各类工程技术施工的特点，按照计划层级清晰、计划机构统一的原则进行制订，并且监理计划制订后应当报送给发包人。监理计划实施过程中，会受到诸多因素的影响，监理人需建立相应的动态监控管理制度，根据监理工作的完成情况和工程实际情况，及时对监理计划进行偏差分析和提出改进措施。

5. 工作实施管理

监理人接受发包人委托，对承包人在施工质量、建设工期和建设资金使用等方面实施监督，在监督过程中监理人应当在法律规定及发包人授权的范围内行使权利和履行义务，不得超越权限擅自作出相关审批或者决定，须按照相关时限的要求将需要发包人审批或者决定的事项报送发包人。鉴于工程施工的特点，发包人审批或者决定的事项繁杂，监理人应当注意及时、真实、全面地向发包人传递信息，以协助发包人作出正确的审批或者决定。

为保证施工的顺利进行，监理人要保证与承包人的及时沟通，使相关指示及时送达承包人。监理人应特别注意与承包人之间建立收发文件制度，确保每一份指示均有效送达。

此外，承包人通常会将部分专业工程以及劳务交由分包人完成，监理人在发出相关指示时切忌绕开承包人而直接向分包人送达。

第 6 章　建设工程造价咨询合同管理

6.1　造价咨询合同概述

6.1.1　造价咨询合同的概念

工程造价咨询合同是指委托人委托工程造价咨询单位对建设项目投资、工程造价的确定与控制等提供专业咨询服务而签订的合同。

工程造价咨询合同的咨询成果是项目决策的依据，是制订投资计划和控制投资的依据，是筹集建设资金的依据，同时也是确定建设项目最终投资的依据。

6.1.2　造价咨询合同的特点

除一般工程咨询合同的特点外，工程造价咨询合同还具有以下特点：

1. 造价咨询合同的主体具有特定性

工程造价咨询合同的主体为委托人和工程造价咨询企业（即咨询人）。工程造价咨询企业是指接受委托，对建设项目投资、工程造价的确定与控制等提供专业咨询服务的企业。按照《国务院关于深化“证照分离”改革进一步激发市场主体发展活力的通知》（国发〔2021〕7 号）文件要求，自 2021 年 7 月 1 日起，住房城乡建设主管部门停止工程造价咨询企业资质审批，工程造价咨询企业按照其营业执照经营范围开展业务。

工程造价咨询企业依法从事工程造价咨询活动，不受行政区域限制。

2. 工程造价咨询合同的标的具有特殊性

工程造价咨询合同的合同标的为工程建设项目的造价。工程建设项目的建设周期长，委托人对工程建设项目的认识和要求是一个逐渐深化的过程，工程图纸是确定和控制造价的基础，也随着建设项目逐步推进不断深化、更加详细。因此，工程造价具有阶段性的特点，如项目可行性研究阶段的投资估算、初步设计阶段的设计概算、施工图阶段的施工图预算以及竣工结算阶段的竣工结算等。

3. 工程造价咨询合同服务阶段和服务内容具有多样性

工程造价咨询合同的服务阶段，可以是工程建设项目从决策阶段、设计阶段、发承包阶段、实施阶段、竣工阶段的各个阶段，也可以是其中某一个阶段或某几个阶段；委托人综合考虑自己专业人员及项目实际情况，在工程建设项目的不同阶段委托工程造价咨询企业提供相应的工程造价咨询服务。

工程造价咨询服务内容具体包括：

（1）建设项目建议书及可行性研究投资估算、项目经济评价报告的编制和审核；

（2）建设项目概预算的编制与审核，并配合设计方案比选、优化设计、限额设计等工作进行工程造价分析与控制；

（3）建设项目合同价款的确定（包括招标工程工程量清单和招标控制价、投标报价分析的编制和审核）；合同价款的签订与调整（包括工程变更、工程洽商和索赔费用的计算）及工程款支付，工程结算及竣工结（决）算报告的编制与审核等；

（4）工程造价经济纠纷的鉴定和仲裁的咨询；

（5）提供工程造价信息服务等。

6.1.3 造价咨询合同示范文本

1. 造价咨询合同示范文本简介

关于造价咨询合同文本，目前全国性文本为住房城乡建设部与国家工商行政管理总局于2015年联合制定的《建设工程造价咨询合同（示范文本）》（GF-2015-0212）（以下简称《示范文本》），由《协议书》、《通用条件》和《专用条件》组成。凡在中华人民共和国境内开展工程建设项目造价咨询业务的，签订工程建设项目造价咨询合同时，可参照《示范文本》订立合同。签订工程建设项目造价咨询合同的咨询人应当具有法人资格，按照其营业执照经营范围开展业务。

2. 造价咨询合同示范文本主要条款

工程造价咨询合同主要条款包括主体条款、服务范围及工作内容条款、服务期限条款、质量标准条款、酬金或计取方式条款、委托人的义务条款、咨询人的义务条款、违约责任条款、支付条款、合同变更、解除与终止条款、争议解决条款、奖励条款、保密条款、忠诚勤勉义务条款等。

1）主体条款

造价咨询合同的主体包括委托人和咨询人。一般情况下，造价咨询合同的履行过程中，咨询人不得随意更换咨询专业人员。为保证造价咨询合同的顺利履行以及各种合同文件的有效送达，合同主体条款应尽可能详细准确，具体内容包括委托人和咨询人加盖公章要求、法定代表人签字要求、委托代理人签字要求、单位住所地址、邮政编码、固定电话与传真，为便捷联络，还可以加入电子邮箱地址条款。此外，为了保证合同款项支付准确无误，可以在主体条款中加上合同双方单位开户银行与账户等信息。

2）服务范围及工作内容条款

工程造价咨询在不同的服务阶段有相应的服务范围和工作内容。

（1）决策阶段：投资估算、经济评价的编制、审核或调整等；

（2）设计阶段：设计概算、施工图预算的编制、审核或调整等；

（3）发承包阶段：工程量清单、招标控制价、投标报价分析的编制、审核或调整，清标及清标报告的编制等；

（4）实施阶段：资金使用计划的编制，工程计量与工程款、合同价款调整的编制、审核或调整，工程变更、索赔、签证的审核，工程实施阶段造价控制等；

（5）竣工阶段：竣工结算、竣工决算的编制、审核或调整，工程技术指标、经济指标的分析和总结，建设项目投资后评估等；

（6）其他服务：工程造价鉴定，工程造价信息咨询以及其他相关咨询服务等。

委托人可以与咨询人约定对建设项目的组织实施进行全过程或者若干阶段的造价咨询和服务。委托人与咨询人在约定造价咨询企业的服务范围和工作内容时，应当根据委托人以及建设项目的实际需要确定，一般情况下，委托人应当要求咨询人在未取得委托人同意的情况下，不得擅自在对外的造价类文件（如经济类的洽商签证、变更、调差、索赔以及结算文件等）中签字或盖章。

3）服务期限条款

造价咨询服务期限是指咨询人为委托人提供造价咨询服务的起止时间，合同中应明确约定造价咨询的服务期限。

4）质量标准条款

为了加强行业的自律管理，规范工程造价咨询成果文件的格式、工作深度和质量标准，提高工程造价咨询成果的质量，依据国家的有关法律、法规和规范性文件，中国建设工程造价管理协会于 2008 年印发了《工程造价咨询成果文件质量检查暂行办法》（中价协〔2008〕013 号），并于 2012 年编制了《建设工程造价咨询成果文件质量标准》(CECA/GC 7—2012)，对投资估算编制、设计概算编制、施工图预算编制、工程量清单编制、招标控制价编制、竣工结算审查、全过程造价管理咨询及工程造价经济纠纷鉴定等工程造价咨询成果均设置了质量标准。工程造价咨询企业和从业人员在承担建设工程造价咨询业务时应认真按照该标准的有关要求执业和从业，并须接受相关建设工程造价管理协会及各专业委员会的质量检查。

5）酬金或计取方式条款

工程造价咨询服务应当遵循公开、公平、自愿有偿的原则。通常情况下，应由委托人支付咨询服务费，当事人另有约定的，从其约定。工程造价咨询服务的酬金或酬金的计取方式，由委托人与咨询人在工程造价咨询合同中约定。

6）委托人的义务条款

委托人应为咨询人提供资料，提供工作条件，为咨询工作设定合理的工作时限，答复咨询人提出的问题，向咨询人支付酬金，并授权一名代表负责本合同的履行。

7）咨询人的义务条款

咨询人应组建项目咨询团队，并以约定的工作依据为基础，提供满足合同工作要求的咨询服务，合同终止时返还委托人房屋及设备。

8）违约责任条款

合同中应明确委托人、咨询人的违约情况及违约责任，并约定违约金的计算及支付方法。

9）支付条款

支付酬金包括正常工作酬金、附加工作酬金、合理化建议奖励金额及费用，合同中应约定支付酬金的时间及金额。

10）合同变更、解除与终止条款

造价咨询合同可以变更、解除与终止，合同解除后，有关结算、争议解决方式的条款仍然有效，合同解除前已经履行的造价咨询服务，对双方均有约束力。

11）保密条款

在合同履行期间或专用条件约定的期限内，双方不得泄露对方申明的保密资料，亦不得泄露与实施工程有关的第三人所提供的保密资料。保密事项在专用条件中约定。

12）忠诚勤勉义务条款

除委托人书面同意外，造价咨询企业及咨询专业人员不应接受建设工程造价咨询合同约定以外的与工程造价咨询项目有关的任何报酬，不得提供与合同约定的与委托人利益相冲突的服务。造价咨询合同最大的特点在于专业性，造价咨询人员能否忠实、勤勉地履行咨询义务、行使相关权利直接关系着造价咨询成果文件的客观公正性。忠实义务即忠心诚实地服务于委托人，造价咨询企业应当以委托人的利益为自己的最高行为准则；勤勉义务即合理谨慎地履行义务。

6.2　造价咨询合同的订立与履行

6.2.1　造价咨询合同的订立

工程建设项目开展造价咨询业务时，应由委托人和咨询人订立工程建设项目造价咨询合同。订立造价咨询时，应遵守《民法典》《建筑法》《招标投标法》以及相关法律、法规，遵循平等、自愿、公平和诚实信用的原则，在双方当事人协商一致的基础上以书面形式签订。

按《民法典》第三编“合同”第四百七十一条规定：“当事人订立合同，可以采取要约、承诺方式或者其他方式。”要约人在要约有效期内，受要约的约束；承诺人应当在要约确定的期限内，将承诺送达要约人；承诺生效时合同成立；依法成立的合同，自成立时生效。已经生效的合同，对合同当事人具有法律效力。

造价咨询合同文件构成如下：

1. 协议书；
2. 中标通知书或委托书（如果有）；
3. 专用条件及附录；
4. 通用条件；
5. 投标函及投标函附录或造价咨询服务建议书（如果有）；
6. 其他合同文件。

上述各项合同文件包括合同当事人就该项合同文件所作出的补充和修改，属于同一类内容的文件，应以最新签署的为准。

在合同订立及履行过程中形成的与合同有关的文件（包括补充协议）均构成合同文件的组成部分。

6.2.2　造价咨询合同的履行

按《民法典》第三编“合同”第五百零九条规定：“当事人应当按照约定全面履行自己的义务。”

1. 委托人的义务条款

在造价咨询合同履行过程中，委托人应为造价咨询工作的顺利开展提供条件。

1）提供资料

委托人应在约定的时间内及时向咨询人提供最新的与本合同咨询业务有关的资料。委托人应对所提供资料的真实性、准确性、合法性与完整性负责。

2）提供工作条件

委托人应为咨询人完成造价咨询提供必要的工作条件。对于需要咨询人驻场的项目，委托人应提供必要的房屋及设备。同时，委托人应负责与本工程造价咨询业务有关的所有外部关系的协调，为咨询人履行本合同提供必要的外部条件。

3）合理工作时限

委托人应当为咨询人完成其咨询工作，设定合理的工作时限。

4）委托人代表

委托人应授权一名代表负责本合同的履行。委托人应将委托人代表的姓名和权限范围书面告知咨询人，更换委托人代表时，应提前书面通知咨询人。

5）答复

委托人应当在专用条件约定的时间内就咨询人以书面形式提交并要求做出答复的事宜给予书面答复。逾期未答复的，由此造成的工作延误和损失由委托人承担。

6）支付

委托人应当按照合同的约定，向咨询人支付酬金。

2. 咨询人的义务条款

在造价咨询合同履行过程中，咨询人应为造价咨询工作的顺利开展提供保障。

1）项目咨询团队及人员

（1）项目咨询团队的主要人员应具有专用条件约定的资格条件和能力要求，团队人员的数量应符合专用条件的约定。

（2）项目负责人。咨询人应以书面形式授权一名项目负责人负责履行本合同、主持项目咨询团队工作。采用招标程序签署本合同的，项目负责人应当与投标文件载明的一致。

在本合同履行过程中，咨询人员应保持相对稳定，以保证咨询工作正常进行。

（3）咨询人可根据工程进展和工作需要等情形调整项目咨询团队人员。咨询人更换项目负责人时，应提前向委托人书面报告，经委托人同意后方可更换。除专用条件另有约定外，咨询人更换项目咨询团队其他咨询人员，应提前向委托人书面报告，经委托人同意后以相当资格与能力的人员替换。

（4）咨询人员有下列情形之一，委托人要求咨询人更换的，咨询人应当更换：

① 存在严重过失行为的；

② 存在违法行为不能履行职责的；

③ 涉嫌犯罪的；

④ 不能胜任岗位职责的；

⑤ 严重违反职业道德的；

⑥ 专用条件约定的其他情形。

2）咨询人的工作要求

(1) 咨询人应当按照专用条件约定的时间及成果质量等要求向委托人提供与工程造价咨询业务有关的资料，包括工程造价咨询企业的营业执照及承担本合同业务的团队人员名单及执业（从业）资格证书、咨询工作大纲等，并按合同约定的服务范围和工作内容实施咨询业务。

(2) 咨询人应当在专用条件约定的时间内，按照专用条件约定的份数、组成向委托人提交咨询成果文件。

咨询人提供造价咨询服务以及出具工程造价咨询成果文件应符合现行国家或行业有关规定、标准、规范的要求。委托人要求的工程造价咨询成果文件质量标准高于现行国家或行业标准的，应在专用条件中约定具体的质量标准，双方可协商增加相应的服务酬金。

(3) 咨询人提交的工程造价咨询成果文件，除加盖咨询人单位公章，还应当按委托人要求或相应规定加盖参加咨询工作人员的执业（从业）资格印章。

(4) 咨询人应在专用条件约定的时间内，对委托人以书面形式提出的建议或者异议给予书面答复。

(5) 咨询人从事工程造价咨询活动，应当遵循独立、客观、公正、诚实信用的原则，不得损害社会公共利益和他人的合法权益。

(6) 咨询人应按照法律规定及合同约定，完成合同范围内的建设工程造价咨询服务，不转包承接的造价咨询服务业务。

3）咨询人的工作依据

咨询人应在专用条件内与委托人协商明确履行本合同约定的咨询服务需要适用的技术标准、规范、定额等工作依据，但不得违反国家及工程所在地的强制性标准、规范。

咨询人应自行配备本条所述的技术标准、规范、定额等相关资料。必须由委托人提供的资料，应在附录中载明。需要委托人协助才能获得的资料，委托人应予以协助。

4）使用委托人房屋及设备的返还

项目咨询人员使用委托人提供的房屋及设备的，咨询人应妥善使用和保管，在本合同终止时将上述房屋及设备按专用条件约定的时间和方式返还委托人。

6.2.3 造价咨询合同的变更与终止

1. 造价咨询合同的变更

按《民法典》第三编“合同”第五百四十三条规定：“当事人协商一致，可以变更合同。”

造价咨询合同变更时：

(1) 任何一方以书面形式提出变更请求时，双方经协商一致后可进行变更。

(2) 除不可抗力外，因非咨询人原因导致咨询人履行合同期限延长、内容增加时，咨询人应当将此情况与可能产生的影响及时通知委托人。增加的工作时间或工作内容应视为附加工作。附加工作酬金的确定方法由双方根据委托的服务范围及工作内容在专用条件中约定。

(3) 合同履行过程中，遇有与工程相关的法律法规、强制性标准颁布或修订的，双方应遵照执行。非强制性标准、规范、定额等发生变化的，双方协商确定执行依据。由此引起造价咨询的服务范围及内容、服务期限、酬金变化的，双方应通过协商确定。

（4）因工程规模、服务范围、服务标准及工作内容的变化等导致咨询人的工作量增减时，服务酬金应作相应调整，调整方法由双方在专用条件中约定。

2. 造价咨询合同的终止

1）合同解除

（1）委托人与咨询人协商一致，可以解除合同。

（2）有下列情形之一的，合同当事人一方或双方可以解除合同：

① 咨询人将合同约定的工程造价咨询服务工作全部或部分转包给他人，委托人可以解除合同；

② 咨询人提供的造价咨询服务不符合合同约定的要求，经委托人催告仍不能达到合同约定要求的，致使委托人的合同目的不能实现的，委托人可以解除合同；

③ 委托人未按合同约定支付服务酬金，经咨询人催告后，在合理期限内仍未支付的，咨询人可以解除合同；

④ 因不可抗力致使合同无法履行；

⑤ 因一方违约致使合同无法实际履行或实际履行已无必要。

（3）任何一方提出解除合同的，应提前书面通知对方。

（4）合同解除后，委托人应按照合同约定向咨询人支付已完成部分的咨询服务酬金。

因不可抗力导致的合同解除，其损失的部分按照合理分担的原则由合同当事人在专用条件中自行约定。除不可抗力外，因非咨询人原因导致的合同解除，其损失由委托人承担。因咨询人自身原因导致的合同解除，按照违约责任处理。

（5）合同解除后，合同约定的有关结算、争议解决方式的条款仍然有效。

2）履约完成后合同终止

除合同解除外，以下条件全部满足时，造价咨询合同终止：

（1）咨询人完成合同约定的全部工作。

（2）委托人与咨询人结清并支付酬金。

6.3　造价咨询合同管理

6.3.1　委托人对造价咨询合同管理

委托人对造价咨询合同的管理，应从咨询人管理、合同签订管理、咨询团队管理、履约管理等方面进行管理。

1. 咨询人管理

咨询人是提供造价咨询服务的一方，对造价咨询合同的履行有着决定性的影响。委托人在决定是否选用咨询人提供造价咨询服务时，应对咨询人进行深入的了解。

（1）咨询人必须是经工商行政管理机关审查注册、取得企业法人营业执照，具有独立法人资格的正式企业。

（2）咨询人是否按照其营业执照经营范围开展业务。工程造价咨询企业停止资质审批后，营业执照经营范围内有工程造价咨询的，即可开展工程造价咨询服务。

（3）咨询人对拟委托项目具有足够的造价咨询能力，包括咨询人员数量、执业人员数量、已完成项目情况、对本项目造价咨询服务的理解等。

（4）咨询人的财务情况，包括资金情况、近几年经营效益、近几年人均产值及是否自有办公场所等。

（5）社会信誉，包括信用情况、诉讼情况、合同的履行情况及造价咨询业内的同行评价等。

2. 合同签订管理

在造价咨询合同的签订过程中，在保证公平的前提下，最大程度实现自己的合同目的。

（1）充分明确造价咨询的合同需求。委托人应根据自身人员情况和项目实际情况，明确造价咨询合同的服务范围及工作内容。服务范围过大和工作内容过多，对项目的造价咨询服务没有帮助，并且多付了酬金；反之，在开展造价咨询工作时，咨询人会认为提供了超过合同约定的造价咨询服务并会提出增加酬金的要求，有时候还会影响咨询人的工作积极性。

（2）合同条款的约定。委托人应事先研究造价咨询合同条款，并在招标或直接委托前完善合同的主要条款，便于咨询人了解和掌握，为双方合同谈判提供基础。

（3）酬金计取方式。委托人应根据项目情况，选择合适的酬金计取方式。比如房建类项目，在服务范围和工作内容较明确的情况下，可以采用以建筑面积为计算基础的酬金；否则，按项目建安费用的百分比或者项目所在地造价咨询服务收费标准优惠一定比例的方式计取酬金更合适。

（4）咨询团队的确定。咨询团队是造价咨询工作的主体，委托人在签订合同前，应预先拟定对咨询团队的要求，拟定造价咨询项目负责人的职称、执业资格、工作年限、工作经历，同时对咨询团队的相关方面进行约定。

3. 咨询团队管理

（1）确定造价咨询工作流程。委托人应尽快和咨询人沟通、协商后确认造价咨询工作流程，所有的造价咨询工作原则上按确认的造价咨询工作流程推进。

（2）定期报告制度。咨询人每周至少跟委托人汇报一次，每月应递交一份书面的造价咨询月报，报告的格式由委托人和咨询人共同确定。

（3）驻场管理。现场驻场的项目，咨询人应根据合同约定或相关要求派驻人员提供现场服务，隐蔽工程及重点工序的施工现场必须查勘，并同时做好视频影像记录。非现场驻场的项目，咨询人应尽可能查勘施工现场并做好视频影像记录。

（4）咨询人员管理。合同内约定的项目负责人应实际负责项目，不能挂证不实际履行咨询服务，确有特殊原因无法胜任项目负责人工作的，咨询人在征得委托人同意后可以调换为综合实力相当的咨询人员。实际负责造价咨询的咨询团队人员原则上应和合同约定的一致，咨询人的人员调动不能影响造价咨询工作的正常开展。

4. 履约管理

（1）委托人应履行合同约定的义务。委托人应提供资料、提供工作条件、设定造价咨询工作合理的工作时限、对咨询人的问题进行答复，并按约定支付酬金等。

（2）委托人按合同约定定期对咨询人的咨询工作进行考核。考核应以提高造价咨询质量为最终目的，考核的主要内容为：造价咨询服务质量、造价咨询服务态度、造价咨询工作完成时限以及合同约定的咨询人的义务等。委托人应事先公布考核事项和标准，事后及时反馈考核结果，并提出整改意见。

（3）咨询人违约管理。咨询人不履行合同义务或者履行义务不符合合同约定的，应承担违约责任。双方可在专用条件中约定违约金的计算及支付方法。因咨询人违反合同约定给委托人造成损失的，咨询人应当赔偿委托人损失。双方可在专用条件中约定赔偿金额的确定及支付方法。

6.3.2　咨询人对造价咨询合同管理

咨询人对造价咨询合同的管理，应从委托人管理、合同签订管理、人员配置管理、履约管理、服务范围及工作内容等方面进行管理。

1. 委托人管理

委托人是委托造价咨询服务的一方，也是造价咨询酬金的支付方，委托人对造价咨询合同的履行有着重要的影响。咨询人在决定参加某个项目的造价咨询服务时，应对委托人进行全面了解和考察。

（1）委托人信誉。委托人具有良好的信誉是造价咨询服务成功的基础。在法理上，委托人和咨询人是平等的，但是在造价咨询合同的履行过程中，委托人利用其发包人优势，往往存在随意变更合同、随意以考核为由扣减咨询服务费、无合理理由拒绝确认咨询人服务成果等不当行为，或委托人存在拖欠农民工工资、不按规定履行项目审批手续、存在较多诉讼或执行案件、被纳入失信被执行人等不良行为记录的，都将较大程度上影响到咨询服务合同的顺利履行，由此咨询人在投标或签约前有必要对委托人的信誉进行调查和了解。

（2）委托人资金实力。委托人应具有与签订合同相当的资金实力，这是造价咨询服务顺利履行的经济保障。造价咨询酬金是咨询人赖以生存的根本，一旦委托人资金出现了问题，必定影响咨询人的收入和正常经营。

2. 合同签订管理

合同签订阶段是合同正式形成的阶段，在这个阶段，咨询人应仔细研究合同文本，充分保护自身的合法权益。

（1）无论是通过招标方式或者是直接委托的方式，在合同签订的时候，很多合同条款特别是专用条款是可以协商的。咨询人应重点在服务范围及工作内容、咨询人的义务、违约责任、服务期限、支付等条款中积极与委托人协商，维护自身的合法权益。

（2）在合同签订时，特别是通过直接委托造价咨询服务签订合同时，咨询人不宜因为激烈的竞争或者急于开拓新地区、新行业的造价咨询业务，而随意接受委托人过于苛刻的合同条件或低于成本的酬金，以至于影响咨询服务合同的全面履行。

（3）在合同签订时，咨询人应充分发挥自身的专业优势，通过内部会签、审批、交底等方式，及时发现相应风险，积极采取风险管理措施，促进签约后的合同可履行性。

（4）在合同签订时，对极端情况要有约定。比如，违约金扣除的上限、驻场服务的最长时间、造价咨询服务的截止时间、咨询费支付的最晚时间等应有合理清晰的约定。

3. 人员配置管理

在提供造价咨询服务的过程中，咨询人最大的成本是人力成本，所以人员的合理配置对咨询人来说至关重要。

（1）人员配置数量要合理。咨询人员过多会造成人力资源浪费、拉低咨询人的人均年产值，咨询人员过少会造成咨询工作无法按要求完成，同时会给委托人留下不良印象。

（2）人员的专业配置要合理。比如住宅精装修项目，精装修专业的人员应该比安装专业的人员多；但是医药实验室精装修机电项目，则安装专业的人员应该比精装修专业的人员多。同时，也要根据项目的性质配置合适的项目负责人。

（3）人员的前端和后台配置要合理。在驻场项目中，需要综合考虑项目驻场咨询人员的沟通能力、专业能力、专业类别、综合处理问题能力等。想要把所有事情都在项目现场完成或者把所有事情都在公司后台完成都不是最合适的做法，这需要咨询人根据项目及人员情况合理配置。

4. 履约管理

（1）确定项目负责人。咨询人应根据委托人的要求和项目的实际情况拟定造价咨询的项目负责人，项目负责人在造价咨询合同约定的权限内总体负责项目的造价咨询。项目负责人应定期向咨询人汇报本项目的造价咨询情况，并就造价咨询过程中的重点、难点问题及时与咨询人沟通，及时调整和解决相关问题，推进造价咨询工作的顺利开展。

（2）编制造价咨询服务工作大纲。工作大纲是造价咨询服务开展的主要依据，无论委托人是否要求，咨询人都应该对需要提供造价咨询服务的项目编制工作大纲。工作大纲需要结合委托人、造价咨询合同及项目具体情况及其特点等编制，工作大纲应能体现本项目造价咨询工作的概况、范围、内容、重点及难点、服务流程及解决问题的主要思路等。

（3）推行造价咨询服务工作套表。咨询人应编制造价咨询服务工作套表，主要包括：业务联系单、造价咨询月报、工程款支付建议书、签证审核、变更费用估算、工程量清单及招标控制价编制、竣工结算审价、项目组咨询日记、台账系统（包括合同台账、支付台账、文件收发台账等）等。通过推行造价咨询工作套表，规范各类造价咨询成果文件，能快速了解项目概算结余、支付等情况。

（4）造价咨询服务质量管理。造价咨询服务质量一般包括造价咨询成果质量、造价咨询服务态度两方面。咨询人应通过配置合适的造价咨询人员、提高咨询人员业务能力、推行三级审核、对比分析类似项目等方法确保咨询成果质量。造价咨询合同是服务合同，咨询人在工作过程中应注意方式、方法，在提供高质量咨询成果的同时不断改善咨询服务态度。

(5) 造价咨询服务时间管理。咨询人应按照合同约定或委托人要求的时间及时提供造价咨询服务成果。若因为咨询事情复杂或者其他客观原因预计无法完成的，咨询人首先应协调公司内部资源，确保时间节点；确实无法完成的，应事先和委托人进行沟通，在征得委托人同意的情况下适当延后。

(6) 违约责任管理。咨询人应责成项目负责人整理造价咨询合同的违约条款，咨询人违约的条款一般为：

① 质量违约条款，即造价咨询成果质量未符合合同约定，比如结算审核的差错率过大；

② 进度违约条款，即造价咨询工作时间超过合同约定，比如因工程量清单编制时间过长，导致项目招标的所有时间节点均往后延期；

③ 人员违约，即咨询人未按合同要求配置人员，比如人员配置等级降低或者人数变少；

④ 其他违约，比如未按合同要求驻场、未遵守保密条款、未遵守合同约定的其他内容等。

⑤ 项目负责人应召集所有参与本项目的咨询人员，对造价咨询违约条款逐一解读，并在履约过程中有针对性采取积极措施，避免在工作过程中触发违约条款。

5. 服务范围及工作内容管理

每一个造价咨询合同都有对应的造价咨询服务范围和工作内容，在造价咨询服务过程中应加强对此的管理。比如某项目的施工阶段造价咨询服务范围内不包括“清标”，而委托人要求咨询人进行某工程的“清标”；或者按费率招标的施工总承包工程，委托人要求额外做一遍施工图预算，那么咨询人有理由要求增加额外的酬金。

6.3.3　造价咨询合同的管理要点

对工程造价咨询合同进行科学有效的管理，有助于造价咨询工作的顺利开展，保证造价咨询成果文件的质量，达到预期的投资控制目标。工程造价咨询合同的服务内容可以是全过程服务，即建设项目各阶段工程造价的确定、控制，也可以是某一个或某几个阶段的服务。大部分的工程造价咨询合同的服务阶段是在招投标及签约、施工以及竣工结算阶段，合同的要点包括计价依据管理、服务方式及成果管理、档案管理以及执业规范管理等方面。

1. 计价依据管理

工程造价咨询合同的计价依据管理主要是指对施工合同、委托人要求、设计文件、市场价格及人材机造价信息、定额、相关法律法规以及国家、地方颁布的造价规范性文件等计价依据进行的收集、整理、更新、应用等管理活动。

在要约承诺阶段即招标投标过程中，委托人应当充分利用造价咨询人的专业实力和丰富经验，对招标文件中的报价要求、计价原则、计价依据的种类及范围等进行清晰、准确的规定，以减少后续签约、施工及竣工结算阶段的造价争议。

在施工以及竣工结算阶段中，造价咨询人应当全面理解和掌握施工合同的内容，就其中不明确的条款应与委托人进行充分的沟通和澄清，理解委托人的要求。在此基础上，应当根据施工合同的约定明确具体项目所需的计价依据，及时获取计价所需的各种信息，尤其是对时效性较强的市场价格一般应当通过询价等方式获得第一手信息，以确保计价的准确性和权威性。

2. 服务方式及成果管理

造价咨询合同从履行过程来看是一种典型的服务合同，具有周期长、专业性强等特点，更重要的是通常情况下造价咨询服务的内容比较多，包括编制招标文件中的商务条款、编制招标工程量清单、招标控制价、标底、施工过程中的期中计量计价及变更与索赔管理、竣工后审核、编制竣工结算等。基于上述特点，服务方式的选择和确定就显得十分重要，将直接关系到合同目标能否实现。委托人和造价咨询企业应当在合同中明确各阶段造价咨询企业提供服务的具体方式，除了常规的出具成果文件、提供咨询等服务方式外，造价咨询企业还应当通过参与委托人与承包人的商务谈判、定期到现场进行计量计价及参与变更与索赔管理等方式提高服务水平和质量。

造价成果性文件直接体现造价咨询企业的服务水平，影响合同目标的实现，因此委托人和造价咨询企业应重点关注造价成果性文件的质量管理。在招投标及签约阶段，造价咨询企业应当准确把握工程量清单、招标控制价或者标底编制及审核的工作量，统筹安排土建、装饰、给排水、暖通、电气等各专业工程造价人员，同时根据各专业工程进度调整人员安排，保证满足编制进度及招标工作的时间要求。相关造价文件初稿编制完成后一般要经过审核与审定两道程序才能形成最终造价成果文件。在施工及竣工结算阶段，造价咨询企业与委托人要严格按照合同约定的原则和办法处理计量计价以及索赔与变更，各项计价活动均应有合法、有效的依据作为支撑。

3. 档案管理

造价咨询合同的档案管理主要是指对工程造价相关文件，如招投标文件、合同、编制和批复的估算、概算、预算、变更及索赔文件以及结算资料等进行的收集、整理、归档等管理活动。

对工程造价文件进行有效的档案管理，不仅可以还原造价咨询合同实际履行情况，使各项造价成果文件有据可循，而且档案文件还可以作为委托人和承包人进行结算和处理造价争议的重要依据。所以无论对于委托人还是造价咨询人而言，该项管理活动均具有十分重要的意义。

在提供造价咨询服务的过程中，委托人和造价咨询人应当做好各自的工程造价文件管理工作。工程造价文件管理应当坚持以下原则：遵循工程造价文件的形成规律，保持各项文件之间的系统联系；确保文件的真实性和充分性；文件的整理应当规范，审批和签章手续完备，文件材料的制作和书写必须规范、清晰，易于长期保存和查阅。

4. 流程管理

在提供造价咨询服务的过程中，委托人和造价咨询人应当协调好造价咨询服务流程。首先，造价咨询服务流程应满足并纳入委托人工程建设项目的总体流程，比如咨询人意见是以咨询报告的形式单独流转给委托人还是直接纳入会签流程；其次，咨询成果递交方式应事先商定，比如以书面报告形式递交，同时做好书面签发记录，或者采用约定格式的电子文件通过固定的邮箱收发；最后，应确定造价咨询服务双方直接的对接人，原则上双方的资料往来都应通过约定人员来进行，避免信息和资料沟通不顺畅。

5. 执业规范管理

无论是委托人还是造价咨询企业均肩负着合理使用建设资金的职责，对于造价咨询人来说还具有维护委托人合法权益的职责，因此双方均应当不断加强造价从业人员的执业规范管理。首先，应当建立健全从业人员的监督制约机制；其次，加强教育培训和造价咨询专业能力培训，提高职业道德修养，不断提高造价咨询服务的专业能力和服务成果质量，建立内部竞争和优胜劣汰制度；最后，加强法律学习，不断增强法律意识和风险意识。

第 7 章　建设工程施工合同管理

7.1　施工合同概述

7.1.1　施工合同的概念

《民法典》第七百八十八条规定："建设工程合同是承包人进行工程建设，发包人支付价款的合同。建设工程合同包括工程勘察、设计、施工合同。"

建设工程施工合同是建设工程合同中的主要合同类型，是工程建设投资控制、质量控制、进度控制的主要依据。

7.1.2　施工合同的特点

根据法律法规的规定和行业实践经验，归纳总结建设工程施工合同通常具有以下特点：

1. 建设工程施工合同为要式合同，应当采用书面形式

建设工程施工合同涉及的标的通常较大，履行期限较长，涉及内容也较多，采用书面形式可以明确合同各方的权利义务，防止当事人之间因分歧、变化或其他履行事项发生争议，导致合同履行困难。为此，《民法典》第七百八十九条明确规定建设工程合同应当采用书面形式，体现了建设工程施工合同的要式性。

2. 建设工程施工合同主体资格的特殊要求

1）发包人主体资格要求

现行法律规范对建设工程施工合同的发包人并没有作出直接的资格规定，因此，自然人、法人或其他组织均可以作为发包人。但是，《招标投标法》第八条规定："招标人是依照本法规定提出招标项目、进行招标的法人或者其他组织。"因此，只有法人或其他组织可以成为招标人，自然人非适合的招标人主体。

另，尽管法律法规并未对发包人主体资格作特定要求，但须特别强调的是，发包人从事房地产开发经营的，应当取得房地产开发资质等级证书。

2）承包人主体资格要求

现行法律法规对于建设工程施工合同的承包人规定了特别资质要求，作为建设工程施工合同的承包人应具备相应的资质等级，并在其资质等级许可的范围内从事建筑活动。

《建筑法》第十三条规定："从事建筑活动的建筑施工企业、勘察单位、设计单位和工程监理单位，按照其拥有的注册资本、专业技术人员、技术装备和已完成的建筑工程业绩等资质条件，划分为不同的资质等级，经资质审查合格，取得相应等级的资质证书后，方可在其资质等级许可的范围内从事建筑活动。”因此，建设工程施工合同的承包人未取得建筑施工企业资质或超越资质等级的，所签订的建设工程施工合同无效。

3.《招标投标法》规定了依法必须进行招投标的项目，该些项目应当符合《招标投标法》等法律法规的规定

如发包项目属于《招标投标法》规定的依法必须招标的项目，则发包人应按照法律规定的招标程序组织招标，以确定中标人。同时，根据《招标投标法实施条例》第八十一条规定，依法必须进行招标的项目的招标投标活动违反招标投标法和本条例的规定，对中标结果造成实质性影响，且不能采取补救措施予以纠正的，招标、投标、中标无效，应当依法重新招标或者评标。因此，对于依法必须进行招标的项目，招标人必须通过招标方式进行发包，否则将导致建设工程施工合同无效的法律后果。

另，违反招标投标相关规定的责任并不限于民事责任，《招标投标法》第四十九条同时规定：“违反本法规定，必须进行招标的项目而不招标的，将必须进行招标的项目化整为零或者以其他任何方式规避招标的，责令限期改正，可以处项目合同金额千分之五以上千分之十以下的罚款；对全部或者部分使用国有资金的项目，可以暂停项目执行或者暂停资金拨付；对单位直接负责的主管人员和其他直接责任人员依法给予处分。”因此，违法招标和规避招标的，相关单位和责任人还将承担行政处罚。情节严重的，还将承担刑事责任。

4. 建设工程施工合同的履行还受到行政法律、法规、规范的约束

（1）鉴于建设工程项目涉及土地使用权、城乡规划、公共安全等方面的法律规定，项目开始前，发包人应当严格按照项目立项法规《城乡规划法》《土地管理法》等法律法规，完成建设项目的立项、用地规划、工程规划等行政审批或许可工作，项目开工建设前，还应当取得施工许可证。

（2）因工程建设的质量关系到社会公共安全，因此，建设工程合同在履行中必须严格遵守《建筑法》《建设工程质量管理条例》以及国家及行业质量规范和标准，施工过程中还应当接受工程质量监管部门的质量监督和管理。如工程质量不合格，该工程无法进行使用和竣工验收备案。

（3）安全监管也是建设工程施工合同履行中行政监管的重点内容，发包人、承包人在项目建设中应当遵守《安全生产法》《建设工程安全生产管理条例》等法律法规的规定，采取有力措施避免安全事故的发生，如承发包双方未尽到法律规定的安全生产责任，将会受到行政处罚，造成严重后果的，相关责任人还可能承担刑事责任。

（4）农民工工资问题一直是建筑领域的一大重难点，相关主管部门花费了非常大的精力研究解决。2019 年 12 月 30 日，《保障农民工工资支付条例》（国务院令第 724 号）发布，自 2020 年 5 月 1 日起施行。直接以行政法规来解决农民工工资问题。建设单位、施工单位、分包单位等若存在违反条例相关规定的，单位及相关负责人均将面临行政处罚，情节严重的还将承担刑事责任。

5. 建设工程施工合同的履行具有长期性及复杂性

建设工程施工合同的标的物与一般工业产品相比，通常结构复杂、体积大、建筑材料类型多、工作量大，建设工程施工合同的履行体现出较为明显的长期性及复杂性。在建设工程施工合同履行中，市场价格的浮动、法律政策的变化、不可抗力、政府行为等因素均对合同履行产生影响，进而对工期、造价等施工合同重要要素产生重大影响。建设工程施工合同的主体虽然只有发包人和承包人两方，但在实际履行过程中涉及的关联主体却较多，需考虑与其他相关合同如设计合同、分包合同、采购合同、租赁合同等的配合和协调。

7.1.3 施工合同示范文本

截至至今，建设工程施工合同示范文本共有三版，分别为《建设工程施工合同（示范文本）》（GF-1999-0201）（以下简称《1999版施工合同》），《建设工程施工合同（示范文本）》（GF-2013-0201）（以下简称《2013版施工合同》），《建设工程施工合同（示范文本）》（GF-2017-0201）（以下简称《2017版施工合同》）。

1.《2013版施工合同》对比《1999版施工合同》，主要有如下变化：

《2013版施工合同》由合同协议书、通用合同条款和专用合同条款三部分组成。合同协议书共计13条，主要包括：工程概况、合同工期、质量标准、签约合同价和合同价格形式、项目经理、合同文件构成、承诺以及合同生效条件等重要内容，集中约定了合同当事人基本的合同权利义务。通用合同条款的合同要素有20条，包括一般约定、发包人、承包人、监理人、工程质量、安全文明施工与环境保护、工期和进度、材料与设备、试验与检验、变更、价格调整、合同价格、计量与支付、验收和工程试车、竣工结算、缺陷责任与保修、违约、不可抗力、保险、索赔和争议解决。专用合同条款是对通用合同条款原则性约定的细化、完善、补充、修改或另行约定的条款。合同当事人可以根据不同建设工程的特点及具体情况，通过双方的谈判、协商对相应的专用合同条款进行修改补充。

1）《2013版施工合同》强调了下列合同管理制度

（1）强调双向担保制度。为减少承包人被拖欠工程款风险，有效解决拖欠工程款、拖欠农民工资的问题，《2013版施工合同》第2.5款规定了发包人的“资金来源证明及支付担保”，规定发包人应向承包人提供能够按照合同约定支付合同价款的相应资金来源证明以及支付担保，同时为避免发包人利用优势地位不向承包人提供支付担保，该款还明确规定“除专用合同条款另有约定外，发包人要求承包人提供履约担保的，发包人应当向承包人提供支付担保……”。为保证发包人能够获得质量合格的建设工程，促使承包人依据合同全面正确履行己方义务，《2013版施工合同》第3.7款规定了承包人的履约担保。双向担保制度有利于引导承发包双方合理设置担保以减轻工程款支付风险及履约风险。

（2）细化合理调价制度。《2013版施工合同》结合2013版工程量清单计价规范的要求，在通用合同条款中采用可调合同价款的方式，允许合同当事人自行协商约定调价方式，对于市场价格波动所引发的风险，该合同通用条款第11.1款规定，如果价格波动幅度在合同当事人双方约定的范围之内，合同价格不予调整，价格波动超过当事人约定的范围的，承包人可以要求对合同价格进行调整。

（3）完善逾期索赔失权制度。与《1999版施工合同》不同的是，《2013版施工合同》通用条款中增加了承包人或发包人未在索赔事件发生后 28 天内向对方提出索赔意向的，丧失要求赔付金额和（或）延长缺陷责任期的权利。

（4）新增双倍赔偿制度。为有效解决发包人拖欠工程款的问题，督促发包人及时足额向承包人支付工程款，《2013 版施工合同》通用合同条款第 14.4 条明确规定了逾期支付工程款，按照中国人民银行发布的同期同类贷款基准利率的两倍支付违约金。迟延付款的违约金标准的提高有利于引导发包人及时支付工程款，促进长期拖欠工程款状况的改进。

2）《2013 版施工合同》完善了合同价格类型

《1999 版施工合同》示范文本规定的合同价格形式为固定价格、可调价和成本加酬金等三种价格形式。实践中，固定价格合同常被误解为价格不可调整的合同、“包死价”合同，同时鉴于成本加酬金合同在实践中应用较少，为此，《2013 版施工合同》将合同价格形式改为单价合同、总价合同及其他价格形式三类，该种分类更具科学性，且不易被误解，“其他价格形式”条款的设置也为合同当事人选择不同于单价合同、总价合同的价格形式提供了空间，合同当事人可以根据实际情况选择成本加酬金或者定额计价等方式计取工程价款。

3）《2013 版施工合同》新增承诺条款，完善合同备案条款，遏制挂靠、转包、违法分包等违法违规行为。

挂靠、转包、违法分包是工程建设市场长期存在的顽疾，也是工程事故、工程纠纷发生的重要诱因，为解决这些问题，《2013 版施工合同》的合同协议书中引入了承诺性条款，根据该部分第七条的规定，承包人应承诺不进行转包、违法分包，发承包双方承诺不签订背离中标合同实质性内容的合同；在通用合同条款中，通过增加限定承包人项目经理及主要施工管理人员条款、限定专业分包人及劳务分包人主要施工管理人员条款、承包人擅自更换项目经理及主要施工人员违约责任、工程款支付账户约定等条款，保证承包人实际施工管理人员与投标文件中载明的人员名单保持一致，有利于解决挂靠、转包、违法分包等违法违规行为。

2.《2017 版施工合同》对比《2013 版施工合同》，主要有如下变化：

鉴于住房城乡建设部、财政部于 2017 年 6 月 20 日发布了《关于印发建设工程质量保证金管理办法的通知》（建质〔2017〕138 号），对建质〔2016〕295 号《建设工程质量保证金管理办法》进行了修订，故《2017 版施工合同》主要对缺陷责任期、质量保证金条款进行了修改。

1）履约保证金和质量保证金不再重复缴纳/扣留

工程建设需要大量的现金流，而《2013 版施工合同》中，对于承包人，既有履约保证金，又有质量保证金，既不利于工程建设的效率，也不利于工程的质量。《2017 版施工合同》明确，在工程项目竣工前，承包人已经提供履约担保的，发包人不得同时预留工程质量保证金。如承包人在发包人签发竣工付款证书后 28 天内提交质量保证金保函，发包人应同时退还扣留的作为质量保证金的工程价款。

2）《2017 版施工合同》细化了缺陷责任期相关规定

《2017 版施工合同》对缺陷责任期的起算、缺陷责任期内维修义务的承担等，从发承包双方的过错角度进行了细化。此次细化，更加贴近工程施工实际，有利于减少歧义，更有利于基本事实的澄清和纠纷的解决。

3）《2017 版施工合同》将质量保证金上限从结算价的 5％调整至 3％，以及保证金退还计息。

此调整的目的主要在于减轻施工企业的资金成本压力，促进资金更快更多地回流。

7.2 施工合同的订立和履行

7.2.1 施工合同的订立

1. 合同订立的程序问题

1）合同订立的程序问题，主要是发包人的义务

（1）可研和立项。《民法典》第七百九十二条规定："国家重大建设工程合同，应当按照国家规定的程序和国家批准的投资计划、可行性研究报告等文件订立。"

（2）招标程序。《招标投标法》第三条规定："在中华人民共和国境内进行下列工程建设项目包括项目的勘察、设计、施工、监理以及与工程建设有关的重要设备、材料等的采购，必须进行招标：（一）大型基础设施、公用事业等关系社会公共利益、公众安全的项目；（二）全部或者部分使用国有资金投资或者国家融资的项目；（三）使用国际组织或者外国政府贷款、援助资金的项目。前款所列项目的具体范围和规模标准，由国务院发展计划部门会同国务院有关部门制订，报国务院批准。法律或者国务院对必须进行招标的其他项目的范围有规定的，依照其规定。"

我国法律规定的必须招投标的项目，经过多次修订，范围在逐步缩小，即在逐步缩小和降低相关行政管控范畴和深度。现行有效的是 2018 年 3 月 27 日发布，自 2018 年 6 月 1 日起施行的《必须招标的工程项目规定》（国家发展和改革委员会令第 16 号）。

2）对于承包人而言，施工合同的订立前依据招标文件要求，制作投标文件，进行投标

（1）投标文件的组成。一般而言，投标文件由综合标、商务标和技术标三部分组成。

① 综合标，即投标函部分。主要为投标内容的概括性文件和程序性文件，如营业执照、法定代表人身份证明、授权委托书、投标函（投标报价、质量保证、工期保证、安全文明施工保证、履约担保保证、投标担保、对招标人的其他承诺等）、投标函附录、投标保证金银行保函、其他资料等。

② 商务标，投标文件实体内容的重要组成。主要包括项目报价及其组成（定额或清单）、市场价格信息、商务标编制说明、其他资料（资质、项目经理资质、主要业绩）等。

③ 技术标，如施工组织设计、项目管理人员配备情况等。

（2）编制投标文件的主要注意事项：

① 对招标文件实体要求的响应。如合同计价方式；报价要求对应图纸还是清单；是否需要下浮；工期、质量、安全的要求及招标文件明确要求的需要实质性响应的内容。

② 格式性要求，避免废标。公章、法定代表人印章的加盖，正副本份数要求，报价文件的密封要求等等。

2. 订立合同时需要明确的内容

1）应当依据招标文件和中标人的投标文件订立书面合同

《招标投标法》第四十六条规定："招标人和中标人应当自中标通知书发出之日起三十日内，按照招标文件和中标人的投标文件订立书面合同。招标人和中标人不得再行订立背离合同实质性内容的其他协议。"

2）其他需要注意明确的内容

（1）施工现场范围和施工临时占地。发包人应明确说明施工现场永久工程的占地范围并提供征地图纸，以及属于发包人施工前期配合义务的有关事项，如从现场外部接至现场的施工用水、用电、用气的位置等，以便承包人进行合理的施工组织。

项目施工如果需要临时用地（招标文件中已说明或承包人投标书内提出要求），也需明确占地范围和临时用地移交承包人的时间。

（2）发包人提供图纸的期限和数量。标准施工合同适用于发包人提供设计图纸，承包人负责施工的建设项目。由于初步设计完成后即可进行招标，因此订立合同时必须明确约定发包人提供施工图纸的期限和数量。

如果承包人有专利技术且有相应的设计资质，可能约定由承包人完成部分施工图设计。此时也应明确承包人的设计范围，提交设计文件的期限、数量，以及监理人签发图纸修改的期限等。

（3）发包人提供的材料和工程设备。对于包工部分包料的施工承包方式，往往设备和主要建筑材料由发包人负责提供，须明确约定发包人提供的材料和设备分批交货的种类、规格、数量、交货期限和地点等，以便明确合同责任。

（4）异常恶劣的气候条件范围。施工过程中遇到不利于施工的气候条件将直接影响施工效率，甚至被迫停工。气候条件对施工的影响是合同管理中一个比较复杂的问题，"异常恶劣的气候条件"属于发包人的责任，"不利气候条件"对施工的影响则属于承包人应承担的风险，因此应当根据项目所在地的气候特点，在专用条款中明确界定不利于施工的气候和异常恶劣的气候条件之间的界限。如多少毫米以上的降水，多少级以上的大风，多少温度以上（以下）的超高温或超低温天气等，以明确合同双方对气候变化影响施工的风险责任。

（5）物价浮动的合同价格调整。

① 基准日期

通用条款规定的基准日期指：招标发包的工程以投标截止日前 28 天的日期为基准日期，直接发包的工程以合同签订日前 28 天的日期为基准日期。规定基准日期的作用是划分该日后由于政策法规的变化或市场物价浮动对合同价格影响的责任。承包人投标阶段在基准日后不再进行此方面的调研，进入编制投标文件阶段，因此通用条款在两个方面做出了规定：

a. 承包人以基准日期前的市场价格编制工程报价，合同中调价公式中的可调因素价格指数来源于基准日的价格；

b. 基准日期后，因法律法规、规范标准等的变化，导致承包人在合同履行中所需要的工程成本发生约定以外的增减时，相应调整合同价款。

② 调价条款

合同履行期间市场价格浮动对施工成本造成的影响是否允许调整合同价格，要视合同工期的长短来决定。

a. 简明施工合同的规定

简明施工合同的通用条款没有调价条款，承包人在投标报价中合理考虑市场价格变化对施工成本的影响，合同履行期间不考虑市场价格变化调整合同价款。

b. 标准施工合同的规定

工期较长的施工合同，由于承包人在投标阶段不可能合理预测合同期内市场价格变化，因此应设有调价条款，由发包人和承包人共同分担市场价格变化的风险。标准施工合同通用条款规定用公式法调价，但调整价格的方法主要适用于工程量清单中按单价支付部分的工程款，总价支付部分通常不考虑物价浮动对合同价格的调整。

③ 公式法调价

a. 调价公式

施工过程中每次支付工程进度款时，用该公式综合计算本期内因市场价格浮动应增加或减少的价格调整值。

$$\Delta P = P_O\left[A + \left(B_1 \times \frac{F_{t1}}{F_{01}} + B_2 \times \frac{F_{t2}}{F_{02}} + B_3 \times \frac{F_{t3}}{F_{03}} + \cdots + B_n \times \frac{F_{tn}}{F_n}\right) - 1\right]$$

式中 ΔP—需要调整的价格差额；

P_O—付款证书中承包人应得到的已完成工程量的金额。不包括价格调整、质量保证金的扣留、预付款的支付和扣回。变更及其他金额已按现行价格计价的，也不计在内；

A—定值权重（即不调部分的权重）；

B_1、B_2、B_3、$\cdots B_n$—各可调因子的变值权重（即可调部分的权重）为各可调因子投标函投标总报价中所占的比例；

F_{t1}、F_{t2}、F_{t3}、$\cdots F_{tn}$—各可调因子的现行价格指数，指约定的付款证书相关周期最后一天的前 42 天的各可调因子的价格指数；

F_{01}、F_{02}、F_{03}、$\cdots F_{0n}$—各可调因子的基本价格指数，指基准日期的各可调因子的价格指数。

b. 调价公式的基数

价格调整公式中的各可调因子、定值和变值权重，以及基本价格指数及其来源在投标函附录价格指数和权重表中约定，以基准日的价格为准，因此应在合同调价条款中予以明确。

价格指数应首先采用工程项目所在地有关行政管理部门提供的价格指数，缺乏上述价格指数时，也可采用有关部门提供的价格代替。用公式法计算价格的调整，既可以用支付工程进度款时的市场平均价格指数或价格计算调整值，而不必考虑承包人具体购买材料的价格贵贱，又可以避免采用票据法调整价格时，每次中期支付工程进度款前去核实承包人购买材料的发票或单证后，再计算调整价格的繁琐程序。通用条款给出的基准价格指数约定如表 1 所示。

表 1　价格指数（或价格）与权重

名称		基本价格指数（或基本价格）		权重			价格指数来源（或价格来源）
		代号	指数值	代号	允许范围	投标单位建议值	
定值部分				A	_		
变值部分	人工费	F_{01}		B_1	_至_		
	水泥	F_{02}		B_2	_至_		
	钢筋	F_{03}		B_3	_至_		
	…	…		…			
合计						1.0	

④造价信息进行调价

合同履行期间，因人工、材料、工程设备和机械台班价格波动影响合同价格时，人工、机械使用费按照国家或省、自治区、直辖市建设行政管理部门、行业建设管理部门或其授权的工程造价管理机构发布的人工、机械使用费系数进行调整；需要进行价格调整的材料，其单价和采购数量应由发包人审批，发包人确认需调整的材料单价及数量，作为调整合同价格的依据。

A. 人工单价发生变化且符合省级或行业建设主管部门发布的人工费调整规定的，合同当事人应按省级或行业建设主管部门或其授权的工程造价管理机构发布的人工费等文件调整合同价格，但承包人对人工费或人工单价的报价高于发布价格的除外。

B. 材料、工程设备价格变化的价款调整按照发包人提供的基准价格，按以下风险范围规定执行：

a. 承包人在已标价工程量清单或预算书中载明材料单价低于基准价格的：除专用合同条款另有约定外，合同履行期间材料单价涨幅以基准价格为基础超过 5%时，或材料单价跌幅以在已标价工程量清单或预算书中载明材料单价为基础超过 5%时，其超过部分据实调整。

b. 承包人在已标价工程量清单或预算书中载明材料单价高于基准价格的：除专用合同条款另有约定外，合同履行期间材料单价跌幅以基准价格为基础超过 5%时，材料单价涨幅以在已标价工程量清单或预算书中载明材料单价为基础超过 5%时，其超过部分据实调整。

c. 承包人在已标价工程量清单或预算书中载明材料单价等于基准价格的：除专用合同条款另有约定外，合同履行期间材料单价涨跌幅以基准价格为基础超过±5%时，其超过部分据实调整。

d. 承包人应在采购材料前将采购数量和新的材料单价报发包人核对，发包人确认用于工程时，发包人应确认采购材料的数量和单价。发包人在收到承包人报送的确认资料后 5 天内不予答复的视为认可，作为调整合同价格的依据。未经发包人事先核对，承包人自行采购材料的，发包人有权不予调整合同价格。发包人同意的，可以调整合同价格。

前述基准价格是指由发包人在招标文件或专用合同条款中给定的材料、工程设备的价格，该价格原则上应当按照省级或行业建设主管部门或其授权的工程造价管理机构发布的信息价编制。

C. 施工机械台班单价或施工机械使用费发生变化超过省级或行业建设主管部门或其授权的工程造价管理机构规定的范围时，按规定调整合同价格。

(6) 明确保险责任。

① 工程保险和第三者责任保险

A. 承包人办理保险

标准施工合同和简明施工合同的通用条款中考虑到承包人是工程施工的最直接责任人。因此均规定由承包人负责投保“建筑工程一切险”“安装工程一切险”和“第三者责任保险”，并承担办理保险的费用。具体的投保内容、保险金额、保险费率、保险期限等有关内容在专用条款中约定。

承包人应在专用合同条款约定的期限内向发包人提交各项保险生效的证据和保险单副本，保险单必须与专用合同条款约定的条件一致。承包人需要变动保险合同条款时，应事先征得发包人同意，并通知监理人。保险人做出保险责任变动的，承包人应在收到保险人通知后立即通知发包人和监理人。承包人应与保险人保持联系，使保险人能够随时了解工程实施中的变动，并确保按保险合同条款要求持续保险。

B. 发包人办理保险

如果一个建设工程项目的施工采用平行发包的方式分别交由多个承包人施工，由几家承包人分别投保的话，有可能产生重复投保或漏保，此时由发包人投保为宜。双方可在专用条款中约定，由发包人办理工程保险和第三者责任保险。

无论是由承包人还是发包人办理工程险和第三者责任保险，均必须以发包人和承包人的共同名义投保，以保障双方出现保险范围内的损失时，可从保险公司获得赔偿。

C. 保险金不足的补偿

如果投保工程一切险的保险金额少于工程实际价值，工程受到保险事件的损害时，不能从保险公司获得实际损失的全额赔偿，则损失赔偿的不足部分按合同相应条款的约定，由该事件的风险责任方负责补偿。某些大型工程项目经常因工程投资额巨大，为了减少保险费的支出，采用不足额投保方式，即以建安工程费的60%～70%作为投保的保险金额，因此受到保险范围内的损害后，保险公司按实际损失的相应百分比予以赔偿。

标准施工合同要求在专用条款具体约定保险金不足以赔偿损失时，承包人和发包人应承担的责任。如永久工程损失的差额由发包人补偿，临时工程、施工设备等损失由承包人负责。

D. 未按约定投保的补偿

a. 如果负有投保义务的一方当事人未按合同约定办理保险，或未能使保险持续有效，另一方当事人可代为办理，所需费用由对方当事人承担。

b. 当负有投保义务的一方当事人未按合同约定办理某项保险，导致受益人未能得到保险人的赔偿，原应从该项保险得到的保险赔偿应由负有投保义务的一方当事人支付。

② 人员工伤事故保险和人身意外伤害保险

发包人和承包人应按照相关法律规定为履行合同的本方人员缴纳工伤保险费，并分别为自己现场项目管理机构的所有人员投保人身意外伤害保险。

③ 其他保险

A. 承包人的施工设备保险

承包人应以自己的名义投保施工设备保险作为工程一切险的附加保险，因为此项保险内容发包人没有投保。

B. 进场材料和工程设备保险

由当事人双方具体约定，在专用条款内写明。通常情况下，应是谁采购的材料和工程设备，由谁办理相应的保险。

7.2.2　施工合同的履行

以《2017 版施工合同》为例，从发包人义务、承包人义务、监理人义务角度，简要阐述施工合同的履行。另，竣工阶段包括竣工验收、退场、结算等是合同履行中的重点，将做单独阐述。

1. 发包人的义务

1）开工前，为了保障能够按约定的时间顺利开工，避免发包人责任，发包人应按合同约定完成满足开工的准备工作。

（1）提供施工场地。

① 施工现场

发包人应及时完成施工场地的征用、移民、拆迁工作，按专用合同条款约定的时间和范围向承包人提供施工场地。施工场地包括永久工程用地和施工的临时占地，施工场地的移交可以一次完成，也可以分次移交，以不影响单位工程的开工为原则。

② 施工用水、电力、通讯线路等

开工前，发包人应将施工所必需用水、用电、通讯线路等接至施工现场内，并与承包人做好移交工作。

③ 地下管线和地下设施的相关资料

发包人应按专用条款约定及时向承包人提供施工场地范围内地下管线和地下设施等有关资料。地下管线包括供水、排水、供电、供气、供热、通信、广播电视等的埋设位置，以及地下水文、地质等资料。发包人应保证资料的真实、准确、完整，但不对承包人据此判断、推论错误导致编制施工方案的后果承担责任。

④ 现场外的道路通行权

发包人应根据合同工程的施工需要，负责办理取得出入施工场地的专用和临时道路的通行权，以及取得为工程建设所需修建场外设施的权利，并承担有关费用。

（2）组织设计交底。发包人应根据合同进度计划，组织设计单位向承包人和监理人对提供的施工图纸和设计文件进行交底，以便承包人制订施工方案和编制施工组织设计。

（3）约定开工时间。考虑到不同行业和项目的差异，标准施工合同的通用条款中没有将开工时间作为合同条款，具体工程项目可根据实际情况在合同协议书或专用条款中约定。

2）开工后，在有监理人的情况下，发包人的主要义务如下：

（1）依约审核、确认监理人或承包人上报各类资料。发包人应当在合同约定的期限内，审核各类资料，避免发包人原因导致的工期延误等。如核价认价单、供材进场联系单、进度款审核申请、进度款支付申请、工期顺延申请、变更估价单、费用索赔申请等。

（2）依约支付工程进度款。依据合同约定的期限和比例支付工程进度款是发包人的主要义务，若发包人在该义务上存在重大违约行为的，承包人有权直接停工乃至要求解除合同。

（3）依约组织竣工验收。在承包人递交了竣工验收申请后，发包人应当及时组织竣工验收，并如实记录验收情况；若发包人未依约及时验收的，存在以承包人提交验收报告之日为竣工日期的风险。

（4）依约审核结算资料。发包人应当在合同约定的结算审核期限内完成审核或提出明确意见。逾期未审核或提出意见的，存在承包人主张按合同约定以送审价结算的风险。此外，即使合同没有约定审核期限的，发包人也无权一直拖延结算审核。一般可依据交易习惯、行业惯例确定合理审核期限，如施工合同示范文本、《建设工程价款结算暂行办法》（财建〔2004〕369号）等。

（5）依约支付工程结算造价。发包人应当在合同约定的期限内支付约定比例的结算造价。没有约定或者约定不明的，将依据《最高人民法院关于审理建设工程施工合同纠纷案件适用法律问题的解释（一）》（法释〔2020〕25号）（以下简称《2020年施工合同司法解释》）第二十七条确定应付款之日。

（6）依约发送保修通知。承包人保修义务的履行前提是发包人向其发送了维修通知。发包人只有在其发送了维修通知后，承包人未在约定期限内修复或拒不维修的情形下，方才有权自行或者委托第三方维修，维修费用从承包人的保修金中扣除或向承包人追偿。若发包人未发送维修通知或无证明能够证明的情况下，在承包人提起的保修金返还诉讼中，相关承包人未进行维修，保修金返还条件未成就的抗辩，将难以得到支持。

（7）依约办理保证（修）金退还事宜。在保修金满足了返还的条件后，如期限条件、维修完成条件等，发包人应当依据约定退还保修金。在《2017版施工合同》中，如对保修金返还是否计息，没有另外约定的情况下，依据通用条款之规定，须按照中国人民银行发布的同期同类贷款基准利率支付利息。[自2019年8月20日起，中国人民银行已经授权全国银行间同业拆借中心于每月20日（遇节假日顺延）9时30分公布贷款市场报价利率（LPR），中国人民银行贷款基准利率这一标准已经取消。因此，2019年8月20日之后，人民法院裁判贷款利息的基本标准应改为全国银行间同业拆借中心公布的贷款市场报价利率。]

2. 承包人的义务

1）开工前

（1）现场踏勘。承包人在投标阶段仅依据招标文件中提供的资料和较概略的图纸编制了供评标的施工组织设计或施工方案。签订合同协议书后，承包人应对施工场地和周围环境进行查勘，核对发包人提供的有关资料，并进一步收集相关的地质、水文、气象条件、交通条件、风俗以及其他为完成合同工作有关的当地资料，以便编制施工组织设计和专项施工方案。在全部合同施工过程中，应视为承包人已充分估计了应承担的责任和风险，不得再以不了解现场情况为理由而推脱合同责任。

对现场查勘中发现的实际情况与发包人所提供资料有重大差异之处，应及时通知监理人，由其做出相应的指示或说明，以便明确合同责任。

（2）编制施工实施计划。

① 施工组织设计

承包人应按合同约定的工作内容和施工进度要求，编制施工组织设计和施工进度计划，并对所有施工作业和施工方法的完备性、安全性、可靠性负责。按照《建设工程安全生产管理条例》规定，在施工组织设计中应针对深基坑工程、地下暗挖工程、高大模板工程、高空作业工程、深水作业工程、大爆破工程的施工编制专项施工方案。对于前 3 项危险性较大的分部分项工程的专项施工，还需经 5 人以上专家论证方案的安全性和可靠性。

施工组织设计完成后，按专用条款的约定，将施工进度计划和施工方案说明报送监理人审批。

② 质量管理体系

承包人应在施工场地设置专门的质量检查机构，配备专职质量检查人员，建立完善的质量检查制度。在合同约定的期限内，提交工程质量保证措施文件，包括质量检查机构的组织和岗位责任、质检人员的组成、质量检查程序和实施细则等，报送监理人审批。

③ 环境保护措施计划

承包人在施工过程中，应遵守有关环境保护的法律和法规，履行合同约定的环境保护义务，按合同约定的环保工作内容，编制施工环保措施计划，报送监理人审批。

（3）施工现场内的交通道路和临时工程。承包人应负责修建、维修、养护和管理施工所需的场内临时道路，以及为开始施工所需的临时工程和必要的设施，满足开工的要求。

（4）施工控制网。承包人依据监理人提供的测量基准点、基准线和水准点及其书面资料，根据国家测绘基准、测绘系统和工程测量技术规范以及合同中对工程精度的要求，测设施工控制网，并将施工控制网点的资料报送监理人审批。

承包人在施工过程中负责管理施工控制网点，对丢失或损坏的施工控制网点应及时修复，并在工程竣工后将施工控制网点移交发包人。

（5）提出开工申请。承包人的施工前期准备工作满足开工条件后，向监理人提交工程开工报审表。开工报审表应详细说明按合同进度计划正常施工所需的施工道路、临时设施、材料设备、施工人员等施工组织措施的落实情况以及工程的进度安排。

2）开工后

（1）按法律规定和合同约定的工期、质量等要求完成工程，并在保修期内承担保修义务。

此系承包人的主要合同义务，若因承包人原因导致工期延误的，将面临发包人的索赔风险；若所施工程质量不合格的，则无权取得工程，并应承担工程质量修复责任（承包人修复或承担修复费用）；未依约履行保修义务的，发包人可不予退还保修金，保修金不足以用于维修的，还将面临发包人的追偿。

（2）按法律规定和合同约定采取施工安全和环境保护措施，办理工伤保险，确保工程及人员、材料、设备和设施的安全。

工程安全问题，除需承担相应的民事责任外，还将面临行政处罚，严重的将存在刑事责任风险。

（3）将发包人按合同约定支付的各项价款专用于合同工程，且应及时支付其雇用人员工资，并及时向分包人支付合同价款。

除依据合同相对性，向相关的分包单位、材料商、租赁商支付款项外，还应设立农民工工资专户，做好自身的和分包单位的农民工实名制管理和工资支付管理，否则依据《保障农民工工资支付条例》，即使是合法的专业分包单位欠付农民工工资的，总承包单位依然有先行垫付的义务。

（4）按照法律规定和合同约定编制竣工资料，完成竣工资料立卷及归档，并按专用合同条款约定的竣工资料的套数、内容、时间等要求移交发包人。

承包人应当重视竣工资料的编制，尤其是竣工图、开竣工时间等相关资料的编制。若后续竣工结算中，双方产生争议涉诉的，竣工图等资料是工程造价鉴定的主要依据，开竣工时间等相关资料是明确工期是否延误的直接依据。

3. 监理人的义务

1）开工前

（1）审查承包人的实施方案如下：

① 审查的内容

监理人对承包人报送的施工组织设计、质量管理体系、环境保护措施进行认真的审查，批准或要求承包人对不满足合同要求的部分进行修改。

② 审查进度计划

监理人对承包人的施工组织设计中的进度计划审查，不仅要看施工阶段的时间安排是否满足合同要求，更应评审拟采用的施工组织、技术措施能否保证计划的实现。监理人审查后，应在专用条款约定的期限内，批复或提出修改意见，否则该进度计划视为已得到批准。经监理人批准的施工进度计划称为“合同进度计划”。

监理人为了便于工程进度管理，可以要求承包人在合同进度计划的基础上编制并提交分阶段和分项的进度计划，特别是合同进度计划关键线路上的单位工程或分部工程的详细施工计划。

③ 合同进度计划

合同进度计划是控制合同工程进度的依据，对承包人、发包人和监理人均有约束力，不仅要求承包人按计划施工，还要求发包人的材料供应、图纸发放等不应造成施工延误，以及监理人应按照计划进行协调管理。合同进度计划的另一重要作用是，施工进度受到非承包人责任原因的干扰后，判定是否应给承包人顺延合同工期的主要依据。

（2）开工通知。

① 发出开工通知的条件

当发包人的开工前期工作已完成且临近约定的开工日期时，应委托监理人按专用条款约定的时间向承包人发出开工通知。如果约定的开工日期已届至但发包人应完成的开工配合义务尚未完成（如现场移交延误），由于监理人不能按时发出开工通知，则要顺延合同工期并赔偿承包人的相应损失。

如果发包人开工前的配合工作已完成且约定的开工日期已届至，但承包人的开工准备还不满足开工条件，监理人仍应按时发出开工的指示，合同工期不予顺延。

② 发出开工通知的时间

监理人征得发包人同意后，应在开工日期 7 天前向承包人发出开工通知，合同工期自开工通知中载明的开工日起计算。

2）开工后

（1）监理旁站义务。《房屋建筑工程施工旁站监理管理办法（试行）》（建市〔2002〕189 号）规定了监理的旁站义务，监理应对关键部位、关键工序的施工质量实施全过程现场跟班的监督活动。房屋建筑工程的关键部位、关键工序，在基础工程方面包括：土方回填，混凝土灌注桩浇筑，地下连续墙、土钉墙、后浇带及其他结构混凝土、防水混凝土浇筑，卷材防水层细部构造处理，钢结构安装；在主体结构工程方面包括：梁柱节点钢筋隐蔽过程，混凝土浇筑，预应力张拉，装配式结构安装，钢结构安装，网架结构安装，索膜安装。

（2）进行隐蔽工程检查。监理人应当在收到承包人的隐蔽工程检查通知后，依据合同约定的期限对隐蔽工程进行检查。监理人未按约定进行检查，也未提出延期要求的，视为隐蔽工程检查合格，承包人可自行完成覆盖工作。

（3）审查承包人上报的各类文件资料所载内容的真实性，并按约定移交发包人。施工过程中，承包人的相关申请审批一般均递交给监理人，监理人对所载内容的真实性进行核实（投资监理还需审核价款），再提交发包人审核，如承包人递交的技术核定单、各类工程签证、进度款审核/支付申请、工期顺延申请、索赔意向/报告、竣工验收报告等等。

（4）参与竣工验收。在承包人提交了竣工验收申请后，进行审查，并参与发包人组织的竣工验收，如实记录验收情况；如验收不合格的，监理人应按照验收意见发出指示，要求承包人对不合格工程返工、修复或采取其他补救措施。其后，再行按照验收程序进行验收。

（5）参与竣工结算。《2017 版施工合同》通用条款中有关于监理人参与竣工结算的相关约定，但建筑活动实践中，监理人一般较少参与该过程。承包人的结算资料一般直接递交给发包人或发包人委托的第三方审价机构。

4. 竣工阶段的合同履行

1）单位工程验收

（1）单位工程验收的情况。合同工程全部完工前进行单位工程验收和移交，可能涉及以下三种情况：一是专用条款内约定了某些单位工程分部移交；二是发包人在全部工程竣工前希望使用已经竣工的单位工程，提出单位工程提前移交的要求，以便获得部分工程的运行收益；三是承包人从后续施工管理的角度出发而提出单位工程提前验收的建议，并经发包人同意。

（2）单位工程验收后的管理。验收合格后，由监理人向承包人出具经发包人签认的单位工程验收证书。单位工程的验收成果和结论作为全部工程竣工验收申请报告的附件。移交后的单位工程由发包人负责照管。

除了合同约定的单位工程分部移交的情况外，如果发包人在全部工程竣工前，使用已接收的单位工程运行影响了承包人的后续施工，发包人应承担由此增加的费用和（或）工期延误，并支付承包人合理利润。

2）施工期运行

施工期运行是指合同工程尚未全部竣工，其中某项或某几项单位工程已竣工或工程设备安装完毕，需要投入施工期的运行时，须经检验合格能确保安全后，才能在施工期投入运行。

除了专用条款约定由发包人负责试运行的情况外，承包人应负责提供试运行所需的人员、器材和必要的条件，并承担全部试运行费用。施工期运行中发现工程或工程设备损坏或存在缺陷时，由承包人进行修复，并按照缺陷原因由责任方承担相应的费用。

3）合同工程的竣工验收

（1）承包人提交竣工验收申请报告。当工程具备以下条件时，承包人可向监理人报送竣工验收申请报告：

① 除发包人同意的甩项工作和缺陷修补工作外，合同范围内的全部工程以及有关工作，包括合同要求的试验、试运行以及检验均已完成，并符合合同要求；

② 已按合同约定编制了甩项工作和缺陷修补工作清单以及相应的施工计划；

③ 已按合同约定的内容和份数备齐竣工资料。

（2）监理人审查竣工验收报告。监理人审查申请报告的各项内容，认为工程尚不具备竣工验收条件时，应在收到竣工验收申请报告后的 14 天内通知承包人，指出在竣工验收前承包人还需完成的工作内容。承包人完成监理人通知的全部工作内容后，应再次提交竣工验收申请报告，直至监理人同意为止。

监理人审查后认为已具备竣工验收条件，应在收到竣工验收申请报告后的 14 天内提请发包人进行工程验收。

（3）竣工验收。

① 发包人应在收到经监理人审核的竣工验收申请报告后 28 天内审批完毕并组织监理人、承包人、设计人等相关单位完成竣工验收。

② 竣工验收合格的，发包人应在验收合格后 14 天内向承包人签发工程接收证书。发包人无正当理由逾期不颁发工程接收证书的，自验收合格后第 15 天起视为已颁发工程接收证书。实际竣工日期为承包人提交竣工验收申请报告之日。

③ 竣工验收不合格的，监理人应按照验收意见发出指示，要求承包人对不合格工程返工、修复或采取其他补救措施，由此增加的费用和（或）延误的工期由承包人承担。承包人在完成不合格工程的返工、修复或采取其他补救措施后，应重新提交竣工验收申请报告，并按本项约定的程序重新进行验收。重新验收合格的，则工程接收证书中载明的实际竣工日期为承包人重新提交竣工验收申请报告之日。

④ 工程未经验收或验收不合格，发包人擅自使用的，应在转移占有工程后 7 天内向承包人颁发工程接收证书；发包人无正当理由逾期不颁发工程接收证书的，自转移占有后第 15 天起视为已颁发工程接收证书。此种情形下，以转移占有工程之日为实际竣工日期。

（4）延误进行竣工验收。因发包人原因，未在监理人收到承包人提交的竣工验收申请报告 42 天内完成竣工验收，或完成竣工验收不予签发工程接收证书的，以承包人提交竣工验收申请报告的日期为实际竣工日期。

4）竣工退场

（1）承包人的退场义务。工程接收证书颁发后，承包人应对施工场地进行清理，直至监理人检验合格为止。

① 施工现场内残留的垃圾已全部清除出场；

② 临时工程已拆除，场地已进行清理、平整或复原；

③ 按合同约定应撤离的人员、承包人施工设备和剩余的材料，包括废弃的施工设备和材料，已按计划撤离施工现场；

④ 施工现场周边及其附近道路、河道的施工堆积物，已全部清理；

⑤ 施工现场其他场地清理工作已全部完成。

（2）承包人未按规定完成的责任。

① 承包人应在专用合同条款约定的期限内完成竣工退场，逾期未完成的，发包人有权出售或另行处理承包人遗留的物品，由此支出的费用由承包人承担，发包人出售承包人遗留物品所得款项在扣除必要费用后应返还承包人。

② 承包人未按发包人的要求恢复临时占地，或者场地清理未达到合同约定要求的，发包人有权委托其他人恢复或清理，所发生的费用由承包人承担。

5）竣工结算

（1）承包人提交竣工结算申请单。承包人应在工程竣工验收合格后 28 天内向发包人和监理人提交竣工结算申请单，并提交完整的结算资料，有关竣工结算申请单的资料清单和份数等要求应当在专用合同条款中约定。

除专用合同条款另有约定外，竣工结算申请单应包括以下内容：

① 竣工结算合同价格；

② 发包人已支付承包人的款项；

③ 应扣留的质量保证金（已缴纳履约保证金的或提供其他工程质量担保方式的除外）；

④ 发包人应支付承包人的合同价款。

（2）监理人和发包人审查。竣工结算的合同价格，应为通过单价乘以实际完成工程量的单价子目款、采用固定价格的各子项目包干价、依据合同条款进行调整（变更、索赔、物价浮动调整等）构成的最终合同结算价。

除专用合同条款另有约定外，监理人应在收到竣工结算申请单后 14 天内完成核查并报送发包人。发包人应在收到监理人提交的经审核的竣工结算申请单后 14 天内完成审批，并由监理人向承包人签发经发包人签认的竣工付款证书。监理人或发包人对竣工结算申请单有异议的，有权要求承包人进行修正和提供补充资料，承包人应提交修正后的竣工结算申请单。

（3）送审价为准。发包人在收到承包人提交竣工结算申请书后 28 天内未完成审批且未提出异议的，视为发包人认可承包人提交的竣工结算申请单，并自发包人收到承包人提交的竣工结算申请单后第 29 天起视为已签发竣工付款证书。

近些年在建设工程领域，发包人很少会同意保留该条款，基本均会在专用条款中另行约定；且在司法审判实践中，对以送审价为准的认定亦是十分严格，以通用条款主张较难得到支持，除非在专用条款中做特别约定，且履约过程完全符合相关约定的程序和实体要求，这也对承包人项目管理和履约管理提出了更高要求。

（4）支付。除专用合同条款另有约定外，发包人应在监理人出具竣工付款证书后的 14 天内，将应支付款支付给承包人。发包人不按期支付，还应加付逾期付款的违约金。如果承包人对发包人签认的竣工付款证书有异议，发包人可出具竣工付款申请单中承包人已同意部分的临时付款证书，存在争议的部分，按合同约定的争议条款处理。

7.2.3 工程变更、调价、索赔、签证

1. 变更

施工过程中，享有变更权的为发包人，监理人和承包人仅有变更建议权，须征得发包人同意。变更事项涉及设计变更的，应由设计人提供变更后的图纸和说明。如变更超过原设计标准或批准的建设规模时，发包人应及时办理规划、设计变更等审批手续。

1）变更的范围和内容

《2017 版施工合同》通用条款规定的变更范围和内容包括：

（1）增加或减少合同中任何工作，或追加额外的工作；

（2）取消合同中任何工作，但转由他人实施的工作除外；

（3）改变合同中任何工作的质量标准或其他特性；

（4）改变工程的基线、标高、位置和尺寸；

（5）改变工程的时间安排或实施顺序。

2）发包人提出变更

发包人提出变更的，应通过监理人向承包人发出变更指示，变更指示应说明计划变更的工程范围和变更的内容。

3）监理人提出变更建议

监理人提出变更建议的，需要向发包人以书面形式提出变更计划，说明计划变更工程范围和变更的内容、理由，以及实施该变更对合同价格和工期的影响。发包人同意变更的，由监理人向承包人发出变更指示。发包人不同意变更的，监理人无权擅自发出变更指示。

4）承包人的合理化建议

承包人提出合理化建议的，应向监理人提交合理化建议说明，说明建议的内容和理由，以及实施该建议对合同价格和工期的影响。

除专用合同条款另有约定外，监理人应在收到承包人提交的合理化建议后 7 天内审查完毕并报送发包人，发现其中存在技术上的缺陷，应通知承包人修改。发包人应在收

到监理人报送的合理化建议后 7 天内审批完毕。合理化建议经发包人批准的，监理人应及时发出变更指示，由此引起的合同价格调整按照“变更估价”条款的约定执行。发包人不同意变更的，监理人应书面通知承包人。

5）变更的执行

承包人收到监理人下达的变更指示后，认为不能执行的，应立即提出不能执行该变更指示的理由。承包人认为可以执行变更的，应当书面说明实施该变更指示对合同价格和工期的影响，且合同当事人应当按照“变更估价”条款的约定确定变更估价。因变更引起工期变化的，合同当事人均可要求调整合同工期，由合同当事人按照“商定或确定”条款参考工程所在地的工期定额标准确定增减工期天数。

6）变更估价

（1）变更估价的程序。承包人应在收到变更指示后 14 天内，向监理人提交变更估价申请。监理人应在收到承包人提交的变更估价申请后 7 天内审查完毕并报送发包人，监理人对变更估价申请有异议的，通知承包人修改后重新提交。发包人应在承包人提交变更估价申请后 14 天内审批完毕。发包人逾期未完成审批或未提出异议的，视为认可承包人提交的变更估价申请。

因变更引起的价格调整应计入最近一期的进度款中支付。

（2）变更的估价原则：

① 已标价工程量清单或预算书有相同项目的，按照相同项目单价认定；

② 已标价工程量清单或预算书中无相同项目，但有类似项目的，参照类似项目的单价认定；

③ 变更导致实际完成的变更工程量与已标价工程量清单或预算书中列明的该项目工程量的变化幅度超过 15％的，或已标价工程量清单或预算书中无相同项目及类似项目单价的，按照合理的成本与利润构成的原则，由合同当事人按照“商定或确定”条款确定变更工作的单价。

2. 调价

调价分为市场价格波动引起的调整和法律变化引起的调整。

（1）市场价格波动引起的调整。除专用合同条款另有约定外，市场价格波动超过合同当事人约定的范围，合同价格应当调整。调价方式主要有两种，一种是采用价格指数进行价格调整，另一种是采用造价信息进行价格调整，均已在本章 7.2.1 中进行了介绍，此处不再赘述。

（2）法律变化引起的调整。基准日期后，法律变化导致承包人在合同履行过程中所需要的费用发生除市场价格波动引起的调整约定以外的增加时，由发包人承担由此增加的费用；减少时，应从合同价格中予以扣减。基准日期后，因法律变化造成工期延误时，工期应予以顺延。

因法律变化引起的合同价格和工期调整，发承包双方无法达成一致的，由总监理工程师按“商定或确定”条款的约定处理。

因承包人原因造成工期延误，在工期延误期间出现法律变化的，由此增加的费用和（或）延误的工期由承包人承担。

3. 索赔

1）承包人的索赔

（1）索赔程序。根据合同约定，承包人认为有权得到追加付款和（或）延长工期的，应按以下程序向发包人提出索赔：

① 承包人应在知道或应当知道索赔事件发生后28天内，向监理人递交索赔意向通知书，并说明发生索赔事件的事由；承包人未在前述28天内发出索赔意向通知书的，丧失要求追加付款和（或）延长工期的权利；

② 承包人应在发出索赔意向通知书后28天内，向监理人正式递交索赔报告；索赔报告应详细说明索赔理由以及要求追加的付款金额和（或）延长的工期，并附必要的记录和证明材料；

③ 索赔事件具有持续影响的，承包人应按合理时间间隔继续递交延续索赔通知，说明持续影响的实际情况和记录，列出累计的追加付款金额和（或）工期延长天数；

④ 在索赔事件影响结束后28天内，承包人应向监理人递交最终索赔报告，说明最终要求索赔的追加付款金额和（或）延长的工期，并附必要的记录和证明材料。

（2）对承包人索赔的处理：

① 监理人应在收到索赔报告后14天内完成审查并报送发包人。监理人对索赔报告存在异议的，有权要求承包人提交全部原始记录副本；

② 发包人应在监理人收到索赔报告或有关索赔的进一步证明材料后的28天内，由监理人向承包人出具经发包人签认的索赔处理结果。发包人逾期答复的，则视为认可承包人的索赔要求；

③ 承包人接受索赔处理结果的，索赔款项在当期进度款中进行支付；承包人不接受索赔处理结果的，按照“争议解决”条款的约定处理。

（3）承包人提出索赔的期限：

① 承包人按约定接收竣工付款证书后，应被视为已无权再提出在工程接收证书颁发前所发生的任何索赔。

② 缺陷责任期满承包人提交的最终结清申请单中，只限于提出工程接收证书颁发后发生的索赔。提出索赔的期限至发包人接受最终结清证书时止，即合同终止后承包人就失去索赔的权利。

（4）标准施工合同通用条款中，可以给承包人补偿的条款如下表2所示。

表2　标准施工合同通用条款中可给承包人补偿的条款

序号	款号	主要内容	可补偿内容		
			工期	费用	利润
1	1.10.1	文物、化石	√	√	
2	3.4.5	监理人的指示延误或错误指示	√	√	√
3	4.11.2	不利的物质条件	√	√	
4	5.2.4	发包人提供的材料和工程设备提前交货		√	
5	5.4.3	发包人提供的材料和工程设备不符合合同要求	√	√	√

续表

序号	款号	主要内容	可补偿内容		
			工期	费用	利润
6	8.3	基准资料的错误	√	√	√
7	11.3（1）	增加合同工作内容	√	√	√
8	（2）	改变合同中任何一项工作的质量要求或其他特性	√	√	√
9	（3）	发包人迟延提供材料、工程设备或变更交货地点的	√	√	√
10	（4）	因发包人的原因导致暂停施工	√	√	√
11	（5）	提供图纸延误	√	√	√
12	（6）	未按合同约定及时支付预付款、进度款	√	√	√
13	11.4	异常恶劣的气候条件	√		
14	12.2	发包人的原因暂停施工	√	√	√
15	12.4.2	发包人的原因无法按时复工	√	√	√
16	13.1.3	发包人原因导致工程质量缺陷	√	√	√
17	13.5.3	隐蔽工程重新检查质量合格	√	√	√
18	13.6.2	发包人提供的材料和设备不合格承包人采取补救	√	√	√
19	14.1.3	对材料和设备的重新试验或检验证明合格	√	√	√
20	16.1	附加浮动引起的价格调整		√	
21	16.2	法规变化引起的价格调整		√	
22	18.4.2	发包人提前占用工程导致承包人费用增加	√	√	√
23	18.6.2	发包人原因试运行失败，承包人修复		√	√
24	22.2.2	因发包人违约承包人暂停施工	√	√	√
25	21.3（4）	不可抗力停工期间的照管和后续清理		√	
26	（5）	不可抗力不能按期竣工	√		

2）发包人的索赔

（1）索赔程序。根据合同约定，发包人认为有权得到赔付金额和（或）延长缺陷责任期的，监理人应向承包人发出通知并附有详细的证明。

发包人应在知道或应当知道索赔事件发生后 28 天内通过监理人向承包人提出索赔意向通知书，发包人未在前述 28 天内发出索赔意向通知书的，丧失要求赔付金额和（或）延长缺陷责任期的权利。发包人应在发出索赔意向通知书后 28 天内，通过监理人向承包人正式递交索赔报告。

（2）对发包人索赔的处理：

① 承包人收到发包人提交的索赔报告后，应及时审查索赔报告的内容、查验发包人证明材料；

② 承包人应在收到索赔报告或有关索赔的进一步证明材料后 28 天内，将索赔处理结果答复发包人。如果承包人未在上述期限内作出答复的，则视为对发包人索赔要求的认可；

③ 承包人接受索赔处理结果的，发包人可从应支付给承包人的合同价款中扣除赔付的金额或延长缺陷责任期；发包人不接受索赔处理结果的，按“争议解决”条款的约定处理。

4. 签证

施工合同示范文本中没有关于签订的规定，但建设工程施工活动中却存在很多的签证。

《中华全国律师协会律师办理建设工程法律业务操作指引》对工程签证的定义为：工程签证是工程承、发包双方在施工过程中对合同履行、费用支付、顺延工期、赔偿损失等方面所达成的双方意思表示一致的补充协议。互相书面确认的签证即成为工程结算或最终结算增减工程造价的凭据。

行业内一般认为“现场签证”指：发包人现场代表与承包人现场代表就施工过程中涉及的责任事件所作的签认证明。专指工程建设的施工过程中，发承包双方的现场代表（或其委托人）对施工过程中由于发包人的责任致使承包人在工程施工过程中于合同内容外发生额外的费用或其他与合同约定事项不符的情况，由承包人通过书面形式向发包人提出并予以签字确认的证明。

由此可见，签证上载明的内容可能属于变更、调价、索赔或者其他，是施工合同管理中非常重要的内容，直接关系到责任的分配、造价的计算、合同价款调整等。具体将在施工合同管理部分进行阐述。

7.3 施工合同管理

建设工程施工合同管理的目的在于合同主体通过自身在工程项目合同的订立和履行过程中进行的计划、组织、指挥、监督和协调等管理活动，促使项目各部门、各生产经营环节合理衔接，有序配合，最终实现各自合同目的。市场经济亦即契约经济，任何经济交易活动均离不开合同，合同管理的水平和能力直接影响到交易的效果，甚至是交易的成败。

7.3.1 管理难点

建设工程施工合同管理的难度较大，主要体现在如下方面：

1. 合同履行周期较长

作为工程建设项目的投资人和发包人，其施工合同管理始于立项，涉及项目的设计与施工阶段，并最终延伸到项目交付使用和保修阶段，此即项目建设和经营的全过程，因此施工合同管理的内容非常复杂。

2. 涉及主体较多

建设工程施工合同义务的履行，涉及与工程建设项目有关的多方参与主体，除了施工单位，如行政机关、招标代理机构、造价咨询公司、监理人、保函出具银行、审计部门、保险机构等，都有可能在工程建设的某个阶段和环节直接或间接地影响施工合同的订立和履行，从而导致工程建设项目中合同类型和适用的法律条文的复杂程度提高，对发包人的合同管理能力提出较高的要求。

3. 不确定因素复杂多变

由于工程建设项目投资巨大、建设周期较长，加之合同关系往往涉及多个关联主体，因而在项目建设过程中的风险因素必须通过合同由各方合理分担，发包人必须具备较强的风险管理能力，合理地分担项目风险及与风险有关的损失。

7.3.2　管理原则

建设工程施工合同管理的基本原则是合同当事人订立和履行合同的基础，且应符合国家相关法律法规的规定，主要包括五项内容：

1. 计划为先原则

鉴于工程施工合同具有周期长、不确定性因素多等特点，为了保障工程项目保质按期完成，合同当事人双方均应作好履约计划，履约计划应当包括工期进度计划、工程款支付计划、安全生产计划、环境保护计划等。

2. 目标管理原则

发包人应设立合同管理的目标，如投资控制目标、工期目标、质量目标，确立总体目标之后进行目标的分解，比如将总体目标分解为若干节点工期目标；目标确定之后，便为有的放矢的管理提供了条件，也便于对发包人的管理、承包人的履约以及监理人的工作进行绩效考核，并可以根据考核的情况及时调整管理的方向以及管理力度。

3. 信息通畅原则

建设工程施工合同涉及发包人、监理人、承包人以及分包人和供应商等众多主体之间的信息传递与反馈问题，信息数量巨大，建设工程施工管理活动客观上要求合同信息的传递与反馈满足高效快捷的要求，故在施工管理活动中应当强调信息通畅原则，该种通畅原则不仅是合同主体之间的，还涉及合同各方内部的信息通畅问题，如合同交底、合同变更、合同索赔以及合同结算等各个方面均应予以重视。

4. 分类原则

不同种类的合同，具有不同的特点，应当区别对待，采取不同的方式与程序。分类管理原则体现了合同管理的有效性特点。

5. 全过程管理原则

建设工程施工合同的管理是一个动态过程，是合同主体为了实现项目预期的管理目标，运用管理职能和管理方法对合同订立与履行进行管理的过程。合同管理应当设置专门管理人员，确定合同管理的程序，明确相应分工与职责，实现协作与制衡的有机结合。全过程管理原则说明了合同的过程管理的重要性。合同当事人只有切实遵守合同管理的基本原则，按照合同管理的规律行事，才能减少合同纠纷，保证合同目标的顺利实现。

7.3.3 建设工程施工合同订立前的管理

发包人对建设工程施工合同订立的管理可以划分为订立前管理和合同订立管理。除合同规划工作以外，合同订立前的管理工作，首先必须采取严谨、严肃、认真的态度，做好签订前的准备工作，其次是合同需求确定和市场调研工作，如项目品质和功能需求、市场资源的现状、系列合同的定位、决策等方面。

在发包人角度，主要应结合工程项目的特点和发包人对工程项目的建设要求，考虑工程项目所在地的市场环境和社会法律环境，做好项目整体的合同规划，对承包人的数量、项目发包方式、拟签订的合同种类、合同条件以及合同条款等进行合理的筹划，确保所订立的合同的严谨性和科学性，并保证合同之间的衔接和整体性。

通常而言，发包人在与承包人签订建设工程施工合同前应确保完成以下事项：①工程项目的初步设计已经批准；②工程项目已经列入年度建设计划；③有能够满足施工需要的设计文件和有关技术资料；④建设资金和主要建筑材料设备来源已经落实；⑤招标发包工程，已经完成招投标程序且已经确定中标人。

建设工程施工合同是界定合同当事人权利义务的主要载体，同时也是合同当事人联结市场、实现合同目的和经济效益的基础和纽带。建设工程施工合同订立是否科学、合理、公平直接影响合同的后续履行以及合同目的的实现。为了防止合同履行发生不必要的纠纷、最大限度保证合同当事人的权益，真正做到未雨绸缪，作为建设工程施工合同的发包人，应高度重视建设工程施工合同订立前管理。

7.3.4 建设工程施工合同的招标管理

1. 严格按照《招标投标法》规定组织招投标

根据《招标投标法》的规定，工程建设项目可以分为依法必须进行招标的项目和非必须招标的项目，对于必须进行招标的项目，发包人必须通过招标的方式确定中标人，并与之签订建设工程施工合同，否则，在这种情形下，非但发包人与承包人签订的建设工程施工合同会被认定无效，而且相关责任人将受到行政处罚。对于非必须招标的项目，发包人可以直接选择承包人并与之签订建设工程施工合同，也可以选择招标方式确定承包人。但是，发包人只要选择以招标方式选择承包人的，就要遵守《招标投标法》及相关法规对招标程序的规定。

2. 避免常见的招标违法行为

发包人在招标时，应严格按照招标投标相关法律法规及规范性文件要求组织招标，避免因招标违法导致重新招标，或因影响到实质性内容导致中标无效。实践中常见的违法招标行为有：

(1)“不具备招标条件的招标”的情形。《招标投标法》第九条对组织招标的条件作出了规定，招标人必须在具备该条规定的招标条件的情况下才可以组织招标。具体包括两个条件，首先为招标项目应按照国家有关规定需要履行项目审批手续的，应当先履行审批手续，取得批准。其次为招标项目的相应资金或者资金来源已经落实，并应当在招标文件中如实载明。

（2）“两次招标”的情形。“两次招标”情形表现为：发包人在进行工程发包时，先不对外公开进行招标，而是先邀请部分施工企业组织进行内部招标，并通过内部招标确定中标人，然后招标人再委托招标代理机构按法定程序组织形式招标，最终由已内定的中标人再次在外部备案的招标程序中中标。此种情况下的招标仅仅是为了完成法律要求的必须履行的招标程序而已，中标人依然是内部招标中确定的中标人。该提前确定中标人及此后的形式招标均违反了《招标投标法》和《招标投标法实施条例》的规定。

（3）“补办招标手续”的情形。“补办招标手续”情形表现为：依法必须招标的项目，发包人先确定一家施工单位，且在该施工单位已进场施工之后，发包人再组织补办招标程序。该种情形下的招标明显“程序倒置”，招标人后补招标程序仅仅是在走形式，显然，该种做法是与《招标投标法》的规定及立法精神相违背的，并存在中标前进行实质性谈判、招标人与投标人相互串通、投标人之间相互串通等多种违法行为交织。故发包人的“补办招标手续”的行为将引发相应的行政责任、民事责任，情节严重的，还需承担刑事责任。

（4）“不具备自行招标条件的发包人自行组织招标”的情形。该类情形表现为：发包人不委托招标代理机构组织招标而自己组织招标。招标人要自行组织招标，必须具备自行组织招标的能力。《工程建设项目自行招标试行办法》第四条规定，招标人自行办理招标事宜，应当具有编制招标文件和组织评标的能力，具体包括：具有项目法人资格（或者法人资格）；具有与招标项目规模和复杂程度相适应的工程技术、概预算、财务和工程管理等方面专业技术力量；有从事同类工程建设项目招标的经验；拥有 3 名以上取得招标职业资格的专职招标业务人员；熟悉和掌握招标投标法及有关法规规章。如发包人在不具备上述自行组织招标的条件下组织招标，且该种行为对中标结果造成实质性影响且无法补救的，根据《招标投标法实施条例》第八十一条的规定，招标将可能被认定为无效。

对于依法必须招标的项目，招标工作能够及时且合法完成，则建设工程施工合同便可以尽早缔结，而且合同的有效性也可得以保证，如招标无效，则需要重新招标，建设工程施工合同签订的期限将推迟，工程的进度将受到严重影响。

7.3.5　建设工程施工合同订立时的管理

作为建设工程施工合同的主体，发包人和承包人在订立建设工程施工合同时，应注意以下问题：

1. 依法采用书面形式

《民法典》和《建筑法》明确规定，建设工程施工合同应采用书面形式。在实践中，对于依法必须招标的项目，当事人可以根据《2017 版施工合同》确定通用合同条款和协议书，同时可根据项目实际情况，借鉴其他示范合同文本和《FIDIC 合同条件》，完善专用合同条款。

2. 审□承包人主体资格

建设工程施工合同双方当事人的主体资格具有特殊性。作为合同的发包人，必须注意承包人是否具有承包该工程项目的相应资质。依照《建筑法》第二十六条规定，承包建筑工程的单位应当持有依法取得的资质证书，并在其资质等级许可的业务范围内承揽工程，同时规定禁止建筑施工企业超越本企业资质等级许可的业务范围或者以任何形式用其他建筑施工企业的名义承揽工程，如承包人不具有合法资格，将面临施工合同无效的后果，因不具备相应资质较大程度上会影响到工程施工的质量安全。

3. 审□合同条款

为确保合同的有效履行，减少履约过程中可能产生的争议，首先，必须对合同条款严格审查，如工程范围、建设工期、中间交工、工程开工和竣工时间、工程质量、工程造价、技术资料交付时间、材料和设备供应责任、付款和结算、农民工工资支付、履约担保、交工验收、质量保证期等，均须有明确规定；其次，对合同中的重要条款进行重点审查，如对合同中非常重要但较难控制的价格条款以及价格调整条款，在签约时应明确调价程序和方法。另外，对诸如计量支付、竣工结算等重要条款，尽可能制订齐备，用语准确、严密，最终达到维护当事人的合法权益，避免和减少纠纷的目的；最后，对合同生效方式也应当注意，实践中应注意合同加盖的公章应与合同当事人名称相一致，并有法定代表人或授权代表签名，法定代表人身份证明或授权代表委托书应作为合同附件。

4. 避免签订黑白合同

黑白合同又称阴阳合同，是指建设工程施工合同的当事人就同一建设工程签订的两份或两份以上实质性内容背离的合同。“白合同”就是经过招投标备案的合同，即备案合同，“黑合同”就是指改变了备案合同实质性内容的合同，即实际履行合同。所谓备案合同的实质性内容主要指的是工期、价款、质量和承包范围等条款。工程实践中，签订黑白合同的情况比较常见，大量工程纠纷均因黑白合同结算产生异议而起，扰乱了建筑市场招标投标秩序，当事人合法权益保护受到影响。

7.3.6 建设工程施工合同履行管理

建设工程施工合同的履行是指合同依法成立以后，当事人按照约定的合同内容和合同履行方式，全面完成各自所承担的合同义务和法定义务，从而实现当事人合同目的的整个过程。为了有效确保施工合同的履行，应建立适宜的施工合同履行保证体系，包括合同履行目标确定，与项目施工管理有机地结合，从职责、内容、资源和程序等方面形成完整的管理系统，以降低合同实施过程的风险。施工合同的履行保证体系应围绕项目投资控制、进度控制和质量安全控制等核心目标进行，有效实现合同当事人的责任和义务，并通过落实目标管理和全过程绩效评价等方法，提升合同管理的效率和效益。以下对施工合同履行过程中的几个重点方面予以介绍。

1. 施工合同工期管理

对于建设工程施工合同，工期是建设工程施工合同的核心要素，对于施工合同的履行，发包人和承包人应当从以下方面加强对合同工期的管理：

(1) 及时办理与开工有关的手续，确定实际开工与竣工时间。发包人在工程建设过程中应当遵循法律规定的施工许可管理规定，办理有关施工许可手续。同时，工期作为合同的实质性内容，发包人在签订施工合同之后，不得随意调整工期。与此同时，对于依法必须实行监理的项目，发包人应当在监理合同中同时约定，监理人在发出开工通知时，应当征得发包人的同意，并且同样需要满足法律规定和合同约定的开工条件。发包人还应按照合同的约定，为承包人履行施工合同提供必要条件，如施工场地，施工需用的电、水、气、施工图纸等等，如发包人不能按期为承包人提供施工条件的，则工期可以顺延，发包人还应向承包人赔偿损失。

（2）及时确定施工组织设计方案，明确节点工期和施工过程的组织实施。承包人应当按照合同约定的时间提交详细的施工组织设计文件，明确施工条件和各项资源实施的计划。如有其他施工单位共同在一个施工现场施工，应当与发包人、其他施工单位签署现场统一管理协议，就现场统一管理的职责、权利和义务、费用计算与承担和违反义务的后果等方面约定明确。

在施工过程中，发包人应当注意与监理人共同关注工程进度的实施情况，并就承包人节点工期实施情况实施控制管理。监理人应当在合同履行过程中按照法律与合同的规定，积极完成其旁站式、平行式监督检验工作，并就存在的问题与缺陷及时发出改正指示。

（3）正确处理延期事件，确保工程按期竣工。工期延误事件包括因发包人原因、因承包人原因和其他客观原因等方面造成的延误。发包人应当督促承包人按照施工进度计划进行施工，如承包人的施工进度严重滞后于进度计划，发包人可要求承包人限期整改，如承包人的整改措施仍然不力的，以至于发包人的缔约目的无法实现的，发包人有权解除合同、重新选择承包人等方式解决工期的严重滞后问题，该种情形下，发包人有权要求承包人赔偿因解除合同所造成的损失。

无论是何种原因导致工期延误，作为合同主体的任何一方，均应当遵循合同法的诚信原则，不得扩大损失，不得因一方的违约而获得违法利益。同时，无论对于发包人还是承包人，工期都是至关重要的。对于发包人而言，工程能否按约完工，决定着其能否按计划使用发包工程，对于房地产开发商而言，如果工期延误，向客户交房的时间将不得不延误，因延迟交房导致房地产开发商与客户之间产生纠纷，客户将会向房地产开发商索赔；对于承包人而言，如因其原因延误工期不仅会导致其投入工程的成本增加，获得的利润减少，而且会因延误工期而需向发包人支付逾期竣工违约金。基于工期的重要性，科学的工期管理是十分必要和重要的。

2. 施工合同质量管理

工程质量是发包人合同的核心目的所在，为此，加强对施工质量的监管对发包人而言是非常重要的。在施工合同质量管理过程中应当注意以下问题：

（1）根据合同约定的质量标准进行全过程质量控制，以促进实现过程质量目标。如约定工程质量应达到“鲁班奖”标准的，则应当在施工过程中，监督控制工程设计指标、分部分项工程质量均满足鲁班奖的评定标准要求，以确保整体工程最终满足鲁班奖的评定条件。通常情况下，发包人作为投资人，一般不具备管理工程质量的能力，因此委托监理机构对工程质量进行管控显得格外重要，故发包人应当在监理合同中明确监理工作的目标和要求，以落实工程质量管理的目标。

（2）发包人应参与工程质量验收活动。工程质量验收包括进场材料设备的验收、过程节点和隐蔽验收、竣工验收，其中竣工验收是工程合同履行的重要节点，工程通过竣工验收的，承包人有权获得发包人支付全部工程价款，发包人才能将工程投入使用。为此，发包人应高度重视竣工验收，验收不合格的，应要求承包人整改。待整改后重新进行验收，并确保竣工验收合格后方可交付使用。

（3）缺陷责任期和保修期内的工程质量维护管理。发包人在缺陷责任期和保修期内发现工程质量缺陷和问题的，应及时书面通知承包人，要求承包人予以维修，并对引起的维修费用进行清算，非承包人原因产生缺陷的维修费用由责任方承担。对于不属于承包人维修范围内的缺陷，发包人应及时委托第三方予以维修，避免缺陷扩大。

3. 变更管理

一般情况下，建设工程施工合同在履行中往往会发生变更，变更的发生会导致工期的变化，也会对合同价款造成影响，而且变更极易引发工程纠纷。鉴于变更以及变更计价的复杂性，加强对建设工程施工合同中的变更控制和管理，具有重要的现实意义。

1）首先区分变更的情形

根据《建设工程工程量清单计价规范》，工程变更是指合同工程实施过程中由发包人提出或由承包人提出合理化建议经发包人批准的合同工程任何一项工作的增、减、取消或施工工艺、顺序、时间的改变，设计图纸的修改，施工条件的改变，招标工程量清单的错漏从而引起合同条件的改变或工程量的增减变化。

通常情况下，施工合同履行过程中的变更事项包括：增加或减少合同中任何工作，或追加额外的工作；取消合同中任何工作，但转由他人实施的工作除外；改变合同中任何工作的质量标准或其他特性；改变工程的基线、标高、位置和尺寸；改变工程的时间安排或实施顺序等。

2）工程变更程序管理

鉴于变更管理的复杂性，一般在施工合同中应当对于变更的操作程序予以明确。《2017版施工合同》中详细规定了变更的程序，对发包人提出变更、监理人提出变更建议以及变更的执行提出了规范要求。对此应重点关注如下几个方面：

（1）关于变更的提出。发包人提出变更的，应通过监理人向承包人发出变更指示，该变更指示应指明变更事项的工程范围和变更的内容。

（2）关于变更的影响。监理人提出变更建议的，因尚需获得发包人的批准，该变更建议需要提交书面形式，并列明计划变更工程范围和变更的内容与理由，以及实施该变更对合同价格和工期的影响。监理人的变更建议是具体和可操作的，应当具体到图纸、标准、范围、数量、价格等方面，尤其应该测算对合同工期和价格变化的影响。发包人同意监理人变更建议后，监理人方可向承包人发出变更指示，发包人不同意变更的，监理人不得向承包人发出变更指示。

（3）关于变更的执行。承包人在收到监理人下达的变更指示后，认为该变更不能执行的，应立即提出不能执行该变更指示的理由。在坚持发包人作为变更权批准主体的同时，充分考虑到承包人作为有经验的一方，有能力就发包人变更指令的合理性、科学性、经济性、可行性等问题提出意见，有利于充分发挥承包人的专业优势，激发承包人主观能动性，且有助于避免因变更不当而造成损失。发包人收到承包人不能执行变更指令的理由后，应当审慎考虑，如承包人的理由能够成立的，发包人应通过监理人通知承包人停止执行该变更指令。

4. 施工合同的索赔管理

索赔是工程承包中经常发生的正常现象，对施工合同双方而言，索赔是维护双方合法利益的权利，其与合同条件中的合同责任一样，构成严密的合同制约关系。建设工程施工合同中的索赔是双向的，包括发包人索赔和承包人索赔两个方面，通常情况下，将承包人向发包人的索赔简称“索赔”，将向承包人的索赔称为“反索赔”。工程实践中，承包人的索赔请求通常表现为工期的延长和费用的补偿。发包人对承包人的索赔一般包括因工期延误和质量问题导致的扣减工程价款和延长缺陷责任期等方面。

施工合同履行过程中影响索赔的事件多，因素复杂，故合同各方必须认真对待工程索赔，建立索赔管理工作机制，将索赔管理贯穿于工程项目全过程、工程实施的各个环节，以及时解决由此引起的费用和工期管理问题。

1）索赔的原因

无论是发包人索赔还是承包人索赔，均必须具有合理理由方可得到支持。工程建设项目本身特点是投资大、工期长，参与者多，且所处环境有许多不确定性，因此索赔经常发生，且数额较大甚至巨大。归纳起来，根据索赔发生的原因不同，具体可分如下几种情况：

（1）合同一方违约引发的索赔。合同一方发生违约行为，守约方有权依据合同规定的索赔程序向违约方主张费用的追加或扣减和工期的顺延或缺陷责任期的延长。如发包人未及时交付场地，提供图纸，未按合同规定将施工所需水电线路接至约定地点，未及时交付发包人负责的材料和设备等，或承包人因劳动力不足引发工期延误等事件。

（2）对合同条款理解的不同。由于施工合同条款多，相关文件多，合同中难免有考虑不周的条款、缺陷和不足之处，如措辞不当、说明不清、不同语言之间的翻译不准等都会导致双方对责任、义务和权利的争执，从而引发索赔。

（3）施工外部环境变化。工程项目本身和工程环境有许多不确定性，技术环境、经济环境、政治环境、法律环境等的变化均会导致工程的计划实施过程与实际情况不一样，这些因素均有可能导致施工工期和费用变化，承包人可依据相关合同条款进行索赔。

（4）其他原因引起的索赔。包括发包人指定的分包商出现工程质量不合格、工程进度延误等违约情况；合同范围内未明确说明，但对施工造成费用和工期增加；施工过程设计有误因设计修改而引起的变更等。

索赔的根本目的在于保护自身利益，追回损失。为保证索赔工作顺利进行，实现赔付目的，索赔主体既要严格遵守损失求偿的公平合理的原则，又要谨慎及时地按照索赔程序进行索赔。

2）索赔程序

索赔工作应严格按照合同约定的程序进行，否则将影响索赔工作的正常进行，严重的将导致索赔无效或失权。按照国际与国内施工合同的交易惯例，索赔程序一般包括两个阶段：

阶段一：索赔意向通知。索赔事件发生后，承包人必须迅速作出反应，在合同约定时间内，向发包人发出书面索赔意向通知，声明对索赔事件提出索赔意向，明确提出索赔的合同依据。《2017 版施工合同》中明确规定，承包人应在知道或应当知道索赔事件发生后 28 天内，向监理人递交索赔意向通知书，并说明发生索赔事件的事由。承包人未在前述 28 天内发出索赔意向通知书的，丧失要求追加付款和延长工期的权利。由此可以看出，索赔的时限要求非同一般条款约定，合同当事人应当认真谨慎对待该条款的适用。

阶段二：起草并提交索赔报告。提交索赔意向通知后及索赔事件影响结束后，承包人应当在一定时间内提交正规索赔报告，包括索赔报告、账单、各种书面证据等。对于索赔事件有持续影响的，还应出具中期报告。在这个过程中发承包人均有大量的管理工作，包括对索赔事件起因、过程、状况的调查；对其原因进行分析评价，分清责任；以实际损失为依据，收集相关证据，以合理的计算方法计算损失；在干扰事情结束前做好同期的相关记录；最后起草并提交有理有据、准确可靠的索赔报告。编写索赔报告应注意以下问题：

（1）索赔报告的基本要求：

第一，必须说明索赔事件应当符合法律规定和合同约定，并列出证明资料。即基于何种事件、何种理由提出索赔请求。具体包括事件描述、影响描述、后果描述以及各部分的证明资料。

第二，必须说明工期延误以及损失金额的具体明细以及依据。

第三，说明前述事件与损失之间的因果关系、关联性，并附依据资料。

（2）索赔报告内容应当准确。责任分析应清楚、准确，索赔值的计算依据要正确，计算结果要准确，措辞要婉转和恰当。

（3）索赔报告应当简明扼要、条理清楚，为便于对方由表及里、由浅入深地阅读和了解，注意对索赔报告形式和内容的安排。

索赔报告编制完毕后，应及时提交合同约定的接收人，通常情况下为工程师或监理人。索赔报告提交后，承包人不能被动等待，应间隔一定时间主动向对方了解索赔处理进展，包括发包人（或监理人）通过审查报告可能提出的反驳或疑问，此时承包人应及时作好提交具体索赔资料的准备。

3）工程索赔费用计算

索赔事件发生后，正确计算索赔损失，直接牵涉到索赔人的利益。工程索赔费用的计算主要与工期延误、成本损失以及利益损失有关。不同原因引起的索赔，其费用的具体内容有所不同，一般由合同管理人员与造价管理人员共同完成该部分工作。

4）索赔的解决

从项目管理角度，合理的索赔应得到及时合理的解决。承包人自提交索赔报告后，发包人必须在合同规定期限内对索赔要求核实调查并作出答复。这个阶段工作的重点即为审查评估索赔报告，并尽量通过谈判、协商、调解、争议评审等方式解决争议。最终无法解决的索赔问题，可以由合同当事人按照合同约定的仲裁或诉讼等方式解决。

纵观整个索赔过程，合同当事人应当及时完成对索赔的确认，并有义务防止损失的进一步扩大，同时还应确保索赔的及时性、证据的完备性和充分性、索赔计算的准确性。

7.4　分包合同的概述

7.4.1　分包合同的概念

建筑业承包人会在法律法规允许的范围内经过发包人同意，将承包范围内的部分专业工程采用分包形式交由其他有资质的施工企业完成，如装饰装修工程、幕墙工程、钢结构工程、劳务等。分包工程的施工由分包单位进行，但纳入承包人的施工总承包管理之中，其就分包工程的工期直接向发包人负责，对分包工程的质量向发包人承担连带责任。也是因为有专业分包的存在，建设工程施工的管理相较于其他行业更为复杂。

7.4.2　分包合同的特点

与施工合同相同，分包合同亦属于建设工程合同体系内，应当签订书面合同。

分包单位应当具有资质并在资质等级范围内承接工程，受行政法律法规、规范性文件的监管和约束等。除了该特点，分包合同本身主要特点即分包工程范围受到法律法规的约束。

《民法典》第七百九十一条第三款规定："禁止承包人将工程分包给不具备相应资质条件的单位。禁止分包单位将其承包的工程再分包。建设工程主体结构的施工必须由承包人自行完成。"《建筑法》第二十九条第一款规定："建筑工程总承包单位可以将承包工程中的部分工程发包给具有相应资质条件的分包单位；但是，除总承包合同中约定的分包外，必须经建设单位认可。施工总承包的，建筑工程主体结构的施工必须由总承包单位自行完成。"由此可知，其一，分包单位不得将其所施工程再分包；其二，建设工程主体结构的施工不得分包。

《建筑工程施工发包与承包违法行为认定查处管理办法》（建市规〔2019〕1 号）第十一条规定："本办法所称违法分包，是指承包单位承包工程后违反法律法规规定，把单位工程或分部分项工程分包给其他单位或个人施工的行为。"第十二条规定："存在下列情形之一的，属于违法分包：（一）承包单位将其承包的工程分包给个人的；（二）施工总承包单位或专业承包单位将工程分包给不具备相应资质单位的；（三）施工总承包单位将施工总承包合同范围内工程主体结构的施工分包给其他单位的，钢结构工程除外；（四）专业分包单位将其承包的专业工程中非劳务作业部分再分包的；（五）专业作业承包人将其承包的劳务再分包的；（六）专业作业承包人除计取劳务作业费用外，还计取主要建筑材料款和大中型施工机械设备、主要周转材料费用的。"由此可知，其一，单位工程或分部分项工程不得分包；其二，钢结构工程不属于主体结构，属于专业分包工程，可分包；其三，专业分包单位可以将其所施工程中的劳务再分包，但劳务分包人即专业作业承包人不得再行将劳务分包。

7.4.3　分包合同示范文本

原建设部（已撤销）、原国家工商行政管理总局（已撤销）于 2003 年 8 月 13 日发布了《建设工程施工专业分包合同（示范文本）》（GF-2003-0213）和《建设工程施工劳务分包合同（示范文本）》（GF-2003-0214），便于与《1999版施工合同》配套使用。其后，《2013版施工合同》发布后，2014年6月17日，中华人民共和国住房和城乡建设部建筑市场监管司发布了《建设工程施工专业分包合同（示范文本）》（征求意见稿）和《建设工程施工劳务分包合同（示范文本）》（征求意见稿）。

事实上，建设工程施工活动中，施工合同示范文本多被发承包双方参考采用，但专业分包合同和劳务分包合同，承包人多采用自行起草的版本，相关示范文本并不为市场主体所熟知，本书便不再过多阐述。

7.5 分包合同的订立和履行

7.5.1 分包合同的订立

以《建设工程施工专业分包合同（示范文本）》（GF-2003-0213）专用条款为例，订立专业分包合同时需要明确的内容主要包括：

1. 分包工程的范围和时间要求

通过招标选择的分包人，工作内容、范围和工期要求已在招投标过程中确定，若是直接选择的分包人以上内容则需明确写明。对于分包工程拖期违约应承担赔偿责任的计算方式和最高限额，也应在专用条款中约定。

2. 分包工程施工应满足施工总承包合同的要求

为了能让分包人合理预见分包工程施工中应承担的风险，以及保证分包工程的施工能够满足总承包合同的要求，承包人应让分包人充分了解总承包合同中除了合同价格以外的各项规定，使分包人履行并承担与分包工程有关的承包人的所有义务与责任。当分包人提出要求时，承包人应向分包人提供一份总承包合同（有关承包工程的价格内容除外）的副本或复印件。

无论是承包人通过招标选择的分包人，还是直接选定分包人签订的合同均属于当事人之间的市场行为，因此分包合同的承包价款不是简单地从总承包合同中切割，承包人与分包人应结合总承包合同约定并基于分包项目特性确定分包合同的计价方式和计价依据及相应的支付条件和结算条款。

3. 承包人为分包工程施工提供的协助条件

1）提供施工图纸

分包工程的图纸来源于发包人委托的设计单位，可以一次性发放或分阶段发放，因此承包人应依据主合同的约定，在分包合同专用条款内列明向分包人提供图纸的日期和套数，以及分包人参加发包人组织图纸会审的时间。

专业工程施工经常涉及使用新工艺、新设备、新材料、新技术，可能出现分包工程的图纸不能完全满足施工需要的情况。如果承包人按照总承包合同的要求，委托分包人在其设计资质等级和业务允许的范围内，在原工程图纸的基础上进行施工图深化设计时，设计的范围及发生的费用，应在专用条款中约定。

2）施工现场的移交

在专用条款内约定，承包人向分包人提供施工场地应具备的条件、施工场地的范围和提供时间。

3）提供分包人使用的临时设施和施工机械

为了节省施工总成本，允许分包人使用承包人为本工程实施而建立的临时设施和某些施工机械设备，如混凝土拌和站、提升装置或重型机械等。分包人使用这些临时设施和工程机械，有些是免费使用，有些是需要付费使用，因此在专用条款内需约定承包人为分包工程的实施提供的机械设备和设施，以及费用的承担。

7.5.2　分包合同的履行

1. 承包人协调管理的指令

承包人负责整个施工场地的管理工作，协调分包人与同一施工场地的其他分包人及自己施工可能产生的交叉干扰，确保分包人按照批准的施工组织设计进行施工。

1）承包人的指令

由于承包人与分包人同时在施工现场进行施工，因此承包人的协调管理工作主要通过发布一系列指示来实现。承包人随时可以向分包人发出分包工程范围内的有关工作指令。

2）发包人或监理人的指令

发包人或监理人就分包工程施工的有关指令和决定应发送给承包人。承包人接到监理人就分包工程发布的指示后，将其要求列入自己的管理工作范围，并及时以书面确认的形式转发给分包人令他遵照执行。

为了准确地区分合同责任，分包合同通用条款内明确规定，分包人应执行经承包人确认和转发的发包人和监理人就分包范围内有关工作的所有指令，但不得直接接受发包人和监理人的指令。合同内作出此项规定的目的：一是分包工程现场施工的协调管理由承包人负责，如果同一时间分包人分别接到监理人和承包人发出的两个有冲突的施工指令，则会造成现场管理的混乱；二是监理人的指令可能需要承包人对总包工程的施工与分包工程的施工进行协调后才能有序进行；三是分包人只与承包人存在合同关系，执行未经承包人确认的指令而导致施工成本增加和工期延误情况时，无权向承包人提出补偿要求。

2. 计量与支付

1）工程量计量

无论监理人参与或不参与分包工程的工程量计量，承包人均需在每一计量周期通知分包人共同对分包工程量进行计量。分包人收到通知后不参加计量，承包人的计量结果有效，作为分包工程价款支付的依据；承包人不按约定时间通知分包人，致使分包人未能参加计量，计量结果无效，分包人提交的工程量报告中开列的工程量经过承包人确认后，应作为分包人获得工程进度款的依据。

2）分包合同工程进度款的支付

承包人依据计量确认的分包工程量，乘以总承包合同相应的单价计算的金额，纳入支付申请书内。获得发包人支付的工程进度款后，再按分包合同约定单价计算的款额支付给分包人。

3. 变更管理

分包工程的变更可能来源于监理人通知并经承包人确认的指令，也可能来源于承包人根据施工现场实际情况自主发出的指令。变更的范围和确定变更价款的原则与总承包合同规定相同。

分包人应在工程变更确定后约定期限内向承包人提出变更分包工程价款的报告，经承包人确认后调整合同价款；双方可以在分包合同中约定，若分包人在双方确定变更后约定期限内未向承包人提出变更分包工程价款的报告，视为该项变更不涉及合同价款的调整。

4. 分包工程的竣工管理

1）竣工验收

（1）发包人组织验收。分包工程具备竣工验收条件后，分包人向承包人提供完整的竣工资料及竣工验收报告。双方约定由分包人提供竣工图的，应在专用条款内约定提交日期和份数。

承包人应在收到分包人提供的竣工验收报告之日起 3 日内通知发包人进行验收，分包人应配合承包人进行验收。发包人未能按照总承包合同及时组织验收时，承包人可以按照总承包合同规定的发包人验收的期限及程序自行组织验收。

（2）承包人验收。根据总承包合同无需由发包人验收的部分，承包人应按照总承包合同约定的程序自行验收。

（3）分包工程竣工日期的确定。除双方另有约定外，分包工程竣工日期为分包人提供竣工验收报告之日。需要修复的，为提供修复后竣工报告之日。

2）分包工程的移交

（1）分包工程的竣工结算。分包工程竣工验收报告经承包人认可后 14 天内，分包人向承包人递交分包工程竣工结算报告及完整的结算资料。承包人收到分包人递交的分包工程竣工结算报告及结算资料后 28 天内进行核实，给予确认或者提出明确的修改意见。承包人确认竣工结算报告后 7 天内向分包人支付分包工程竣工结算价款。双方当事人可以对分包工程结算的期限结合项目实际情况另行做出约定。

（2）分包工程的移交。分包人应按分包合同约定将竣工工程交付承包人。总体工程竣工验收后，再由承包人移交给发包人。

5. 索赔管理

分包合同履行过程中，当分包人认为自己的合法权益受到损害，不论事件起因于发包人或监理人的责任，还是承包人应承担的义务，分包人都只能向承包人提出索赔要求，并保持影响事件发生后的现场同期记录。

1）应由发包人承担责任的索赔事件

分包人遇到不利外部条件等根据分包合同可以索赔的情况，分包人可按照分包合同约定的索赔程序向承包人提出索赔要求。承包人分析事件的起因和影响，并依据两个合同判明责任后，在收到分包人索赔报告后 21 天内给予分包人明确的答复，或要求进一步补充索赔理由和证据。如果认为分包人的索赔要求合理，及时按照主合同规定的索赔程序，以承包人的名义就该事件向监理人递交索赔报告。

承包人依据总包合同向监理人递交任何索赔意向通知和索赔报告要求分包人协助时，分包人应提供书面形式的相应资料，以便承包人能遵守总承包合同有关索赔的约定。双方可在分包合同中约定，如果分包人未予积极配合，使得承包人涉及分包工程的索赔未获成功的，则分包人不得就此再向承包人提出索赔。

2）应由承包人承担责任的事件

索赔原因往往是由于承包人的违约行为或分包人执行承包人指令导致。分包人按规定程序提出索赔后，承包人与分包人依据分包合同的约定通过协商解决。

7.5.3　实践中分包合同的付款和结算

如前文所述，建设工程活动中，承包人较少采用分包合同示范文本，多自行起草分包合同进行签署，主要原因便在于总承包人为转移风险及付款压力，多与分包人约定"背靠背"条款，即在分包合同中约定，以建设单位行为满足相关条件作为总承包人向分包人履行（或确定）义务的前提。具体可分为"背靠背"支付条款、"背靠背"签证条款及"背靠背"结算条款等。

司法审判实践中，关于背靠背条款的性质、效力等多有争议，相关风险将在合同管理部分予以提示，此处主要阐述介绍相关约定之内容。

1. 背靠背支付

在进度款上要求分包人应及时申报分包工程进度款，承包人将纳入总包进度款申报给发包人，待发包人审核支付后一定期限内，承包人按审核金额及约定比例向分包支付，并明确约定对分包付款以发包人对承包人的相应付款为必要前提条件；分包人逾期申报的，当期进度款不予支付，纳入下期进度款中支付。

在结算款上，亦明确约定对分包结算付款以发包人对承包人的结算付款为必要前提条件，须待发包人向承包人支付后一定期限内，承包人方按审核金额及约定比例向分包人支付。亦可约定分包工程结算造价不得超出发包人对承包人所确认的分包工程结算造价。

2. 背靠背签证

一般要求发生的工期顺延、费用增加（变更、调价）、索赔等，需经发包人确认且实际支付给承包人为必要前提条件，发包人未予确认或支付的，承包人不承担任何责任。

7.6　分包合同的管理

7.6.1　分包合同主要内容组成

建设工程施工专业分包合同示范文本由合同协议书、通用合同条款和专用合同条款三部分组成。通用合同条款的合同要素包括一般约定、承包人、分包人、分包工程质量、安全文明施工、环境保护与劳动用工管理、工期和进度、材料与设备、试验和检验、分包合同变更、合同价格、价格调整、计量、工程款支付、成品保护、试车、完工验收、分包工程移交、结算和最终结清、缺陷责任期与保修期、违约、不可抗力、保险、索赔、争议解决。专用合同条款是对通用合同条款原则性约定的细化、完善、补充、修改或另行约定的条款。合同当事人可以根据不同建设工程的特点及具体情况，通过双方的谈判、协商对相应的专用合同条款进行修改补充。

7.6.2 关于分包合同的管理应当注意以下问题

1. 分包人的选择

专业分包人的选择应当考虑和考察如下因素：法人资格、营业执照等；企业是否具有与分包工程相应或更高的企业资质；从事类似工程项目的经验、完成的绩效情况、企业信誉等；企业财务状况；基础设备情况；管理人员的素质。

2. 分包合同的订立管理

在分包合同订立时，应当注意：

（1）分包合同的内容应有利于总体工程目标的实现。尽管分包合同所对应的工程施工仅为总体工程的一部分，但该部分出现质量问题或者施工进度延误会直接影响总体工程的质量和进度。分包合同订立时，应强调分包合同应当遵守总承包合同，分包人应当配合和服从总承包人的统一安排，并就其负责的分包工程对总承包人承担全部责任，对发包人承担连带责任。

（2）分包合同的内容应服从于总承包合同。尽管总承包合同与分包合同的合同主体并不完全相同，根据合同相对性的原理，二者相互独立。但是，分包合同是为了完成总承包合同而服务的，因此分包合同中的技术标准、质量要求等相应条款应与总承包合同的要求相同。

（3）各分包人之间的协调。在同时存在多个分包合同的工程项目中，分包人之间的协调工作不仅是必要的而且具有重要性，分包人之间若产生冲突矛盾可能导致整个工程进度迟延和停滞。对于有多个分包人的工程项目，总承包人应当考虑并做好协调与沟通问题。

（4）对分包人的制约。由于发包人并非分包合同当事人，为了保证分包人提供的工作成果能够满足发包人的要求，总承包人有必要对分包人采取一定的制约，如要求分包人提供各种保函等，以此保证分包人能服从指挥与安排，认真履行施工分包合同义务，实现工程项目的总体目标。

（5）对于暂估价分包合同的签订。若暂估价项目属于依法必须招标的项目，则可以由总承包人通过招标选择分包人，也可以由发包人与总承包人共同招标，选定分包人并签订三方协议；对于不需要进行招标的暂估价分包，则可以由总承包人确定分包人后报发包人批准同意，也可以由发包人与总承包人协商确定分包人。

3. 分包合同的履行管理

从管理主体而言，主要有以下三个方面：

（1）发包人对总承包合同的管理。发包人作为建设工程项目的投资方和施工总承包合同的当事人，其有权对总承包合同进行管理。在发包人管理总承包合同的过程中，不可避免地会涉及对分包工程的相关管理。

（2）监理人对分包工程的管理。监理人对总承包合同的工作内容进行审查时，必然涉及对分包工程项目的审查。监理人所发布的指示涉及分包合同时，可以要求总承包人同时送达分包人。

（3）总承包人对分包合同的管理。总承包人作为施工总承包合同和分包合同的当事人，一方面对发包人承担整个工程施工合同按期实现目标的义务，另一方面在分包合同中又负有妥善管理的责任。特别是对分包合同的管理，总承包人应当对分包人的施工进行监督和协调，并就分包工程与分包人一起向发包人承担连带责任。

4. 分包合同的工期管理

（1）承包人应当将分包工程工期纳入施工总进度计划，存在多个分包工程且施工界面或工序存在交叉的，需要整体统筹，合理安排人材机。分包人亦应当依据分包合同约定以及承包人要求的工期计划施工，合理安排人、材、机和工序的穿插、衔接工作，尤其是和其他施工单位存在交叉施工界面以及施工工序的情况下。

（2）对于承包人而言，分包人原因导致工期延误的，需及时调整工期进度计划，合理抢工，避免造成总工期延误，而向发包人承担责任；同时需做好向分包人的索赔工作。

对于分包人而言，如因发包人、承包人或其他分包人原因，如工程变更、存在施工界面交叉或施工工序交叉情形下，其他施工单位工期延误，工程进度款审核支付超期等，分包人应当依据合同约定，及时提出工期顺延申请；若发包人或承包人要求赶工，分包人接受的，应做好相应的赶工计划供承包人、发包人或监理审核，经各方批准后再行实施。

5. 分包合同的质量管理

对于承包人而言，工程质量是否合格，首先直接关系是否有权获取工程款，其次关系到其是否就分包工程质量向发包人承担连带责任。因此，其应当对分包人所施工程质量严格管理。按分包合同之约定对隐蔽工程进行检查检测，组织分包工程竣工验收等。

分包人应当依据分包合同约定，相关隐蔽工程施工完成，拟进入下道工序或覆盖的，应当通知承包人、监理人、发包人进行检查检测，经检查检测合格的方可进入下道工序施工或覆盖。否则，擅自进入下道工序或覆盖的，承包人、监理人、发包人均有权要求进行检查检测，相关费用将由分包人承担。若系因承包人、监理人或分包人原因导致未能进行检查检测的，重新检测合格的，延误的工期和费用责任由责任方承担；若检测不合格的，由分包单位承担。

因此，无论是对分包人还是承包人，工程质量都是重中之重。一次性验收合格，保障了工期，便是控制了成本，更好地保障了利润。

6. 分包合同的支付管理

（1）总承包人对进度付款申请单的审查。分包人按照计量程序约定的时间向总承包人提交进度付款申请单后，总承包人应在收到分包人进度付款申请单后 21 天内完成审核。鉴于分包人提交进度付款申请单直接关系到总承包人向发包人报送进度付款申请单，特别是在有多个分包人的情形下，分包人应当及时、合理地将进度付款申请单提交给总承包人。除在专用合同条款另有约定外，总承包人应在收到分包人进度付款申请单后21天内签发进度款支付证书。

（2）分包合同价款的支付。除在专用合同条款另有约定外，总承包人应在签发进度款支付证书或临时进度款支付证书后7天内完成支付，总承包人逾期支付进度款的，应按照合同约定支付违约金。合同对违约金没有约定的，可以参照相关法律和司法解释规定，在2019年8月19日前按中国人民银行发布的同类贷款基准利率计取，自2019年8月20日起，按中国人民银行授权全国银行间同业拆借中心公布的贷款市场报价利率（LPR）计取。

7. 分包合同的变更管理

（1）对于分包合同的变更，通常包括的情形有：

① 增加或减少分包合同中任何工作，或追加额外的工作；

② 取消分包合同中任何工作，但转由他人实施的工作除外；

③ 改变分包合同中任何工作的质量标准或其他特征；

④ 改变分包工程的基线、标高、位置和尺寸；

⑤ 改变分包工程的时间安排或实施顺序。

（2）分包人收到总承包人发出的变更指令或经总承包人确认的发包人变更指令后，方可实施变更。未经许可，分包人不得擅自对工程的任何部分进行变更。

（3）对于分包合同的变更管理主要围绕变更的及时性、变更引起的费用和工期展开。如分包人在收到总承包人下达的变更指令后，认为不能执行的，应在收到变更指令后约定期限内提出不能执行的理由；总承包人收到分包人不能执行的理由后再次要求分包人执行变更指令的，分包人应予执行，但变更指令违反法律规定或强制性标准的除外。因专业分包合同变更引起工期变化的，由合同当事人参考分包工程所在地的工期定额确定增减工期天数。而因分包合同变更引起的价格调整应按照合同约定的变更估价原则进行，同时价格调整应计入最近一期的进度款中支付。

8. 分包合同的索赔管理

分包合同的索赔管理分为总承包人的索赔及处理和分包人的索赔及处理两类。从总承包人的角度看，在分包人向总承包人提出索赔请求后，总承包人应及时收集分析相关分包索赔文件，将全部分包的索赔和自身的索赔信息进行合理的汇总后提交发包人。总承包人认为分包人索赔请求合理的，且应由发包人承担赔付责任的，总承包人应及时履行施工总承包合同中的索赔义务，及时向监理人递交索赔报告，并应定期将情况进展通知分包人。

关于索赔程序，可以在分包合同中规定详细的索赔流程，如分包人认为有权得到追加付款和（或）延长工期的，应在知道或应当知道索赔事件发生后14天内，向总承包人递交索赔意向通知书，并说明发生索赔事件的事由，在发出索赔意向通知书后14天内，向总承包人正式递交索赔报告，索赔事件影响结束后14天内，分包人应向总承包人递交最终索赔报告，总承包人应在收到索赔报告后14天内完成审查等。

关于总承包人对分包索赔的处理结果，分包人接受的，索赔款项在当期进度款中进行支付，双方另有约定除外；分包人不接受索赔处理结果的，则按照争议解决的约定处理。

需要注意的是，分包的索赔流程设置应当与总承包人向发包人的索赔流程予以匹配和衔接，否则总承包合同和分包合同的履行均受到影响，并导致合同履行的困难。

第 8 章　工程总承包合同管理

8.1　工程总承包合同概述

8.1.1　工程总承包合同的概念

《建筑法》第二十四条规定："提倡对建筑工程实行总承包，禁止将建筑工程肢解发包；建筑工程的发包单位可以将建筑工程的勘察、设计、施工、设备采购一并发包给一个工程总承包单位，也可以将建筑工程勘察、设计、施工、设备采购的一项或者多项发包给一个工程总承包单位；但是，不得将应当由一个承包单位完成的建筑工程肢解成若干部分发包给几个承包单位。"《房屋建筑和市政基础设施项目工程总承包管理办法》（建市规〔2019〕12 号，以下简称《工程总承包管理办法》）第三条规定："本办法所称工程总承包，是指承包单位按照与建设单位签订的合同，对工程设计、采购、施工或者设计、施工等阶段实行总承包，并对工程的质量、安全、工期和造价等全面负责的工程建设组织实施方式。"

工程总承包合同是指发包人与承包人之间为完成特定的工程总承包任务，明确相互权利义务关系而订立的合同。为指导建设项目工程总承包合同当事人的签约行为，维护当事人的合法权益，依据国家相关法律法规，住房城乡建设部、市场监管总局共同发布了《建设项目工程总承包合同（示范文本）》，自 2021 年 1 月 1 日起执行。

8.1.2　工程总承包合同的特点

工程总承包合同除了具备建设工程合同的一般特征外，还具有如下特点：

1. 设计与施工深度融合

工程总承包项目的承包人同时负责设计与施工，设计与施工的深度融合是该模式的核心特征。设计与施工深度融合可以简化招标程序，减少管理层级，降低管理成本，提高经济效益。在工程建设上可以充分发挥设计的主导作用，降低工程造价，缩短建设工期，同时责任主体单一能更好地保证工程质量。

2. 工程总承包承包人的资质条件

房屋建筑和市政基础设施工程总承包项目的承包人原则上要求应当同时具备设计和施工双资质，或者由具有相应资质的设计单位和施工单位组织联合体。《工程总承包管理办法》第十条规定："工程总承包单位应当同时具有与工程规模相适应的工程设计资质和施工资质，或者由具有相应资质的设计单位和施工单位组成联合体。工程总承包单位应当具有相应的项目管理体系和项目管理能力、财务和风险承担能力，以及与发包工程相类似的设计、施工或者工程总承包业绩。”《公路工程设计施工总承包管理办法》（交通运输部令 2015 年第 10 号）第六条规定：总承包单位应当同时具备与招标工程相适应的勘察设计和施工资质，或者由具备相应资质的勘察设计和施工单位组成联合体。

3.《发包人要求》为招标文件及合同的重要内容

《发包人要求》是在建设项目工程发承包关系中，除了法律、规范、标准等的强制性规定外，发包人对承包人和建设项目提出的全部契约性要求①。根据《工程总承包管理办法》第九条：“建设单位应当根据招标项目的特点和需要编制工程总承包项目招标文件，主要包括以下内容：发包人要求，列明项目的目标、范围、设计和其他技术标准，包括对项目的内容、范围、规模、标准、功能、质量、安全、节约能源、生态环境保护、工期、验收等的明确要求。”《发包人要求》是发包人为实现合同目的所做要求的集中体现，是承包人投标报价和标后履约及变更调价索赔、竣工验收和争议解决的最主要依据。《发包人要求》应当尽量清晰准确，不得违背国家强制性标准。承包人应当仔细阅读《发包人要求》，复核相关基础资料，如果在工程总承包合同签署后《发包人要求》发生修改，则可能构成合同的变更，承包人可根据工程变更的相关条款向发包人申请调整工程价款。

4. 投标报价复杂

工程总承包合同价格不仅包括工程设计与施工费用，根据双方合同约定情况，还可能包括设备购置费、总承包管理费、专利转让费、研究试验费、不可预见风险费用和财务费用等，实践中有的社会资本投资项目将勘察一并纳入工程总承包招标范围，投标报价内容复杂。签订总承包合同时，由于尚没有施工图设计文件，缺乏详细计算投标报价的依据，不能分项详细计算各个费用项目，通常只能有经验的承包商，依据项目环境调查情况，参照类似已完工程资料和其他历史成本数据完成项目成本估算。

5. 价格形式多采用总价合同

借鉴国际惯例尤其是 FIDIC 的黄皮书（DB）和银皮书（EPC）模式，工程总承包合同多采用总价合同，除合同约定可以调整的情形外，合同总价一般不予调整。适宜采用工程总承包模式的项目，须具备建设内容明确、技术方案成熟的条件。固定总价有利于发包人控制工程项目投资，也有利于提高承包人对项目进行设计优化的积极性。虽然总价合同是工程总承包项目通常采用的计价方法，但针对具体项目仍需要由发承包双方在合同中进行约定。《工程总承包管理办法》第十六条规定：“企业投资项目的工程总承包宜采用总价合同，政府投资项目的工程总承包应当合理确定合同价格形式。采用总价合同的，除合同约定可以调整的情形外，合同总价一般不予调整。建设单位和工程总承包单位可以在合同中约定工程总承包计量规则和计价方法。依法必须进行招标的项目，合同价格应当在充分竞争的基础上合理确定。”总价合同中约定可以调整的情形可能包括：变更、物价波动、法律变化、发包人要求变化、暂列金额和暂估价的使用等。

6. 项目合同结构简洁、发包人较少干预

相对于设计施工分离的发包模式来看，发包人将设计与施工范围内的工作任务委托

① 朱树英，鲁静，韩如波．工程总承包项目《发包人要求》编写指南［M］．北京：法律出版社，2022，第 4 页．

给一个总承包人负责，责任主体单一，承包人一般具有很强的技术和管理的综合能力，发包人的组织和协调任务量少，合同结构相对简单，工程管理与合同目标明确，易于提高工作效率。

7. 对承包人要求高

由于发包人将工程完全委托给承包人，并常常采用固定总价合同，对工期固定也相对要求较高，将项目风险的绝大部分转移给承包人。承包人除了承担施工过程中的风险外，还需承担设计及采购等更多的风险。和施工总承包合同相比，承包人的风险要大得多，需要承包人具有较高的管理水平和丰富的工程经验。

8. 价值工程应用

价值工程（Value Engineering，VE）是以提供产品或作业价值为目的，通过有组织的创造性工作，寻求用最低的寿命周期成本，可靠地实现使用者所需功能的一种管理技术。价值工程中所述的“价值”是指作为某种产品（或作业）所具有的功能与获得该功能的全部费用的比值。在工程总承包合同中，承包人负责设计和施工，打通了设计与施工的界面障碍，在设计阶段便可以与施工和设备采购团队进行充分沟通考虑设计的可施工性及设备制造衔接问题，对降低成本、提高利润有重要影响，避免传统施工总承包模式中设计施工不融合的弊端。承包人常常还可根据自身丰富的工程经验，对发包人要求和设计文件提出合理化建议，从而降低工程投资，改善项目质量或缩短项目工期。因此，在工程总承包合同中常常包括“价值工程”或“承包人合理化建议”与“奖励”条款。

9. 知识产权保护

由于工程总承包模式常常被运用于石油化工、建材、冶金、水利、电厂、节能建筑等项目，设计成果文件中可能包含多项专利或著作权，总承包合同中一般会有关于知识产权及其相关权益的约定。承包人的专利使用费一般包含在投标报价中。

8.1.3 工程总承包合同示范文本

1. 工程总承包合同示范文本的历史沿革

工程总承包合同示范文本有 2011 年住房城乡建设部、国家工商行政管理总局联合发布的《建设项目工程总承包合同示范文本（试行）》（GF-2011-0216），随着后续新版合同范本的出台，该版合同于 2021 年 1 月 1 日废止。2012 年国家发展和改革委员会、工业和信息化部、住房城乡建设部、交通运输部、水利部、财政部、铁道部、中国民用航空局、国家广播电视工业总局联合发布的《标准设计施工总承包招标文件》（以下简称“《2012 设计施工总承包合同》”），其中第四章“合同条款及格式”，可适用于设计施工总承包合同。2020 年住房城乡建设部、国家市场监督管理总局发布《建设项目工程总承包合同（示范文本）》（GF-2020-0216），自 2021 年 1 月 1 日起执行（以下简称“《2020 工程总承包合同示范文本》”），是对前述 2011 年版本的更新，为当前工程总承包合同最新的示范文本。

2. 《2020 工程总承包合同示范文本》

《2020 工程总承包合同示范文本》适用于房屋建筑和市政基础设施项目工程总承包

承发包活动，由合同协议书、通用合同条件和专用合同条件三部分组成。其中合同协议书共计 11 条，集中约定了合同当事人基本的合同权利义务。通用合同条件共计 20 条，合同当事人根据《中华人民共和国民法典》、《中华人民共和国建筑法》等法律法规的规定，就工程总承包项目的实施及相关事项，对权利义务作出的原则性约定。专用合同条件是合同当事人根据不同建设项目的特点及具体情况，通过双方的谈判、协商对通用合同条件原则性约定细化、完善、补充、修改或另行约定的合同条件。

《2020 工程总承包合同示范文本》为推荐使用的非强制性使用文本。合同双方当事人可参照《2020 工程总承包合同示范文本》订立合同约定权利和义务，并按法律规定和合同约定承担相应的法律责任。

8.2　工程总承包合同的订立和履行

在《工程总承包管理办法》第九条中推荐使用由住房城乡建设部会同有关部门制订的工程总承包合同示范文本即《2020 工程总承包合同示范文本》。因此，本节结合《2020 工程总承包合同示范文本》通用合同条件的相关规定以及工程总承包的实践案例对总承包合同的订立和履行进行介绍。

8.2.1　工程总承包合同的订立

以招标的方式选择工程总承包单位的，拟签订合同的主要条款应作为招标文件的组成部分。在合同订立过程中可对合同条款做进一步明确或细化，以保证合同的权利和义务界定清晰。但招标人和中标人不得再行订立背离合同实质性内容的其他协议。

1. 合同文件

1）合同文件的组成

下列文件构成工程总承包合同文件：

（1）合同协议书；

（2）中标通知书；

（3）投标函及投标附录；

（4）专用合同条件及《发包人要求》等附件；

（5）通用合同条件；

（6）承包人建议书；

（7）价格清单；

（8）双方约定的其他合同文件。

上述各项合同文件包括合同当事人就该项合同文件所作出的补充和修改，属于同一类内容的文件，应以最新签署的为准。在合同订立及履行过程中形成的与合同有关的文件均构成合同文件组成部分，并根据其性质确定优先解释顺序。

2）几个文件的含义

（1）发包人要求：指构成合同文件组成部分的名为《发包人要求》的文件，其中列明工程的目的、范围、设计与其他技术标准和要求，以及合同双方当事人约定对其所作的修改或补充。

（2）承包人建议书：指构成合同文件组成部分的名为承包人建议书的文件。承包人建议书由承包人随投标函一起提交。承包人建议书是承包人对招标文件和《发包人要求》的响应文件，包括承包人的工程设计方案和设备方案的说明，分包方案，对发包人要求中的错误说明等内容。合同谈判阶段，随着发包人要求的调整，承包人建议书也应对一些技术细节进一步予以明确或补充修改，作为合同文件的组成部分。

（3）项目清单：指发包人提供的载明工程总承包项目勘察费（如果有）、设计费、建筑安装工程费、设备购置费、暂估价、暂列金额和双方约定的其他费用的名称和相应数量等内容的项目明细。

（4）价格清单：指构成合同文件组成部分的由承包人按发包人提供的项目清单规定的格式和要求填写并标明价格的清单。与施工招标由发包人依据设计图纸提出工程量清单，经承包人依据清单填写单价后计算价格的方式不同。工程总承包模式由承包人提出设计的初步方案和实施计划，因此价格清单是指承包人完成所提投标方案计算的设计、施工、竣工、试运行、缺陷责任期各阶段的计划费用，清单价格费用的总和为签约合同价。

2. 订立合同时需要明确的内容

1）工程师

工程师受发包人委托对工程的设计、采购、施工、服务等工作过程或过程节点实施监督管理工作。工程师作为独立专业的第三方根据自己的专业技能和判断进行工作。工程师的名称、监督管理范围、内容和权限在专用合同条件中写明。根据国家相关法律法规规定，如工程属于强制监理项目的，由工程师履行法定的监理相关职责，但发包人另行授权第三方进行监理的除外。

2）承包人文件

合同中应当约定应由承包人提交的所有图纸、手册、模型、计算书、软件、函件、洽商性文件和其他技术性文件。在《发包人要求》应当明确承包人通过工程师报发包人审查同意的承包人文件，承包人应当按照《发包人要求》约定的范围和内容及时报送审查。

在专用合同条件中没有特别约定的情况下，根据通用合同条件，工程师收到承包人文件以及承包人的通知之日起，发包人对承包人文件审查期不超过 21 天。发包人同意承包人文件的，应及时通知承包人，发包人不同意承包人文件的，应在审查期限内通过工程师以书面形式通知承包人，并说明不同意的具体内容和理由。合同约定的审查期满，发包人没有做出审查结论也没有提出异议的，视为承包人文件已获发包人同意。发包人对承包人文件的审查和同意不得被理解为对合同的修改或改变，也并不减轻或免除承包人任何的责任和义务。

3）发包人提供施工现场和工作条件

（1）提供施工现场。发包人应当向承包人提供施工现场，发包人提供施工现场的具体范围和期限可在合同专用合同条件中约定。签订工程总承包合同后，发包人应当依约向承包人移交施工现场，给承包人进入和占用施工现场各部分的权利，并明确与承包人的交接界面。在承包人已经按照合同约定提供了履约担保的情况下，如专用合同条件没有约定移交时间的，则发包人应最迟于计划开始现场施工日期 7 天前向承包人移交施工现场。

(2) 提供工作条件。发包人应负责提供的工作条件应由双方在专用合同条件中约定，专用合同条件对此没有约定的，发包人应负责提供的条件包括：

① 将施工用水、电力、通讯线路等施工所必需的条件接至施工现场内；

② 保证向承包人提供正常施工所需要的进入施工现场的交通条件；

③ 协调处理施工现场周围地下管线和邻近建筑物、构筑物、古树名木、文物、化石及坟墓等的保护工作，并承担相关费用；

④ 对工程现场临近发包人正在使用、运行、或由发包人用于生产的建筑物、构筑物、生产装置、设施、设备等，设置隔离设施，竖立禁止入内、禁止动火的明显标志，并以书面形式通知承包人须遵守的安全规定和位置范围；

⑤ 按照专用合同条件约定应提供的其他设施和条件。

4) 发包人提供基础资料

发包人应按专用合同条件和《发包人要求》中的约定向承包人提供施工现场及工程实施所必需的毗邻区域内的供水、排水、供电、供气、供热、通信、广播电视等地上、地下管线和设施资料，气象和水文观测资料，地质勘察资料，相邻建筑物、构筑物和地下工程等有关基础资料。

按照法律规定确需在开工后方能提供的基础资料，发包人应尽其努力及时地在相应工程实施前的合理期限内提供，合理期限应以不影响承包人的正常履约为限。因发包人原因未能在合理期限内提供相应基础资料的，由发包人承担由此增加的费用和延误的工期。此外，如果发包人提供的基础资料中的错误导致承包人增加费用和（或）工期延误的，发包人应承担由此增加的费用和（或）工期延误，并向承包人支付合理利润。

5)《发包人要求》

承包人应仔细认真阅读、复核《发包人要求》以及其提供的基础资料，发现错误的，应及时书面通知发包人补正。发包人作相应修改的，按照合同关于变更的约定处理。

《发包人要求》应尽可能清晰准确，对于可以进行定量评估的工作，《发包人要求》不仅应明确规定其产能、功能、用途、质量、环境、安全等，并且要规定偏离的范围和计算方法，以及检验、试验、试运行的具体要求。对于承包人负责提供的有关设备和服务，对发包人人员进行培训和提供一些消耗品等，在《发包人要求》中应一并明确规定。

《发包人要求》通常包括但不限于以下内容。

(1) 功能要求：

① 工程的目的。

② 工程规模。

③ 性能保证指标（性能保证表）。

④ 产能保证指标。

(2) 工程范围：

① 概述。

② 包括的工作：永久工程的设计、采购、施工范围；临时工程的设计与施工范围；竣工验收工作范围；技术服务工作范围；培训工作范围；保修工作范围。

③ 工作界区。

④ 发包人提供的现场条件：施工用电；施工用水；施工排水；施工道路。

⑤ 发包人提供的技术文件。

除另有批准外，承包人的工作需要遵照发包人的下列技术文件：

① 发包人需求任务书。

② 发包人已完成的设计文件。

（3）工艺安排或要求（如有）。

（4）时间要求。包括开始工作时间、设计完成时间、进度计划、竣工时间、缺陷责任期、其他时间要求。

（5）技术要求。包括设计阶段和设计任务；设计标准和规范；技术标准和要求；质量标准；设计、施工和设备监造、试验（如有）；样品；发包人提供的其他条件，如发包人或其委托的第三人提供的设计、工艺包、用于试验检验的工器具等，以及据此对承包人提出的予以配套的要求。

（6）竣工试验：

① 第一阶段，如对单车试验等的要求，包括试验前准备。

② 第二阶段，如对联动试车、投料试车等的要求，包括人员、设备、材料、燃料、电力、消耗品、工具等必要条件。

③ 第三阶段，如对性能测试及其他竣工试验的要求，包括产能指标、产品质量标准、运营指标、环保指标等。

（7）竣工验收。

（8）竣工后试验（如有）。

（9）文件要求。包括：设计文件，及其相关审批、核准、备案要求；沟通计划；风险管理计划；竣工文件和工程的其他记录；操作和维修手册；其他承包人文件。

（10）工程项目管理规定。包括：质量；进度，包括里程碑进度计划（如果有）；支付；HSE（健康、安全与环境管理体系）；沟通；变更。

（11）其他要求。包括：对承包人的主要人员资格要求；相关审批、核准和备案手续的办理；对项目业主人员的操作培训；分包；设备供应商；缺陷责任期的服务要求。

虽然中标方案发包人已接受，但发包人可能对其中的一些技术细节或实施计划提出进一步修改意见，因此在合同谈判阶段需要通过协商对其进行修改或补充，以便成为最终的发包人要求文件。

【案例要点 1】① 交钥匙总承包合同包括多重法律关系，应适用合同法总则及相关合同的法律规定，环保公司认为将土建安装工程交付就应视为涉案工程符合出具最终验收证书达到付款条件，系对合同法律关系的错误理解。

---

① 一审山西省永济市人民法院（2019）晋 0881 民初 3326 号，二审山西省运城市中级人民法院（2020）晋 08 民终 1157 号。

广东某环保公司（承包人）与某热电公司（发包人）签订了一份 EPC 合同，双方因工程是否竣工及验收合格，发包人应否向承包人支付剩余工程款、违约金、保证金产生争议。

法院认为，环保公司的主履行义务是按照合同约定设计承建涉案环保项目，并配合热电公司完成设备的调试，达到废水深度处理水量达到 $20m^3/h$ 的合同目的。环保公司完成环保项目的土建和设备安装后，在热电公司蒸汽压力没有达到设计值的情况下降低调试条件，按照合同约定配合热电公司进行了 168 小时设备运行调试，出具了调试报告并载明整个系统存在的问题。环保公司针对调试报告中存在的系统问题未做处理，在热电公司发函要求其公司整改系统存在问题时，没有采取更换、重做、修复设备等方式继续履行合同，至今环保公司未提供证据证实承建的环保项目符合合同约定，其公司行为构成违约。环保公司与热电公司签订的合同属于交钥匙总承包合同，合同包括多重法律关系，应适用合同法总则及相关合同的法律规定。环保公司认为将土建安装工程交付就应视为涉案工程符合出具最终验收证书达到付款条件，系对合同法律关系的错误理解，该公司的上诉理由不能成立。

6）发包人应当承担的风险

《工程总承包管理办法》第十五条规定：“建设单位和工程总承包单位应当加强风险管理，合理分担风险，由建设单位（发包人）承担的风险主要包括：

（1）主要工程材料、设备、人工价格与招标时基期价相比，波动幅度超过合同约定幅度的部分；

（2）因国家法律法规政策变化引起的合同价格的变化；

（3）不可预见的地质条件造成的工程费用和工期的变化；

（4）因建设单位原因产生的工程费用和工期的变化；

（5）不可抗力造成的工程费用和工期的变化。”

《2020 工程总承包合同示范文本》通用合同条件第 13.8 条“市场价格波动引起的调整”、第 13.7 条“法律变化引起的调整”、第 4.8 条“不可预见的困难”、第 13.1 条“发包人变更权”、第 17 条“不可抗力”分别对应上述《工程总承包管理办法》相关规定，同时强调发承包双方应合理分担风险。但构成发包人风险的具体情形以及风险分担的内容应当在专用合同条件中进行约定。

7）材料和工程设备

材料和工程设备可分为由发包人提供或承包人提供两种情形，应当在合同中作具体约定，考虑到工程总承包模式设计施工融合特征及责任主体单一的高效原则，宜减少材料和工程设备由发包人提供的情形。

由发包人提供材料和工程设备的，应当在专用合同条件的附件《发包人供应材料设备一览表》中明确材料、工程设备的品种、规格、型号、主要参数、数量、单价、质量等级和交接地点等。承包人应根据项目进度计划的安排，提前 28 天以书面形式通知工程师供应材料与工程设备的进场计划。承包人修订项目进度计划时，须同时提交经修订后的发包人供应材料与工程设备的进场计划。发包人应按照上述进场计划，向承包人提交材料和工程设备。发包人提供的材料和工程设备的规格、数量或质量不符合合同发包人要求，或由于发包人原因发生交货日期延误及交货地点变更等情况的，发包人应承担由此增加的费用和（或）工期延误，并向承包人支付合理利润。

由承包人提供材料和工程设备的，应按照已被批准的项目进度计划规定的数量要求及时间要求，负责组织材料和工程设备采购并运抵现场。承包人应按照专用合同条件的约定，将各项材料和工程设备的供货人及品种、技术要求、规格、数量和供货时间等报送工程师批准。承包人应向工程师提交其负责提供的材料和工程设备的质量证明文件，并根据合同约定的质量标准，对材料、工程设备质量负责。合同约定由承包人采购的材料、工程设备，除专用合同条件另有约定外，发包人不得指定生产厂家或供应商，发包人违反合同约定指定生产厂家或供应商的，承包人有权拒绝，并由发包人承担相应责任。对承包人提供的材料和工程设备，承包人应会同工程师进行检验和交货验收，查验材料合格证明和产品合格证书，并按合同约定和工程师指示，进行材料的抽样检验和工程设备的检验测试，检验和测试结果应提交工程师，所需费用由承包人承担。因承包人提供的材料和工程设备不符合国家强制性标准、规范的规定或合同发包人要求约定的标准、规范，所造成的质量缺陷，由承包人自费修复，竣工日期不予延长。在履行合同过程中，由于国家颁布新的强制性标准、规范，需要变更合同约定的材料和工程设备的，相关费用支出及导致的工期延长由发包人承担。

不论是由发包人提供的材料和工程设备还是由承包人自行提供的，都由承包人负责保管，除专用合同条件另有约定外，保管的费用由承包人承担，因承包人原因发生丢失毁损的，由承包人负责赔偿。

【案例要点 2】① 因发包人提供的设备延误导致工程延期的，发包人应当承担承包人的窝工损失。

发包人某化工公司与承包人某电力公司就某化工一期工程签订 EPC 总承包合同，而后双方就锅炉供应商的延迟履行而产生的窝工产生争议。

法院认为，案涉合同之《合同条款》第五条第二款第一项约定，化工公司（发包人）应将三大主机订单移交电力公司（承包人），电力公司接受后，应当视为自己与这些设备供货商直接签订的设备订购合同，由其代化工公司执行这些设备订购合同。化工公司自认其并未将订单移交给电力公司。化工公司作为三大主机订购合同的主体，应当承担三大主机订购合同的义务。化工公司、电力公司、监理单位于 2009 年 8 月 14 日形成的《热电安装工作专题会会议纪要》载明，化工公司表示将协调各方工作，保证现场实际需要。化工公司未将订购合同的权利义务概括转移给电力公司，电力公司并非该等订购合同当事人。合同法第一百二十一条规定：“当事人一方因第三人的原因造成违约的，应当向对方承担违约责任。当事人一方和第三人之间的纠纷，依照法律规定或者按照约定解决。”因锅炉供货商未按时保质履行供货义务，给承包人电力公司造成的窝工损失，该责任应当由发包人化工公司承担。

8）交通运输

工程总承包施工过程中涉及人员、材料、设备等资源的调遣，离不开交通运输。工程总承包合同中应对出入现场的权利、场外交通、场内交通、超大件和超重物件的运输、道路桥梁的损坏责任以及水路和航空运输等环节作出约定。

（1）出入现场的权利。除专用合同条件另有约定外，发包人应根据工程实施需要，负责取得出入施工现场所需的批准手续和全部权利，以及取得因工程实施所需修建道路、桥梁以及其他基础设施的权利，并承担相关手续费用和建设费用。承包人应协助发包人办理修建场内外道路、桥梁以及其他基础设施的手续。

① 一审贵州省高级人民法院（2015）黔高民初字第 68 号，二审最高人民法院（2019）最高法民终 1356 号。

（2）场外交通。除专用合同条件另有约定外，发包人应提供场外交通设施的技术参数和具体条件，场外交通设施无法满足工程施工需要的，由发包人负责承担由此产生的相关费用。承包人应遵守有关交通法规，严格按照道路和桥梁的限制荷载行驶，执行有关道路限速、限行、禁止超载的规定，并配合交通管理部门的监督和检查。承包人车辆外出行驶所需的场外公共道路的通行费、养路费和税款等由承包人承担。

（3）场内交通。除专用合同条件另有约定外，承包人应负责修建、维修、养护和管理施工所需的临时道路和交通设施，包括维修、养护和管理发包人提供的道路和交通设施，并承担相应费用。承包人修建的临时道路和交通设施应免费提供发包人和工程师为实现合同目的使用。场内交通与场外交通的边界由合同当事人在专用合同条件中约定。

（4）超大件和超重件的运输。由承包人负责运输的超大件或超重件，应由承包人负责向交通管理部门办理申请手续，发包人给予协助。运输超大件或超重件所需的道路和桥梁临时加固改造费用和其他有关费用，由承包人承担，但专用合同条件另有约定的除外。

（5）道路和桥梁的损坏责任。因承包人运输造成施工现场内外公共道路和桥梁损坏的，由承包人承担修复损坏的全部费用和可能引起的赔偿。

9）施工设备和临时设施

施工设备和临时设施通常由承包人配置和修建，进入施工现场的承包人提供的施工设备须经工程师核查后才能投入使用。承包人更换合同约定由承包人提供的施工设备的，应报工程师批准。承包人修建临时设施需要临时占地的，应由发包人办理申请手续并承担相应费用。

承包人使用的施工设备不能满足项目进度计划和（或）质量要求时，工程师有权要求承包人增加或更换施工设备，承包人应及时增加或更换，由此增加的费用和（或）延误的工期由承包人承担。承包人运入施工现场的施工设备以及在施工现场建设的临时设施必须专用于工程。未经发包人批准，承包人不得运出施工现场或挪作他用；经发包人批准，承包人可以根据施工进度计划撤走闲置的施工设备和其他物品。

如果由发包人提供施工设备或临时设施，应当在专用合同条件中约定。

10）单位/区段工程

单位/区段工程是指在专用合同条件中指明特定范围的，能单独接收并使用的永久工程。单位/区段工程的验收程序应当根据合同约定进行，验收合格后，由工程师向承包人出具经发包人签认的单位/区段工程验收证书。单位/区段工程的验收成果和结论作为全部工程竣工验收申请报告的附件。发包人在全部工程竣工前，使用已接收的单位/区段工程导致承包人费用增加的，发包人应承担由此增加的费用和（或）工期延误，并支付承包人合理利润。

11）竣工后试验

竣工后试验是指工程竣工移交在缺陷责任期内投入运行期间，对工程的各项功能的技术指标是否达到合同发包人要求而进行的试验。是否需要进行竣工后试验以及竣工后试验的程序需要在工程总承包合同中进行约定。原则上竣工后试验由发包人主导，承包人应当共同参与。竣工后试验开始的时间应当根据合同约定在工程或区段工程被发包人接收后尽早进行。除专用合同条件另有约定外，发包人应提供全部电力、水、污水处理、燃料、消耗品和材料，以及全部其他仪器、协助、文件或其他信息、设备、工具、劳力，启动工程设备，并组织安排有适当资质、经验和能力的工作人员实施竣工后试验。发包人进行竣工后试验的依据包括《发包人要求》、承包人提供的操作和维修手册，以及承包人的指导等。

如果工程或区段工程未能通过竣工后试验，则承包人需要进行修补，并在修补完成后重新进行竣工后试验以及承担风险和费用。重新试验后仍未能通过竣工后试验，但未构成承包商根本性违约尚不具备解除合同条件的，则承包人需要向发包人承担相应的违约责任，该违约责任可根据工程总承包合同中的约定或双方就此另行达成的补充协议执行。承包人在承担相应违约责任后，工程视为通过竣工后验收。

对于包含竣工后验收试验的工程总承包项目，竣工验收合格并不意味着承包人完成了全部合同内的工作，还需要通过竣工后验收来检验工程是否完全达到了《发包人要求》中规定的各项内容。发包人有时在工程总承包合同专用条款中，将竣工后试验的通过时间作为实际竣工验收时间，并以此时间为起点计算缺陷责任期，此种情况值得引起承包人的特别关注。

3. 联合体

经发包人同意，以联合体方式承包工程的，联合体各方应共同与发包人订立合同协议书。联合体各方应为履行合同向发包人承担连带责任。

承包人应在专用合同条款中明确联合体各成员的分工、费用收取、发票开具等事项。联合体各成员分工承担的工作内容必须与其资质资格相适应，并应具有相应的项目管理体系和项目管理能力，且不应根据其就承包工作的分工而减免对发包人的任何合同责任。

联合体协议经发包人确认后作为合同附件。在履行合同过程中，未经发包人同意，不得变更联合体成员和其负责的工作范围，或者修改联合体协议中与工程总承包合同履行相关的内容。

4. 履约担保

合同中应当约定发包人是否需要承包人提供履约担保，履约担保可以采用银行保函或担保公司担保等形式，履约担保的具体方式、金额及提交的时间等应当在专用合同条件中约定。

承包人为联合体的，其履约担保由联合体各方或者联合体中牵头人的名义代表联合体提交，具体由合同当事人在专用合同条件中约定。

履约担保的有效期限应当在合同中约定明确，示范文本通用合同条件中规定，承包人应保证其履约担保在发包人竣工验收前一直有效，发包人应在竣工验收合格后 7 天内将履约担保款项退还给承包人或者解除履约担保。在实际操作过程中，合同约定的履约担保有效期限可能更长。

【案例要点 3】① 《履约保函》实际担保的是预付款，而案涉预付款已经返还，担保金额已不存在。根据“保函的担保金额可根据预付款扣回的金额相应递减”约定，该《履约保函》担保金额已经不复存在，既然《履约保函》的担保功能已经丧失，那么原判决修水公司将该《履约保函》返还电建公司，并无不当。

某县资产公司作为发包人，某设计院和某水电建设公司作为总承包联合体，签订了某项目 EPC 勘测设计施工总承包补充合同，依照合同约定，承包人向发包人交付银行履约保函，发包人收到保函后向承包人支付工程预付款。而后发包人要求解除合同，设计院公司要求发包人返还《履约保函》。

法院认为，第一，案涉合同已经约定《履约保函》担保的对象是预付款。该合同第三章“通用合同条款”第 17.2.2 条约定“除专用合同条款另有约定外，承包人应在收到预付款的同时向发包人提交预付款保函，预付款保函的担保金额应与预付款金额相同。保函的担保金额可根据预付款扣回的金额相应递减”。而该合同附件一：履约担保格式《履约保函》约定的担保金额为 1400 万元，与案涉合同预付款金额一致。再结合案涉《履约保函》开具的时间与预付款支付的时间先后关系以及案涉合同履行中并无其他预付款保函等事实，可以认定案涉《履约保函》实际担保的就是预付款。第二，案涉《履约保函》担保有效期已过。根据案涉《履约保函》约定，担保截止时间为 2019 年 5 月 15 日。本案二审中，资产公司并未提供证据证明在担保有效期届满前，资产公司曾按《履约保函》约定要求，以书面形式提出担保金额内的赔偿要求。故资产公司即便现在依据该《履约保函》向其出具单位索赔，也不能得到赔偿，故其已无必要继续持有该《履约保函》。第三，案涉预付款已经返还，担保金额已不存在。根据“保函的担保金额可根据预付款扣回的金额相应递减”约定，该《履约保函》担保金额已经不复存在，故资产公司同样也没有必要继续持有该保函。由于该《履约保函》是由设计院交付给资产公司作为担保，既然《履约保函》的担保功能已经丧失，那么原判决资产公司将该《履约保函》返还设计院公司，并无不当。

因承包人原因导致工期延长的，继续提供履约担保所增加的费用由承包人承担；非因承包人原因导致工期延长的，继续提供履约担保所增加的费用由发包人承担。

5. 保险责任

1）保险的险种

（1）设计和工程保险。工程总承包合同内容包括设计与施工，合同双方应在专用合同条件中约定投保建设工程设计责任险和建筑安装工程一切险保险，此外同时明确具体的保险人、投保险种、保险范围、保险金额、保险费率、保险期限等有关内容。

（2）第三者责任险。双方应在合同中约定投保第三者责任险，并在缺陷责任期终止证书颁发前维持其持续有效，并同时约定第三者责任险最低投保额。

（3）工伤保险和意外伤害保险。发包人应依照法律规定为其在施工现场的雇用人员办理工伤保险，缴纳工伤保险费；并要求工程师及由发包人为履行合同聘请的第三方在施工现场的雇用人员依法办理工伤保险。承包人应依照法律规定为其履行合同雇用的全部人员办理工伤保险，缴纳工伤保险费，并要求分包人及由承包人为履行合同聘请的第三方雇用的全部人员依法办理工伤保险。

发包人和承包人可以为其施工现场的全部人员办理意外伤害保险并支付保险费，包括其员工及为履行合同聘请的第三方的人员。但发承包双方投保意外伤害保险后并不免除其为员工办理工伤保险的法定义务。

① 一审江西省高级人民法院（2018）赣民初 2 号，二审最高人民法院（2020）最高法民终 891 号。

案例要点4① 为职工参加工伤保险缴纳工伤保险费系建筑施工企业必须履行的法定义务，为从事危险作业的职工办理意外伤害保险并支付保险费系倡导性要求。建筑施工企业已为从事危险工作的职工办理意外伤害保险的，并不因此免除企业为职工缴纳工伤保险费的法定义务。

2018年2月上海某建设公司承包启东市某办公楼、车间建设工程，将工程分包给黄某兵，范某昌系受雇于黄某兵的木工。2018年10月3日下午4时，范某昌在工地上施工时被一根方料砸在头上，安全帽被砸碎，导致头部受伤，范某昌受伤后未及时就医接受检查和治疗。2018年10月6日中午，范某昌因出现头昏现象加重，在妻子陪同下骑电瓶车至医院求医过程中摔倒，急诊送至启东市人民医院时处于深度昏迷，范某昌因抢救无效于次日死亡。经鉴定机构鉴定，范某昌死因为重型颅脑外伤及胸部外伤，颅脑外伤是导致死亡发生的主要原因，胸部外伤为死亡发生的次要原因。上海某建设发展公司为范某昌在某保险股份有限公司投保了团体意外伤害保险，事故发生后，范某兴、俞某萍、高某已获赔保险金10万元。上海某建设公司、黄某兵认为，10万元的团体意外险是雇主黄某兵为范某昌投保的，保险费也是黄某兵缴纳，该保险的获益人应当是黄某兵。

法院认为，上海某建设公司将工程分包给不具备施工资质的黄某兵，受害人范某昌在施工过程中受伤后死亡，对该人身损害，上海某建设公司应当与实际施工人黄某兵承担连带赔偿责任。法律鼓励施工企业为从事危险工作的职工办理意外伤害保险的目的在于为职工提供更多的保障，但并不免除施工企业为职工缴纳工伤保险的法定义务。意外伤害险系人身险而非责任财产险，上海某建设公司或黄某兵如要减轻用工风险，应当依法为范某昌缴纳工伤保险或购买雇主责任险，而非通过办理团体人身意外伤害险的方式替代强制性保险的投保义务。人身意外伤害保险金和人身损害死亡赔偿金均归属于范某昌的继承人所有，投保人上海某建设公司不享有任何权益，雇主黄某兵更无权主张从赔偿款中扣除10万元的意外伤害保险金。

（4）设备及货物保险。承包人应按照合同条件的约定为运抵现场的施工设备、材料、工程设备和临时工程等办理财产保险，保险期限自上述货物运抵现场至其不再为工程所需要为止。工程总承包模式往往适用于含有大型机电设备、工艺设备、成套设备装置的工业项目，设备金额占合同额比例较大，因此发承包双方应特别关注设备保险。

（5）其他保险。发包人应按照工程总承包模式所适用的法律法规和专用合同条件约定，投保其他保险并保持保险有效，其投保费用发包人自行承担。

承包人应按照工程总承包模式所适用法律法规和合同约定投保相应保险并保持保险有效，其投保费用包含在合同价格中，在合同执行过程中，新颁布适用的法律法规规定由承包人投保的强制保险，应根据合同变更的相关约定调整合同价款。

2）对各项保险的一般要求

（1）持续保险。合同当事人应与保险人保持联系，使保险人能够随时了解工程实施中的变动，并确保按保险合同条款要求持续保险。

（2）保险凭证。合同当事人应及时向另一方当事人提交其已投保的各项保险的凭证和保险单复印件，保险单必须与专用合同条件约定的条件保持一致。

（3）未按约定投保的补救。负有投保义务的一方当事人未按合同约定办理保险，或未能使保险持续有效的，则另一方当事人可代为办理，所需费用由负有投保义务的一方当事人承担。

负有投保义务的一方当事人未按合同约定办理某项保险，导致受益人未能得到足额

① 范某兴、俞某萍、高某诉上海某建设发展有限公司黄某某提供劳务者受害责任纠纷案［N］．最高人民法院公报，2021-10.

赔偿的，由负有投保义务的一方当事人负责按照原应从该项保险得到的保险金数额进行补足。

（4）通知义务。除专用合同条件另有约定外，任何一方当事人变更除工伤保险之外的保险合同时，应事先征得另一方当事人同意，并通知工程师。

保险事故发生时，投保人应按照保险合同规定的条件和期限及时向保险人报告。发包人和承包人应当在知道保险事故发生后及时通知对方。

8.2.2　工程总承包合同的履行

1. 工程师的项目管理

1）工程师的委任

发包人应在发出开始工作通知前将工程师的任命通知承包人。更换工程师的，发包人应提前 7 天以书面形式通知承包人，并在通知中写明替换者的姓名、职务、职权、权限和任命时间。工程师超过 2 天不能履行职责的，应委派代表代行其职责，并通知承包人。

2）工程师的商定或确定

工程总承包项目的工程应具有较强的专业度和一定的中立性，商定和确定是工程师在工程总承包合同下的核心权利和义务。在工程总承包合同履行过程中所发生的任何需要商定和确定的事项，工程师应及时与合同当事人进行协商，尽量达成一致，双方达成一致的情况下，工程师将商定的结果以书面形式通知发包人和承包人并由双方签署确认。除专用合同条件另有约定外，商定的期限应为工程师收到任何一方就商定事由发出的通知后 42 天内或工程师提出并经双方同意的其他期限。未能在该期限内达成一致的，由工程师按照合同约定审慎做出公正的确定。确定的期限应为商定的期限届满后 42 天内或工程师提出并经双方同意的其他期限。工程师应将确定的结果以书面形式通知发包人和承包人，并附详细依据。

对于工程师确定的结果合同当事人可以在收到后的 28 天内向合同的另一方发出异议通知并抄送工程师，进入合同约定的争议解决程序。合同当事人没有在 28 天内针对工程师确定的结果发出异议通知，工程师的确定应被视为已被双方接受并对双方具有约束力，但专用合同条件另有约定的除外。

3）工程师授权他人执行工作

工程师受发包人的委托对工程各个环节实施管理，其工作内容庞杂，通常需要组建团队完成。工程师可以授权其他人员负责执行其指派的一项或多项工作，但商定或确定作为工程师的核心权利不得授权他人执行。

工程师应将被授权人员的姓名及其授权范围通知承包人。被授权的人员在授权范围内发出的指示视为已得到工程师的同意，与工程师发出的指示具有同等效力。工程师撤销某项授权时，应将撤销授权的决定及时通知承包人。

4）工程师的指令

工程师应按照发包人的授权发出指示，工程师的指示应采用书面形式，盖有工程师授权的项目管理机构章，并由工程师的授权人员签字。在紧急情况下，工程师的授权人员可以口头形式发出指示或当场签发临时书面指示，承包人应遵照执行。工程师应在授权人员发出口头指示或临时书面指示后 24 小时内发出书面确认函，在 24 小时内未发出书面确认函的，该口头指示或临时书面指示应被视为工程师的正式指示。

承包人收到工程师作出的指示后应遵照执行。如果任何此类指示构成一项变更时，应按照合同关于变更与调整的约定办理。

由于工程师未能按合同约定发出指示、指示延误或指示错误而导致承包人费用增加和（或）工期延误的，发包人应承担由此增加的费用和（或）工期延误，并向承包人支付合理利润。

2. 承包人现场查勘

勘察工作通常要求发包人在工程发包前完成，不包括在工程总承包合同的承包范围内，工程总承包承包人所做的现场查勘通常是基于发包人提供的勘察资料成果，进行现场和工程实施条件的调查和对数据的复核，并充分了解工程所在地的气象条件、交通条件、风俗习惯以及其他与完成合同工作有关的资料。承包人应对基于发包人提交的基础资料所做出的解释和推断负责，承包人发现基础资料中存在明显错误或疏忽的，应及时书面通知发包人。

承包人提交投标文件，视为承包人已对施工现场及周围环境进行了踏勘，并已充分了解评估施工现场及周围环境对工程可能产生的影响，自愿承担相应风险与责任。在全部合同工作中，视为承包人已充分估计了应承担的责任和风险，但属于合同中约定的不可预见的困难的情形除外。

【案例要点 5】① 从事建设工程活动，必须严格执行基本建设程序，坚持先勘察、后设计、再施工原则。建设单位未提前交付地质勘查报告、施工图设计文件未经过建设主管部门审查批准，应对于因双方签约前未曾预见的特殊地质条件导致工程质量问题承担主要责任。施工单位应秉持诚实信用原则，采取合理施工方案，避免损失扩大。

2007 年 12 月 15 日建设单位某机械公司与承包商某建设公司签订《钢结构厂房桩基及基础工程合同》，签订合同次日建设单位向承包商提供了《岩土工程详细勘察报告》以及未获得最终批复的施工图设计文件。施工过程中，承包商发现工程实际地质情况与投标方案中预期的情况差异较大，通过工作联系单向建设单位报告地质状况，并要求建设单位请示设计院增加桩长，提高承台，但建设单位并未及时给予回复。承包商完成部分桩基施工后，建设单位经检验发现大部分质量不合格。建设单位认为，《岩土工程详细勘察报告》及设计图纸是双方签订合同次日，公司实际开工前拿到，完全有时间做出合理、科学的施工方案。承包商认为，施工现场地质条件严重不足，地下全是淤泥，水分含量过高，导致打桩无法固定，势必会出现裂缝。对此问题建设单位负有责任，其提供地质勘察报告是在签订施工合同之后，导致施工方在不知道地质条件的前提下进行的投标报价，远低于实际造价。承包商在拿到地质勘查报告后已经提出相应补救办法，但建设单位未采纳。

法院认为，案涉工程质量出现重大问题，建设单位与施工单位均有过错。建设单位违反诚信原则，在签订合同之前未提交岩土工程详细勘查报告，未提交经过审核的施工图纸，违反《建设工程质量管理条例》规定的基本建设程序，为质量事故发生埋下隐患；建设单位未能会同监理单位、设计单位对于施工单位提出的“增加桩长、提高承台”的合理建议予以充分重视并研究相应措施，亦未能会同监理单位对施工单位的土方开挖方案进行审查及组织专家论证，应承担相应责任。承包商作为专业施工单位，在没有看到岩土详细勘查报告及经过审核的施工图情况下，即投标承揽工程，本身就不够慎重，发现特殊地质情况后虽提出建议，但在建设单位不予认可之后仍不计后果冒险施工，对桩基出现的质量问题采取了一种放任态度。这种主观状态和做法应得到否定性评价。最终认定就工程质量问题建设单位承担 70％的责任，承包商承担 30％的责任。

---

① 某机械有限公司与江苏某建设有限公司、某银行股份有限公司泰兴支行建设工程施工合同纠纷案（2012）民提字第 20 号［N］．最高人民法院公报，2015-06.

3. 项目实施计划

项目实施计划是依据合同和经批准的项目管理计划进行编制并用于对项目实施进行管理和控制的文件，应包含概述、总体实施方案、项目实施要点、项目初步进度计划以及合同当事人在专用合同条件中约定的其他内容。

除专用合同条件另有约定外，承包人应在合同订立后 14 天内，向工程师提交项目实施计划，工程师应在收到项目实施计划后 21 天内确认或提出修改意见。对工程师提出的合理意见和要求，承包人应自费修改完善。根据工程实施的实际情况需要修改项目实施计划的，承包人应向工程师提交修改后的项目实施计划。

4. 开始工作日期和开始现场施工日期

“开始工作日期”代表工程总承包项目可以开始工作的日期，该日期所指代的为先于现场施工的设计阶段工作的开始。包括计划开始工作日期和实际开始工作日期。计划开始工作日期是指合同协议书约定的开始工作日期，实际开始工作日期是指工程师发出的开始工作通知中载明的开始工作日期。

“开始现场施工日期”代表工程总承包项目可以开始施工部分工作的日期。而承包人开始现场施工的前提条件在于发包人已按合同约定提供了施工现场和工作条件。包括计划开始现场施工日期和实际开始现场施工日期。计划开始现场施工日期是指合同协议书约定的开始现场施工日期，实际开始现场施工日期是指工程师发出的符合法律规定的开工通知中载明的开始现场施工日期。

经发包人同意后，工程师应提前 7 天向承包人发出经发包人签认的开始工作通知，工期自开始工作通知中载明的开始工作日期起算。除专用合同条件另有约定外，因发包人原因造成实际开始现场施工日期迟于计划开始现场施工日期后第 84 天的，承包人有权提出价格调整要求，或者解除合同。发包人应当承担由此增加的费用和（或）延误的工期，并向承包人支付合理利润。

5. 项目进度计划

《工程总承包管理办法》第二十四条规定：“建设单位不得设置不合理工期，不得任意压缩合理工期。工程总承包单位应当依据合同对工期全面负责，对项目总进度和各阶段的进度进行控制管理，确保工程按期竣工。”项目进度计划是指导项目工期安排的重要依据，在承包人延误事件情况下，发包人可以依据项目进度计划向承包人主张误期损害赔偿，在发包人延误事件情况下，承包人可以据此向发包人主张工期顺延和相应额外费用损失赔偿。

项目进度计划应当包括设计、承包人文件提交、采购、制造、检验、运达现场、施工、安装、试验的各个阶段的预期时间以及设计和施工组织方案说明等，其编制应当符合国家法律规定和一般工程实践惯例。项目进度计划的具体要求、关键路径及关键路径变化的确定原则、承包人提交的份数和时间等，在专用合同条件约定。

项目进度计划不符合合同要求或与工程的实际进度不一致的，承包人应向工程师提交修订的项目进度计划，并附具有关措施和相关资料。工程师也可以直接向承包人发出修订项目进度计划的通知，承包人如接受，应按该通知修订项目进度计划，报工程师批准。对项目进度计划的修订和批准并不代表免除一方的工期延误责任。

6. 设计管理

1）承包人的设计义务

（1）设计义务的一般要求。承包人应当按照法律规定，国家、行业和地方规范和标准，以及《发包人要求》和合同约定完成设计工作和设计相关的其他服务，并对工程的设计负责。承包人应根据工程实施的需要及时向发包人和工程师说明设计文件的意图，解释设计文件。

（2）对设计人员的要求。承包人应保证其或设计分包人的设计资质在合同有效期内满足法律法规、行业标准或合同约定的相关要求，并指派符合法律法规、行业标准或合同约定的资质要求并具有从事设计所必需的经验与能力的设计人员完成设计工作。承包人应保证其设计人员（包括分包人的设计人员）在合同期限内，能按时参加发包人或工程师组织的工作会议。

（3）法律和标准的变化。除合同另有约定外，承包人完成设计工作所应遵守的法律规定，以及国家、行业和地方的规范和标准，均应视为在基准日期适用的版本。基准日期之后，前述版本发生重大变化，或者有新的法律，以及国家、行业和地方的规范和标准实施的，承包人应向工程师提出遵守新规定的建议。发包人或其委托的工程师应在收到建议后 7 天内发出是否遵守新规定的指示。如果该项建议构成变更的，按照合同关于承包人合理化建议的约定执行。

在基准日期之后，因国家颁布新的强制性规范、标准导致承包人的费用变化的，发包人应合理调整合同价格；导致工期延误的，发包人应合理延长工期。

（4）设计进度管理。承包人应按照发包人要求，在项目进度计划中专门列出设计进度计划，报发包人批准后执行。设计的实际进度滞后计划进度时，发包人或工程师有权要求承包人提交修正的进度计划、增加投入资源并加快设计进度。

2）承包人设计文件的审查

（1）需要经发包人审查的承包人设计文件。根据《发包人要求》应当通过工程师报发包人审查同意的承包人文件，承包人应当按照《发包人要求》约定的范围和内容及时报送审查。

除双方合同专用条件另有约定外，需要经发包人审查的承包人文件，应当通过工程师报发包人。自工程师收到承包人文件以及承包人的通知之日起，发包人对承包人文件审查期不超过 21 天。承包人的设计文件对于合同约定有偏离的，应在通知中说明。承包人需要修改已提交的承包人文件的，应立即通知工程师，并向工程师提交修改后的承包人文件，审查期重新起算。

发包人同意承包人文件的，应及时通知承包人，发包人不同意承包人文件的，应在审查期限内通过工程师以书面形式通知承包人，并说明不同意的具体内容和理由。

承包人对发包人的意见按以下方式处理：

① 发包人的意见构成变更的，承包人应在 7 天内通知发包人按照合同关于发包人指示变更的约定执行，双方对是否构成变更无法达成一致的，按照合同约定的争议解决程序执行；

② 因承包人原因导致无法通过审查的，承包人应根据发包人的书面说明，对承包人文件进行修改后重新报送发包人审查，审查期重新起算。因此引起的工期延长和必要

的工程费用增加，由承包人负责。

合同约定的审查期满，发包人没有做出审查结论也没有提出异议的，视为承包人文件已获发包人同意。发包人对承包人文件的审查和同意不得被理解为对合同的修改或改变，也并不减轻或免除承包人任何的责任和义务。

承包人文件不需要政府有关部门或专用合同条件约定的第三方审查单位审查或批准的，承包人应当严格按照经发包人审查同意的承包人文件设计和实施工程。

发包人需要组织审查会议对承包人文件进行审查的，审查会议的审查形式、时间安排、费用承担，在专用合同条件中约定。发包人负责组织承包人文件审查会议，承包人有义务参加发包人组织的审查会议，向审查者介绍、解答、解释承包人文件，并提供有关补充资料。发包人有义务向承包人提供审查会议的批准文件和纪要。承包人有义务按照相关审查会议批准的文件和纪要，并依据合同约定及相关技术标准，对承包人文件进行修改、补充和完善。

（2）需要政府有关部门或第三方审查的承包人文件。承包人文件需政府有关部门或专用合同条件约定的第三方审查单位审查或批准的，发包人应在发包人审查同意承包人文件后 7 天内，向政府有关部门或第三方报送承包人文件，承包人应予以协助。

对于政府有关部门或第三方审查单位的审查意见，不需要修改《发包人要求》的，承包人需按该审查意见修改承包人的设计文件；需要修改《发包人要求》的，承包人应按工程总承包合同中关于承包人的合理化建议的约定执行。

政府有关部门或第三方审查单位审查批准后，承包人应当严格按照批准后的承包人文件实施工程。政府有关部门或第三方审查单位批准时间较合同约定时间延长的，竣工日期相应顺延。因此给双方带来的费用增加，由双方在负责的范围内各自承担。

【案例要点 6】① 发包人应当按照合同约定向承包人提供设计基础文件并确保设计任务和设计要求符合法律强制性规定，承包人应当根据法律规定和合同约定的依据进行设计，否则将承担相应的责任。

某房地产公司（发包人）与某设计院公司（承包人）签订设计合同，约定地产公司应在合约签订时提交项目设计任务书、项目用地范围现状地形图及电子文件、项目用地规划及建筑红线图电子文件。设计院公司应按国家技术规范、标准、规程及地产公司提出的设计要求，进行工程设计，按合同约定的进度要求提交质量合格的设计资料，并对其负责。由于地产公司没有按照约定提供项目用地规划文件，设计院违反了《建设工程勘察设计管理条例》的规定，在没有用地规划文件的情况下便开展相应的设计工作，因此最后方案设计未能通过规划部门审查，双方均负有同等过错责任。

---

7. 工程款支付管理

1）合同价格

除专用合同条件中另有约定外，工程总承包合同为总价合同，除根据合同约定的

① 一审杭州市下城区人民法院（2014）杭下民初字第 2274 号，二审浙江省杭州市中级人民法院（2017）浙 01 民终 5545 号，再审浙江省高级人民法院（2018）浙民再 400 号。

变更与调整条款，以及合同中其他相关增减金额的约定进行调整外，合同价格不做调整。

除专用合同条件另有约定外：

（1）工程款的支付应以合同协议书约定的签约合同价格为基础，按照合同约定进行调整；

（2）承包人应支付根据法律规定或合同约定应由其支付的各项税费，除发生合同约定的因法律变化而调整合同价款的情形外，合同价格不应因这些税费中的任何税费进行调整；

（3）价格清单列出的任何数量仅为估算的工作量，不得将其视为要求承包人实施的工程的实际或准确的工作量。在价格清单中列出的任何工作量和价格数据应仅限用于变更和支付的参考资料，而不能用于其他目的。

合同约定工程的某部分按照实际完成的工程量进行支付的，应按照专用合同条件的约定进行计量和估价，并据此调整合同价格。

2）预付款

（1）预付款支付。预付款的额度和支付按照专用合同条件约定执行。预付款应当专用于承包人为合同工程的设计和工程实施购置材料、工程设备、施工设备、修建临时设施以及组织施工队伍进场等合同工作。

承包人应当根据合同约定向发包人提交预付款保函，并要求发包人支付相应预付款金额，预付款起扣的时间以及扣回的比例应当由发承包双方在合同中约定。在达到预付款起扣点后，预付款按照合同约定的比例在进度付款中同比例扣回。在颁发工程接收证书前，提前解除合同的，尚未扣完的预付款应与合同价款一并结算。

发包人逾期支付预付款超过 7 天的，承包人有权向发包人发出要求预付的催告通知，发包人收到通知后 7 天内仍未支付的，则属于发包人违约的情形，承包人有权暂停施工。

（2）预付款担保。发包人指示承包人提供预付款担保的，承包人应在发包人支付预付款 7 天前提供预付款担保，专用合同条件另有约定除外。预付款担保可采用银行保函、担保公司担保等形式，具体由合同当事人在专用合同条件中约定。在预付款完全扣回之前，承包人应保证预付款担保持续有效。

发包人在工程款中逐期扣回预付款后，预付款担保额度应相应减少，但剩余的预付款担保金额不得低于未被扣回的预付款金额。

3）工程进度款

（1）工程进度付款申请包括以下内容：

① 人工费的申请

人工费应按月支付，工程师应在收到承包人人工费付款申请单以及相关资料后 7 天内完成审查并报送发包人，发包人应在收到后 7 天内完成审批并向承包人签发人工费支付证书，发包人应在人工费支付证书签发后 7 天内完成支付。已支付的人工费部分，发包人支付进度款时予以相应扣除。

② 进度付款申请单

承包人应在每月月末向工程师提交进度付款申请单，进度付款申请单包括下列内容：

a. 截至本次付款周期内已完成工作对应的金额；

b. 已扣除的人工费金额；

c. 应增加和扣减的变更金额；

d. 应支付的预付款和扣减的返还预付款；

e. 应预留的质量保证金金额；

f. 应增加和扣减的索赔金额；

g. 对已签发的进度款支付证书中出现错误的修正，应在本次进度付款中支付或扣除的金额；

h. 根据合同约定应增加和扣减的其他金额。

（2）工程进度款的审核和支付。除专用合同条件另有约定外，工程师应在收到承包人进度付款申请单以及相关资料后 7 天内完成审查并报送发包人，发包人应在收到后 7 天内完成审批并向承包人签发进度款支付证书。发包人逾期（包括因工程师原因延误报送的时间）未完成审批且未提出异议的，视为已签发进度款支付证书。

工程师对承包人的进度付款申请单有异议的，有权要求承包人修正和提供补充资料，承包人应提交修正后的进度付款申请单。工程师应在收到承包人修正后的进度付款申请单及相关资料后 7 天内完成审查并报送发包人，发包人应在收到工程师报送的进度付款申请单及相关资料后 7 天内，向承包人签发无异议部分的进度款支付证书。存在争议的部分，按照争议解决的约定处理。

除专用合同条件另有约定外，发包人应在进度款支付证书签发后 14 天内完成支付，发包人逾期支付进度款的，按照贷款市场报价利率（LPR）支付利息；逾期支付超过 56 天的，按照贷款市场报价利率（LPR）的两倍支付利息。

发包人签发进度款支付证书，不表明发包人已同意、批准或接受了承包人完成的相应部分的工作。

（3）进度付款的修正。在对已签发的进度款支付证书进行阶段汇总和复核中发现错误、遗漏或重复的，发包人和承包人均有权提出修正申请。经发包人和承包人同意的修正，应在下期进度付款中支付或扣除。

（4）付款计划表包括以下内容：

① 付款计划表的编制要求

除专用合同条件另有约定外，付款计划表按如下要求编制：

a. 付款计划表中所列的每期付款金额，应为每期进度款的估算金额；

b. 实际进度与项目进度计划不一致的，合同当事人可按照商定或确定程序修改付款计划表；

c. 不采用付款计划表的，承包人应向工程师提交按季度编制的支付估算付款计划表，用于支付参考。

② 付款计划表的编制与审批

除专用合同条件另有约定外，承包人应根据工程总承包合同中约定的项目进度计划、签约合同价和工程量等因素对总价合同进行分解，确定付款期数、计划每期达到的主要形象进度和（或）完成的主要计划工程量（含设计、采购、施工、竣工试验和竣工后试验等）等目标任务，编制付款计划表。其中人工费应按月确定付款期和付款计划。

承包人应当在收到工程师和发包人批准的项目进度计划后 7 天内，将付款计划表及编制付款计划表的支持性资料报送工程师。

工程师应在收到付款计划表后 7 天内完成审核并报送发包人。发包人应在收到经工程师审核的付款计划表后 7 天内完成审批，经发包人批准的付款计划表为有约束力的付款计划表。

发包人逾期未完成付款计划表审批的，也未及时要求承包人进行修正和提供补充资料的，则承包人提交的付款计划表视为已经获得发包人批准。

4）竣工结算

（1）竣工结算申请。除专用合同条件另有约定外，承包人应在工程竣工验收合格后 42 天内向工程师提交竣工结算申请单，并提交完整的结算资料，有关竣工结算申请单的资料清单和份数等要求由合同当事人在专用合同条件中约定。

除专用合同条件另有约定外，竣工结算申请单应包括以下内容：

① 竣工结算合同价格；

② 发包人已支付承包人的款项；

③ 质量保证金的相关金额与安排；

④ 发包人应支付承包人的合同价款。

（2）竣工结算审核包括以下内容：

① 除专用合同条件另有约定外，工程师应在收到竣工结算申请单后 14 天内完成核查并报送发包人。发包人应在收到工程师提交的经审核的竣工结算申请单后 14 天内完成审批，并由工程师向承包人签发经发包人签认的竣工付款证书。工程师或发包人对竣工结算申请单有异议的，有权要求承包人进行修正和提供补充资料，承包人应提交修正后的竣工结算申请单。

发包人在收到承包人提交竣工结算申请书后 28 天内未完成审批且未提出异议的，视为发包人认可承包人提交的竣工结算申请单，并自发包人收到承包人提交的竣工结算申请单后第 29 天起视为已签发竣工付款证书。

② 除双方专用合同条件另有约定外，发包人应在签发竣工付款证书后的 14 天内，完成对承包人的竣工付款。发包人逾期支付的，按照贷款市场报价利率（LPR）支付利息；逾期支付超过 56 天的，按照贷款市场报价利率（LPR）的两倍支付利息。

③ 承包人对发包人签认的竣工付款证书有异议的，对于有异议部分应在收到发包人签认的竣工付款证书后 7 天内提出异议，并由合同当事人按照专用合同条件约定的方式和程序进行复核，或按照工程总承包合同争议解决的相关约定处理。对于无异议部分，发包人应签发临时竣工付款证书，并完成付款。承包人逾期未提出异议的，视为认可发包人的审批结果。

（3）扫尾工作清单。经双方协商，部分工作在工程竣工验收后进行的，承包人应当编制扫尾工作清单，扫尾工作清单中应当列明承包人应当完成的扫尾工作的内容及完成时间。

承包人完成扫尾工作清单中的内容应取得的费用包含在竣工结算申请及竣工结算审核中一并结算。

【案例要点 7】① 工程总承包项目按约实施，承包人已经按约完成工程项目并交付使用后，不能再以工程量减少为由减少固定总价合同价款。

某能源公司（发包人）与某电建公司（承包人）就某升压站项目签订 EPC 总承包合同。合同约定固定总价，专用条款 15.1 约定："本工程采用固定总价承包，除第 15.3.2 专用条款调整条件外，结算时合同价格不作任何调整。"合同签订后，某电建公司于 2013 年 11 月 20 日开工，2014 年 8 月竣工，2015 年 1 月 25 日试运行并投产，在结算阶段发包人与承包人发生争议。承包人某电建公司认为，应以双方签订的承包合同为依据，按照合同确定的固定总价支付工程款。发包人某能源公司认为实际施工过程中，天津电建公司未按招标文件要求完成工程量，应核减工程量价款。

法院认为，关于合同内价款双方合同约定为固定总价合同，且工程在验收过程并未出现因承包人原因改变合同目的、功能要求、性能指标引起的变更导致费用降低的情形，某能源公司亦未提供充分证据证明变更对于合同目的、功能要求、性能指标带来的影响。因此，清洁能源公司要求核减工程量价款的抗辩理由缺乏事实依据，不能成立。

5）质量保证金

（1）质量保证金的一般规定。建设工程质量保证金是指发包人与承包人在建设工程承包合同中约定，从应付的工程款中预留，用以保证承包人在缺陷责任期内对建设工程出现的缺陷进行维修的资金。经合同当事人协商一致提供质量保证金的，应在专用合同条件中予以明确。在工程项目竣工前，承包人已经提供履约担保的，发包人不得同时要求承包人提供质量保证金。

承包人提供质量保证金的方式包括：

① 提交工程质量保证金担保；

② 预留相应比例的工程款；

③ 双方约定的其他方式。

除专用合同条件另有约定外，质量保证金原则上采用提交工程质量保证担保的方式，且承包人应在工程竣工验收合格后 7 天内，向发包人提交工程质量保证担保。承包人提交工程质量保证担保时，发包人应同时返还预留的作为质量保证金的工程价款（如有）。但不论承包人以何种方式提供质量保证金，累计金额均不得高于工程价款结算总额的 3%。

（2）质量保证金的预留。双方约定采用预留相应比例的工程款方式提供质量保证金的，质量保证金的预留有以下三种方式：

① 按专用合同条件的约定在支付工程进度款时逐次预留，直至预留的质量保证金总额达到专用合同条件约定的金额或比例为止。在此情形下，质量保证金的计算基数不包括预付款的支付、扣回以及价格调整的金额；

② 工程竣工结算时一次性预留质量保证金；

③ 双方约定的其他预留方式。

除专用合同条件另有约定外，质量保证金的预留原则上采用上述第①种方式。如承包人在发包人签发竣工付款证书后 28 天内提交工程质量保证担保，发包人应同时返还预留的作为质量保证金的工程价款。发包人在返还本条款项下的质量保证金的同时，按

① 一审酒泉市中级人民法院（2019）甘 09 民初 110 号，二审甘肃省高级人民法院（2021）甘民终 232 号。

照贷款市场报价利率（LPR）支付利息。

（3）质量保证金的返还。缺陷责任期内，承包人认真履行合同约定的责任，缺陷责任期满，发包人向承包人颁发缺陷责任期终止证书后，承包人可向发包人申请返还质量保证金。

发包人在接到承包人返还质量保证金申请后，应于7天内将质量保证金返还承包人，逾期未返还的，应承担违约责任。发包人在接到承包人返还质量保证金申请后7天内不予答复，视同认可承包人的返还质量保证金申请。

6）最终结清

（1）最终结清申请单。除专用合同条件另有约定外，承包人应在缺陷责任期终止证书颁发后7天内，按专用合同条件约定的份数向发包人提交最终结清申请单，并提供相关证明材料。最终结清申请单应列明质量保证金、应扣除的质量保证金、缺陷责任期内发生的增减费用。

发包人对最终结清申请单内容有异议的，有权要求承包人进行修正和提供补充资料，承包人应向发包人提交修正后的最终结清申请单。

（2）最终结清证书和支付。除专用合同条件另有约定外，发包人应在收到承包人提交的最终结清申请单后14天内完成审批并向承包人颁发最终结清证书。发包人逾期未完成审批，又未提出修改意见的，视为发包人同意承包人提交的最终结清申请单，且自发包人收到承包人提交的最终结清申请单后15天起视为已颁发最终结清证书。发包人应在颁发最终结清证书后7天内完成支付。发包人逾期支付的，按照贷款市场报价利率（LPR）支付利息；逾期支付超过56天的，按照贷款市场报价利率（LPR）的两倍支付利息。

承包人对发包人颁发的最终结清证书有异议的，按工程总承包合同关于争议解决的约定办理。

8. 工程总承包文件管理

1）工程总承包文件管理的一般原则

项目文件和资料应随项目进度收集和处理，并按项目统一规定进行管理。承包人应按档案管理标准和规定，将设计、采购、施工和试运行阶段形成的文件和资料进行归档，档案资料应真实、有效和完整。

2）合同文件的管理

项目合同文件管理应明确合同管理人员在合同文件管理中的职责，并依据合同约定的程序和规定进行合同文件管理。合同管理人员应对合同文件定义范围内的信息、记录、函件、证据、报告、合同变更、协议、会议纪要、签证单据、图纸资料、标准规范及相关法规等进行收集、整理和归档。

3）承包人资料的管理

工程总承包模式下，承包人的资料管理工作内容更多，按合同约定需要提供的承包人文件，包括承包人在工程建设过程中形成的各种形式的信息记录，具体有工程准备阶段文件、监理文件、设计文件、采购文件、施工文件、竣工图和竣工验收文件。此外，项目履约过程中形成的同期记录资料也应当予以及时保存。包括：工作同期记录：工作日志、工作联系函、现场照片、录像影像、沟通邮件、电话录音、洽商记录等。完整归档和梳理承包人资料对记录承包人工作成果，及时总结过程中的问题以及变更、索赔等工作均有支撑意义。

9. 竣工试验

1）竣工试验的义务

承包人完成工程或区段工程进行竣工试验所需的作业，并提交竣工文件、操作和维修手册后，进行竣工试验。承包人应在进行竣工试验之前，至少提前 42 天向工程师提交详细的竣工试验计划，该计划应载明竣工试验的内容、地点、拟开展时间和需要发包人提供的资源条件。工程师应在收到计划后的 14 天内进行审查，并就该计划不符合合同的部分提出意见，承包人应在收到意见后的 14 天内自费对计划进行修正。工程师逾期未提出意见的，视为竣工试验计划已得到确认。除提交竣工试验计划外，承包人还应提前 21 天将可以开始进行各项竣工试验的日期通知工程师，并在该日期后的 14 天内或工程师指示的日期进行竣工试验。

竣工试验应当按照《发包人要求》中的规定执行，通用合同条件中规定竣工试验按以下顺序分阶段进行，即只有在工程或区段工程已通过上一阶段试验的情况下，才可进行下一阶段试验：

（1）承包人进行启动前试验，包括适当的检查和功能性试验，以证明工程或区段工程的每一部分均能够安全地承受下一阶段试验；

（2）承包人进行启动试验，以证明工程或区段工程能够在所有可利用的操作条件下安全运行，并按照专用合同条件和《发包人要求》中的规定操作；

（3）承包人进行试运行试验。当工程或区段工程能稳定安全运行时，承包人应通知工程师，可以进行其他竣工试验，包括各种性能测试，以证明工程或区段工程符合《发包人要求》中列明的性能保证指标。

完成上述各阶段竣工试验后，承包人应向工程师提交试验结果报告，试验结果须符合约定的标准、规范和数据。工程师应在收到报告后 14 天内予以回复，逾期未回复的，视为认可竣工试验结果。但在考虑工程或区段工程是否通过竣工试验时，应适当考虑发包人对工程或其任何部分的使用，对工程或区段工程的性能、特性和试验结果产生的影响。

2）延误的试验

如果具备竣工试验的条件，承包人就可以开始进行各项竣工试验的日期通知工程师，但该等试验因发包人原因被延误 14 天以上的，发包人应承担由此增加的费用和工期延误，并支付承包人合理利润。同时，承包人应在合理可行的情况下尽快进行竣工试验。

承包人无正当理由延误进行竣工试验的，工程师可向其发出通知，要求其在收到通知后的 21 天内进行该项竣工试验。承包人应在 21 天的期限内确定进行试验的日期，并至少提前 7 天通知工程师。如果承包人未在该期限内进行竣工试验，则发包人有权自行组织该项竣工试验，由此产生的合理费用由承包人承担。发包人应在试验完成后 28 天内向承包人发送试验结果。

3）重新试验

如果工程或区段工程未能通过竣工试验，则承包人应修补缺陷。发包人或承包人可要求按相同的条件，重新进行未通过的试验以及相关工程或区段工程的竣工试验。

4）未能通过竣工试验

因发包人原因导致竣工试验未能通过的，承包人进行竣工试验的费用由发包人承担，竣工日期相应顺延。

如果工程或区段工程经过了重新试验仍未能通过，则：

（1）发包人有权要求承包人继续进行修补和改正，并再次进行竣工试验；

（2）未能通过竣工试验，对工程或区段工程的操作或使用未产生实质性影响的，发包人有权要求承包人自费修复，承担因此增加的费用和误期损害赔偿责任，并赔偿发包人的相应损失；无法修复时，发包人有权扣减该部分的相应付款，同时视为通过竣工验收；

（3）未能通过竣工试验，使工程或区段工程的任何主要部分丧失了生产、使用功能时，发包人有权指令承包人更换相关部分，承包人应承担因此增加的费用和误期损害赔偿责任，并赔偿发包人的相应损失；

（4）未能通过竣工试验，使整个工程或区段工程丧失了生产、使用功能时，发包人可拒收工程或区段工程，或指令承包人重新设计、重置相关部分，承包人应承担因此增加的费用和误期损害赔偿责任，并赔偿发包人的相应损失。同时发包人有权根据合同约定解除合同。

【案例要点 8】① 工程未能通过竣工试验使整个工程的任何部分或（和）工程丧失了主要使用功能、生产功能，发包人可以根据合同约定解除合同。

发包人某环保公司在合同中将“未能通过的竣工试验、未能通过的竣工后试验，使整个工程的任何部分或（和）工程丧失了主要使用功能、生产功能”作为解除合同的条件。然而承包人某科技公司在工程经过两次试车后，没有达到合同约定的生产技术指标。

法院认为工程项目达到约定的生产技术指标系环保公司的主要合同目的，是涉案工程的核心内容，上述合同条款明确约定科技公司负有使工程达到主要技术指标的义务，且科技公司作为技术提供方，有义务对此进行证明。但科技公司在经过两次试车后未向环保公司提交竣工试验报告，也未对试车原材料进行检验，无法证明其承包的涉案工程达到了合同约定的技术指标。双方就此进行沟通后，科技公司一直未能解决此问题，环保公司有权要求解除合同。

10. 竣工验收

1）竣工验收条件

工程具备以下条件的，承包人可以申请竣工验收：

（1）合同范围内的全部单位/区段工程以及有关工作，包括合同要求的试验和竣工试验均已完成，并符合合同要求；

（2）已按合同约定编制了扫尾工作和缺陷修补工作清单以及相应实施计划；

（3）已按合同约定的内容和份数备齐竣工资料；

（4）合同约定要求在竣工验收前应完成的其他工作。

① 一审湖南省郴州市中级人民法院（2018）湘 10 民初 38 号，二审湖南省高级人民法院（2019）湘民终 32 号。

2）竣工验收程序

（1）承包人向工程师报送竣工验收申请报告，工程师应在收到竣工验收申请报告后 14 天内完成审查并报送发包人。工程师审查后认为尚不具备竣工验收条件的，应在收到竣工验收申请报告后的 14 天内通知承包人，指出在颁发接收证书前承包人还需进行的工作内容。承包人完成工程师通知的全部工作内容后，应再次提交竣工验收申请报告，直至工程师同意为止。

（2）工程师同意承包人提交的竣工验收申请报告的，或工程师收到竣工验收申请报告后 14 天内不予答复的，视为发包人收到并同意承包人的竣工验收申请，发包人应在收到该竣工验收申请报告后的 28 天内进行竣工验收。工程经竣工验收合格的，以竣工验收合格之日为实际竣工日期，并在工程接收证书中载明；完成竣工验收但发包人不予签发工程接收证书的，视为竣工验收合格，以完成竣工验收之日为实际竣工日期。

（3）竣工验收不合格的，工程师应按照验收意见发出指示，要求承包人对不合格工程返工、修复或采取其他补救措施，由此增加的费用和（或）延误的工期由承包人承担。承包人在完成不合格工程的返工、修复或采取其他补救措施后，应重新提交竣工验收申请报告，并按本项约定的程序重新进行验收。

（4）因发包人原因，未在工程师收到承包人竣工验收申请报告之日起 42 天内完成竣工验收的，以承包人提交竣工验收申请报告之日作为工程实际竣工日期。

（5）工程未经竣工验收，发包人擅自使用的，以转移占有工程之日为实际竣工日期。

3）单位/区段工程的验收

发包人根据项目进度计划安排，在全部工程竣工前需要使用已经竣工的单位/区段工程时，或承包人提出经发包人同意时，可进行单位/区段工程验收。验收的程序可参照合同的约定进行。验收合格后，由工程师向承包人出具经发包人签认的单位/区段工程验收证书。单位/区段工程的验收成果和结论作为全部工程竣工验收申请报告的附件。

发包人在全部工程竣工前，使用已接收的单位/区段工程导致承包人费用增加的，发包人应承担由此增加的费用和（或）工期延误，并支付承包人合理利润。

【案例要点 9】① 实物移交只是说明工程及设备的中间交接，并非竣工试验完成，不等于通过竣工验收和工程接收。

某工程技术公司（承包人）与某煤化工公司（发包人）签订《某煤焦油深加工工程总承包合同》，合同签订后，工程公司进行施工，施工中双方当事人及监理单位形成多份《工程中间验收单》，并签订多份《某加工项目建筑物移交清单》，但并未完成竣工验收，而后双方就是否应当支付剩余工程款问题发生纠纷。

法院认为，双方当事人在合同中约定案涉工程为“交钥匙工程”，承包人工程公司负责工程设计、设备材料采购、施工至工程试运行、投产达产达标等全过程和最终效果。按照合同约定，工程公司完工后需组织竣工验收，整个工程的竣工验收大致分为实物移交和装置投料试车并考核达标两个阶段执行。实物移交，是指在单机试车后、联动试车前向发包人煤化工公司办理工程及设备中间交接；承包人于装置投料试车系统出合格产品并考核达标后向业主办理工程竣工手续。装置投料试车并考核达标，属于竣工检验。然而，案涉工程的竣工检验程序尚未完成，特别是尚未进入保证值考核阶段，因此工程公司原则上均不具有请求煤化工公司支付剩余工程价款及其利息的条件。

① 一审黑龙江高级人民法院（2019）黑民初 17 号，二审（2020）最高法民终 1040 号。

11. 工程的接收

根据工程项目的具体情况和特点，可按工程或单位/区段工程进行接收，并在专用合同条件约定接收的先后顺序、时间安排和其他要求。接收工程时承包人依据专用合同条件中的约定提交竣工验收资料的类别、内容、份数和提交时间。

1）无正当理由不接收或移交工程

发包人无正当理由不接收工程的，发包人自应当接收工程之日起，承担工程照管，成品保护、保管等与工程有关的各项费用，合同当事人可以在专用合同条件中另行约定发包人逾期接收工程的违约责任。

承包人无正当理由不移交工程的，承包人应承担工程照管，成品保护、保管等与工程有关的各项费用，合同当事人可以在专用合同条件中另行约定承包人无正当理由不移交工程的违约责任。

2）接收证书

除专用合同条件另有约定外，承包人应在竣工验收合格后向发包人提交约定的质量保证金，发包人应在竣工验收合格且工程具备接收条件后的 14 天内向承包人颁发工程接收证书，但承包人未提交质量保证金的，发包人有权拒绝颁发。发包人拒绝颁发工程接收证书的，应向承包人发出通知，说明理由并指出在颁发接收证书前承包人需要做的工作，需要修补的缺陷和承包人需要提供的文件。

发包人向承包人颁发的接收证书，应注明工程或单位/区段工程经验收合格的实际竣工日期，并列明不在接收范围内的，在收尾工作和缺陷修补完成之前对工程或单位/区段工程预期使用目的没有实质影响的少量收尾工作和缺陷。

竣工验收合格而发包人无正当理由逾期不颁发工程接收证书的，自验收合格后第 15 天起视为已颁发工程接收证书。

工程未经验收或验收不合格，发包人擅自使用的，应在转移占有工程后 7 天内向承包人颁发工程接收证书；发包人无正当理由逾期不颁发工程接收证书的，自转移占有后第 15 天起视为已颁发工程接收证书。

存在扫尾工作的，工程接收证书中应当将扫尾工作清单作为工程接收证书附件。

8.2.3 总承包合同的变更与索赔

1. 变更管理

工程总承包项目具有工期长、风险高、外部环境复杂等特点，使订立合同时的条件和基础往往在履约过程中发生变更[①]。工程变更主要有三种情形，发包人提出的变更指令；经发包人批准的承包人提出的变更建议以及其他原因引起的变更（如法律变化、技术规范的调整、不可预见的困难等）。

1）工程总承包合同下变更适用的概述

工程总承包模式下的合同履行依据从传统的施工合同模式下的“按图施工”转变为“按约施工”，即《发包人要求》成为指导承包人工作的核心文件。判断一项工作是否能

① 朱树英，韩如波，郑冠红．工程总承包全过程法律风险管理实务［M］．北京：法律出版社，2022.

够构成工程总承包合同下的变更，则应当将该项工作与《发包人要求》中的规定予以充分对比。在工程总承包模式下，判断构成工程变更的前提条件，在于充分理解合同中约定的调整合同价款的情形，并将实际工作与《发包人要求》做全面分析对比，以便指导后续变更工作的开展。

2）构成变更的情形

（1）发包人变更权。在程序上，发包人同意的变更指示经由工程师发出，承包人在收到变更指示后方可实施变更，未经许可，承包人不得擅自对工程任何部分进行变更。发包人在变更指令方面虽然具有一定自主性，但是发包人的变更不应包括将承包人的工作删减并交由他人或发包人自行实施的情况。

在发包人指令变更的情境下，承包人应当按照变更指令的内容执行，但一些情况下承包人亦可拒绝实施。包括：该项变更指示将降低工程的安全性、稳定性或适用性；涉及的工作内容和范围不可预见；所涉设备难以采购；导致承包人无法执行现场劳动用工、安全文明施工、职业健康或环境保护内容；将造成工期延误；与承包人的一般义务相冲突等无法执行的理由。如果有上述情况，承包人应当及时向工程师发出通知，并在通知中说明上述理由。工程师接到承包人的通知后，应作出经发包人签认的取消、确认或改变原指示的书面回复。

发包人的变更权不得擅自改变建设规模、建设内容。《政府投资条例》第二十一条规定：“政府投资项目应当按照投资主管部门或者其他有关部门批准的建设地点、建设规模和建设内容实施；拟变更建设地点或者拟对建设规模、建设内容等作较大变更的，应当按照规定的程序报原审批部门审批。”《企业投资项目核准和备案管理条例》中规定，实行核准管理的项目，对已核准项目的建设地点，或者拟对建设规模、建设内容等作较大变更的，应当向核准机关提出变更申请。实行备案管理的项目在开工建设前应当将建设地点、建设规模、建设内容等告知备案机关，已备案项目的信息变更情况应当告知备案机关。因此，如果发包人的指令涉及建设规模、建设内容的变更，发包人应当依法根据程序获得相应批准，承包人也可要求发包人在发布变更指令的同时出示批准文件。

（2）承包人的合理化建议。在工程实施过程中，承包人对于工程的变更享有建议权。承包人提出合理化建议的，应向工程师提交合理化建议说明，说明建议的内容、理由以及实施该建议对合同价格和工期的影响。

承包人提出的合理化建议经发包人批准同意后方可成为工程变更。在程序上，工程师在收到承包人提交的合理化建议后 7 天内审查完毕并报送发包人，发现其中存在技术上的缺陷，应通知承包人修改。发包人应在收到工程师报送的合理化建议后 7 天内审批完毕。合理化建议经发包人批准的，工程师应及时发出变更指示，由此引起的合同价格调整按照合同约定的变更估价条款执行。发包人不同意变更的，工程师应书面通知承包人。

经批准的承包人合理化建议可能会降低合同价格、缩短工期或者提高工程经济效益从而产生额外利益，利益分享可依据专用条件或由发承包双方另行达成的约定执行。

（3）其他原因引起的变更。可能引起变更的情形还包括《发包人要求》或发包人提供的基础资料错误引起变更；工程师因不可预见的困难发出指示构成变更；法律和标准的变化构成变更；因异常恶劣的气候条件引起的变更等情况。具体是否构成变更情形，应当结合合同中双方关于风险的分配原则，根据合同具体约定执行。

3）变更估价

（1）变更估价原则。除专用合同条件另有约定外，变更估价原则为：

如果合同中未包含价格清单，合同价格应按照所执行的变更工程的成本加利润调整；如果包含价格清单，合同价格按照如下规则调整：

① 价格清单中有适用于变更工程项目的，应采用该项目的费率和价格；

② 价格清单中没有适用但有类似于变更工程项目的，可在合理范围内参照类似项目的费率或价格；

③ 价格清单中没有适用也没有类似于变更工程项目的，该工程项目应按成本加利润原则调整适用新的费率或价格。

（2）变更估价程序。承包人应在收到变更指示后 14 天内，向工程师提交变更估价申请。工程师应在收到承包人提交的变更估价申请后 7 天内审查完毕并报送发包人，工程师对变更估价申请有异议，通知承包人修改后重新提交。发包人应在承包人提交变更估价申请后 14 天内审批完毕。发包人逾期未完成审批或未提出异议的，视为认可承包人提交的变更估价申请。除双方另有约定外，因变更引起的价格调整应计入最近一期的进度款中支付。

【案例要点 10】① 合同中的变更价款的确认，如果在承包人的投标文件中有相同的项目可以直接参考适用。

某能源公司（发包人）与某电建公司（承包人）就某升压站项目签订 EPC 总承包合同。合同约定固定总价，专用条款 15.1 约定："本工程采用固定总价承包，除第 15.3.2 专用条款调整条件外，结算时合同价格不作任何调整。"合同履行过程中，某能源公司向某电建公司出具《工程委托书》两份，就合同范围外委托某电建公司进行升压站站外道路施工及升压站两站站外电源的土方施工工作。而后某电建公司出具《执行报验单》两份，载明已完成上述两份工程委托书的施工内容，后监理单位在报验单上签字、盖章，某清洁能源公司未在该执行报验单上签字确认，在结算阶段发包人与承包人发生争议。承包人某电建公司认为，施工过程中增加的合同外工作内容应予支付。发包人某能源公司对增加的工程量价款不认可。

法院认为，关于合同范围外的价款，有发包人出具的《工程委托书》，以及经监理签认的《执行报验单》，可以认定：①上述两份工程委托书的施工内容属合同范围外。②某电建公司已按某能源公司的委托要求完成了上述施工内容，且在分项验收及整体验收过程中均显示验收合格。③监理单位对于上述施工内容进行了审核确认。④上述合同范围外进行施工系接受发包方某能源公司的委托，工程款依据合同专用条款 15.3.2"……C. 因发包人原因引起的变更导致费用增加的予以调整。"的约定，应予调整。而因某电建公司投标文件的价格清单中有相关费用的取费标准，因此可以参照投标价以及监理签认的工程量、尺寸示意图确定合同外价款金额。

4）变更引起的工期调整

工程变更除可能引起合同价款的调整外，还可能会对工程工期产生影响，工期调整应当与变更估价一同经发包人批准同意。工期变化的调整需要依据工程进度计划分析关键路径，增减工期天数的可参照工程所在地的工期定额标准确定。

2. 索赔管理

工程索赔是在工程合同履行过程中，当事人一方由于另一方未履行合同所规定的义

① 一审酒泉市中级人民法院（2019）甘 09 民初 110 号，二审甘肃省高级人民法院（2021）甘民终 232 号。

务或者出现了应当由对方承担的风险而遭受损失时，向另一方提出赔偿要求的行为。索赔的性质属于经济补偿行为，而不是惩罚。索赔主体不仅限定于承包人，发包人同样也是索赔的适格主体。

在工程实践中，虽然双方可以通过合同中细化的约定提前对大多数的风险作出合理分配，但由于工程的复杂性，出现前期未预见到的风险或一方出现违约行为总是在所难免，因此索赔工作是发承包双方在合同履行阶段应当予以充分重视的重点工作。而工程索赔能否被支持，除一方产生了实际损失之外，在索赔程序以及证据管理等方面也有严格要求。

1）索赔的提出

（1）索赔意向通知书。根据示范文本通用条款约定，索赔方应在知道或应当知道索赔事件发生后 28 天内，向对方递交索赔意向通知书，并说明发生索赔事件的事由；索赔方未在前述 28 天内发出索赔意向通知书的，丧失要求追加/减少付款、延长缺陷责任期和（或）延长工期的权利。

【案例要点 11】① 合同中约定“索赔事件发生后超过 28 天承包人未向发包人提出相关索赔要求，即视为承包人放弃追索之权利，并不得于结算时再要求增加索赔”，当事人没有证据证明已按约定提出了索赔申请，视为对该部分损失追索权利的放弃。

法院认为，双方签订的建设工程施工合同第 59 条约定：“索赔事件发生后超过 28 天承包人未向发包人提出相关索赔要求，即视为承包人放弃追索之权利，并不得于结算时再要求增加索赔。”根据该约定，承包人应当在栏杆设计变更事件发生后 28 日内，向发包人提出索赔申请，但承包人未提交证据证实其已按约定提出了索赔申请，故应当视为该公司已经放弃了该部分损失的追索权利，故对承包人要求发包人赔偿栏杆设计变更造成的损失，不予支持。

（2）索赔报告。索赔方应在发出索赔意向通知书后 28 天内，向对方正式递交索赔报告；索赔报告应详细说明索赔理由以及要求追加的付款金额、延长缺陷责任期和（或）延长的工期，并附必要的记录和证明材料。

（3）持续影响的事件。索赔事件具有持续影响的，索赔方应每月递交延续索赔通知，说明持续影响的实际情况和记录，列出累计的追加付款金额、延长缺陷责任期和（或）工期延长天数。

（4）最终索赔报告。在索赔事件影响结束后 28 天内，索赔方应向对方递交最终索赔报告，说明最终要求索赔的追加付款金额、延长缺陷责任期和（或）延长的工期，并附必要的记录和证明材料。对于新增的工程量、合同外工作项目等提出索赔要求的，须在该项工程进行到一定程度且能计算出索赔额时提交索赔报告。索赔报告应附有支持索赔理由的各种证据；没有证据或证据不足的，索赔难以被支持。

（5）索赔文件发送和接收对象。承包人作为索赔方时，其索赔意向通知书、索赔报告及相关索赔文件应向工程师提出；发包人作为索赔方时，其索赔意向通知书、索赔报告及相关索赔文件可自行向承包人提出或由工程师向承包人提出。

---

① 一审湖北省恩施土家族苗族自治州中级人民法院（2014）鄂恩施中民初字第 00015 号，二审湖北省高级人民法院（2016）鄂民终 1543 号。

2）索赔的处理程序

发包人收到承包人的索赔或承包人收到发包人的索赔，所需经历的处理程序有所不同。

（1）承包人索赔的处理程序。承包人提交的索赔报告需要先经工程师的审查，其审查范围包括报告的内容、承包人的记录和证明材料等。工程师可针对承包人提交的索赔材料商定或确定追加的付款和（或）延长的工期，并将有关情况书面告知发包人，最终由发包人确定是否认可索赔处理结果。上述处理程序的周期为 42 天，在工程师收到索赔报告或有关索赔的进一步证明材料后起算，逾期不予答复的则视为认可承包人的索赔。承包人接受索赔处理结果的，发包人应在作出索赔处理结果答复后的 28 天内完成支付；承包人不接受索赔处理结果的，则通过合同约定的争议解决程序处理。

（2）发包人索赔的处理程序。发包人的索赔直接提交给承包人，由承包人审查索赔报告的内容以及证明材料。承包人也应在收到索赔报告或进一步证明材料后的 42 天内将索赔处理结果答复发包人。承包人逾期不予答复的，视为认可发包人的索赔。发包人接受承包人索赔处理结果的，发包人可以在应支付给承包人的合同价款中扣除赔付的金额或延长缺陷责任期；发包人不接受索赔处理结果的，则通过合同约定的争议解决程序处理。

3）提出索赔的期限

原则上在合同履行期限内发承包双方均可向对方提出索赔，但尤其需要注意两个时间节点。

第一个是竣工付款证书的时间，在承包人接收竣工付款证书后则已无权再提出在此之前所发生的索赔。

第二个是最终结清证书的时间，在承包人提交的最终结清申请单中只限于提出工程接收证书颁发后发生的索赔，提出索赔的期限均自接受最终结清证书时终止。

【案例要点 12】① 建设工程合同当事人应当在进行工程竣工结算时应就索赔事项及金额一并核定处理，一方当事人在进行结算时没有提出相关索赔主张或声明保留，完成工程价款结算后又以对方之前存在违约行为提出索赔主张，依法不予支持。

某地产公司（发包人）与某建筑公司（承包人）签订施工合同，工程竣工验收合同，双方签订桩基工程《工程结算书》。《工程结算书》对 1－4 号楼项目工程变更、签证、未做项目、面积差补款、签证运土方、安装签证等进行综合结算。而后发包人向承包人主张逾期竣工、工期延误以及未移交竣工验收资料等违约索赔。

再审法院认为，建设工程施工合同当事人在进行工程竣工结算时，应当依照合同约定就对方当事人履行合同是否符合约定进行审核并提出相应索赔。索赔事项及金额，应在结算时一并核定处理。因此，除在结算时因存有争议而声明保留的项目外，竣工结算报告经各方审核确认后的结算意见，属于合同各方进行工程价款清结的最终依据。一方当事人在进行结算时没有提出相关索赔主张或声明保留，完成工程价款结算后又以对方之前存在违约行为提出索赔主张，依法不予支持。由此，在涉案合同未就工程价款结算时保留违约索赔权利作出专门规定的情况下，一、二审法院对于地产公司一审反诉主张建筑公司逾期竣工、工期延误以及未移交竣工验收资料等违约索赔请求未予支持，符合法律规定。

---

① 一审海南省第一中级人民法院（2014）海南一中环民初字第 10 号，二审海南省高级人民法院（2016）琼民终 17 号，再审最高人民法院（2017）最高法民再 97 号。

4）索赔的证据

在工程索赔工作中最为重要同时也往往容易被轻视的环节便是索赔证据的搜集。在国外 FIDIC 合同体系中，索赔的主要支撑性依据为“同期记录”，即由承包人在索赔事件发生的同时所制作的记录文件。对于由承包人提出的索赔，工程师可以监督同期记录的搜集和整理并对同期记录提出意见。在国内的民事诉讼证据规则中有“谁主张，谁举证”的原则，而如果对自己的主张无法提供充分确凿的证据则将承担举证不能的不利后果。索赔管理最重要的工作便是索赔证据的管理，没有证据工程索赔将沦为空谈，项目实施过程中对于关键节点的关键性证据的把控能力更能体现企业的管理能力。

在浙江某建工集团公司与杭州某建设有限公司合同纠纷一案中，原告建工集团起诉要求被告建设公司支付工程款并赔偿经济损失，建设公司反诉要求原告建工集团承担逾期竣工的工期违约金 6068 万元。本案建设单位的反诉被法院驳回，得益于承包人先签证、后索赔前提下与发包人达成了工期顺延和损失承担的补充协议，已把第一次停工的原因和责任都已明确，且坚持在会议纪要上明确了复工和竣工日期。补充协议和会议纪要这些关键性证据都被法院予以采纳。①

8.3　总承包合同管理

8.3.1　总承包合同的设计、采购、施工融合管理

传统的工程发包模式是设计、采购、施工分别发包，先完成设计工作，再按部就班发包采购和施工。工程总承包模式下设计、采购、施工统一发包给一家单位实施，因此更强调各个阶段工作彼此融合的效果。融合的关键点在于将工程实施的各个环节统一考虑、提前做好全过程组织策划、以合同目的为目标最大努力做好设计优化，提高工程经济效益。工程总承包下的设计、采购、施工要求将整个工程的各个环节看作彼此影响、相互联系的整体，以体系思维对待工程总承包项目。

1. 设计、采购、施工融合管理的优势

设计、采购、施工的融合管理是工程总承包模式区别于传统模式关键所在，并存在下列优势。

（1）招标程序的精简。设计、采购、施工打包一次招标在程序上相较于传统的模式有所精简。②

（2）充分发挥设计优势。承包人可对项目进行全面设计统筹，并在采购和施工过程中穿插设计澄清和涉及优化工作，能够充分激发设计工作潜能，提升投资效益。

（3）缩短建设周期。通过对设计、施工的统筹安排，有利于建设效率的提升，在施工图阶段即可提前组织和部署施工工作。

---

① 朱树英．未雨绸缪控风险：施工合同证据“两分法”及管理“三要诀”［M］．北京：知识产权出版社，2018.11.

② 朱树英，曹珊，韩如波．房屋建筑和市政基础设施项目工程总承包管理办法理解与适用［M］．北京：法律出版社，2020.

（4）有效保证工程质量。因设计、采购、施工各个阶段的融合管理可以保障工程质量的全过程管控，使得各个环节的质量协调一致，质量问题得以在第一时间解决。避免出现传统模式下交底不清、设计施工“二张皮”、沟通衔接不畅的原因导致的工程质量问题。

2. 工程总承包项目的组织上的融合管理

工程项目管理模式应当适应工程的组织实施模式、规模及特点。工程总承包力求实现的合同目的是满足发包人要求，完成工程的整体交付，因此承包人在设计项目管理组织架构时，应当排除设计、采购、施工各工作阶段的交流障碍，提高沟通效率，以达到各阶段工作充分融合的效果。

1）工程总承包适宜采用的管理组织机构形式

工程项目组织机构形式包括直线型、职能型、直线职能型、矩阵型等，工程总承包企业承担建设项目工程总承包，宜采用矩阵式管理。项目部由项目经理领导，并接受工程总承包企业职能部门指导、监督、检查和考核。

2）项目经理与项目部

（1）项目经理的职责、权限

项目经理的职责和权限应当依据企业法定代表人签发的书面授权委托书来确定。

项目经理的职责可以包括：执行工程总承包企业的管理制度，维护企业的合法权益；代表企业组织实施工程总承包项目管理，对实现合同约定的项目目标负责；完成项目管理目标责任书规定的任务；对项目实施全过程进行策划、组织、协调和控制等。

项目经理的权限可以包括：经授权组建项目部，提出项目部的组织结构，选用项目部成员，确定岗位人员职责；在授权范围内，按规定程序适用工程总承包企业的相关资源；批准发布项目管理程序；协调和处理与项目有关的内外事宜等。

（2）项目部应当具有的职能

项目部应具有工程总承包项目组织实施和控制职能；项目部对项目质量、安全、费用、进度、职业健康和环境保护目标负责，并应当设置相应的管理岗位和管理人员；项目部应具有内外部沟通协调管理职能。

3. 以设计为主导

设计所确定的基础和结构形式、施工方法、材料、设备等与工程投资有密切的联系，设计管理是发包人控制工程投资、承包人控制工程成本的关键环节，亦是工程总承包项目设计、采购、施工融合管理的主线。

1）设计协调

设计协调程序是项目协调程序中的一个组成部分，是指在合同约定的基础上进一步明确发包人与承包人之间在设计工作方面的关系、联络方式、报告审批制度。设计协调程序一般包含下列内容：①设计管理联络方式和双方对口负责人。②发包人提供设计所需的项目基础资料和项目设计数据的内容，并明确提供的时间和方式。③设计中采用非常规做法的内容。④设计中发包人需要审查、认可或批准的内容。⑤向发包人和施工现场发送设计图纸和文件的要求，列出图纸和文件发送的内容、时间、份数和发送方式，以及图纸和文件的包装形式、标志、收件人姓名和地址等。⑥推荐备品备件的内容和数量。⑦设备、材料请购单的审查范围和审批程序。⑧采用的项目设计变更程序，包括变更的类型（用户变更或项目变更）、变更申请（变更的内容、原因、影响范围）以及审批规定等。

2）限额设计

在工程总承包合同中，根据合同中约定的设计工作内容发包人可以要求承包人针对不同阶段的设计文件编制对应的工程造价文件以便有效控制投资，承包人则以中标合同金额为限开展相应的设计工作，以便实现其预期的经济效益。工程总承包合同管理的设计部分工作应当秉持限额设计理念。

3）设计优化

工程总承包项目中的设计多为初步设计和施工图设计，应在方案设计的基础上，进一步分析优化的空间。具体思路可以包括：深度分析《发包人要求》明确项目功能要求及合同目的；确定设计优化团队并明确内部分工；分析项目设计优化部位；技术经济指标计算并分析需优化问题梳理；具体优化方案的制作；功能匹配度复核及优化前后经济指标对比分析。

设计优化包括工程量、设备、材料选型的优化，同时应当考虑设计进度合理安排，为施工、安装节约工期；设计方案方便施工、减少施工措施。设计应该为采购、施工、安装创造条件。设计优化可关注以下几个要点：

（1）招投标阶段、签约阶段，投标团队各专业应仔细研究招标文件，提出合理偏差，尽力为合同执行创造条件。

（2）标后实施阶段，应组建设计团队，并落实设计优化任务，编制项目设计管理计划，压实设计负责人以及各个专业在设计工作各阶段的设计优化责任。

（3）设计与采购、施工的信息互通，确定各个部门对接沟通的负责人，以保障各项目部各部门间及时高效地对接，在过程中不断寻找、完善和补充设计优化空间。

（4）对于确定的设计优化措施，应强调落实，加强过程管控，监控前后经济指标，做好经验总结。

4. 设计、采购、施工环节的接口管理

（1）设计与采购的接口关系：①设计人员向采购人员提出设备材料请购单及询价技术文件，由采购人员加上商务文件后，汇集成完整的询价文件，由采购人员发出询价。②设计人员负责对制造厂商的报价提出技术评价意见，供采购人员确定供货厂商。③设计人员应派员参加厂商协调会，参与技术澄清和协商。④由采购人员负责催交制造厂商返回的先期确认图纸及最终确认图纸，转交设计人员审查，设计人员应将审查意见及时返回采购人员。⑤在设备制造过程中，设计人员应协助采购处理有关设计、技术问题。⑥设备材料的检验工作由采购人员负责组织，必要时设计人员应参与关键设备材料的检验。

（2）设计与施工的接口关系：①施工人员应参与设计可施工性分析，参加重大设计方案及关键设备吊装方案的研究。②项目设计文件完成后，设计人员向施工人员提供项目设计图纸、文件及技术资料，并派人向施工人员及监理人员进行设计交底。③根据施工需要提出派遣设计代表的计划，按计划组织设计人员到施工现场，解决施工中的设计问题。④在施工过程中由于非设计原因产生的设计变更，应征得设计人员的同意，由设计人员签认变更通知，按变更程序，经批准后实施。

（3）采购与施工的接口关系：①采购计划与施工计划应当协调一致，符合项目总体进度计划的要求；②物资采购开始前应当与施工人员做好采购数量、送货时间等事项的对接；③重要物资、设备的采购应当提前确认图纸，施工人员做好设备位置预留，基础预埋工作界面协调等工作。

【案例要点13】在某产业园项目①中，采用“设计—采购—施工”模式完成建设规模为日处理生活垃圾2250吨，每年可输送绿色电力约2.99亿千瓦时的项目。项目于2020年5月20日竣工，自竣工投入使用以来，设备使用功能良好，达到设计和规范要求，取得良好的社会效益。

承包单位发挥设计管理优势，优化项目总体设计。在设计阶段，对方案图、施工图、预算等进行重点控制，通过优化统筹提高设计效率。焚烧工艺设计采用自主研发机械式炉排炉，烟气净化采用国内首创“八步”组合工艺，渗沥液集成处理工艺也为国内首创，浓液、沼气、污泥回炉焚烧，实现“零排放”。通过设计、采购和施工的深度交叉，提前进行偏差预测，对工期主要控制节点重点监督和纠偏。严格监督参建分承包方、设备供应商、材料供应商等供货和施工进度。全面识别施工现场安全管理风险因素，重点对分包队伍的安全规范生产进行检查。

8.3.2 总承包合同的分包管理

1. 分包范围

承包人不得将其承包的全部工程转包给第三人，或将其承包的全部工程肢解后以分包的名义转包给第三人。承包人不得将法律或专用合同条件中禁止分包的工作事项分包给第三人，不得以劳务分包的名义转包或违法分包工程。

承包人应按照专用合同条件约定对工作事项进行分包，确定分包人。专用合同条件未列出的分包事项，承包人可在工程实施阶段分批分期就分包事项向发包人提交申请，发包人在接到分包事项申请后的14天内，予以批准或提出意见。未经发包人同意，承包人不得将提出的拟分包事项对外分包。发包人未能在14天内批准亦未提出意见的，承包人有权将提出的拟分包事项对外分包，但应在分包人确定后通知发包人。

2. 分包人资质要求

分包人应符合国家法律规定的企业资质等级，否则不能作为分包人，承包人有义务对分包人的资质进行审查，分包人的资格能力应与其分包工作的标准和规模相适应。禁止总承包单位将工程分包给不具备相应资质条件的单位，禁止分包单位将其承包的工程再分包。

3. 分包工程的招投标

关于工程总承包人选择分包人是否需要招标问题，《工程总承包管理办法》第二十一条规定：“工程总承包单位可以采用直接发包的方式进行分包。但以暂估价形式包括在总承包范围内的工程、货物、服务分包时，属于依法必须进行招标的项目范围且达到国家规定规模标准的，应当依法招标。”《招标投标法实施条例》第二十九条规定：“暂

① 黄岛区静脉产业园项目（一期）——山东省住房和城乡建设厅关于印发工程总承包和全过程工程咨询服务典型案例的通知（2021年12月6日）。

估价是指总承包招标时不能确定价格而由招标人在招标文件中暂时估定的工程、货物、服务的金额。”

投标人须知前附表招标人规定应当由分包人实施的非主体、非关键性工作，投标人应当按照“发包人要求”的规定提供分包人候选名单及其相应资料，在此种情况下，分包人在工程总承包招投标时已基本确定，无须在工程总承包中标后再次招标投标。而投标人拟在中标后将中标项目的部分非主体、非关键性工作进行分包的，应符合投标人须知前附表规定的分包内容、分包金额和资质要求等限制性条件。

4. 分包管理的主要内容

分包管理通常包括下列主要内容：明确分包的管理职责；分包招标的准备和实施；分包合同订立；对分包合同实施监控；分包合同变更处理；分包合同争议处理；分包合同索赔处理；分包合同文件管理；分包合同收尾。项目部应组织分包合同的评审，确定最终的合同文本，按工程总承包企业规定或经授权订立分包合同。

5. 分包合同的质量和安全责任

工程总承包单位应当对其承包的全部建设工程质量负责，分包单位对其分包工程的质量负责，分包不免除工程总承包单位对其承包的全部建设工程所负的质量责任。分包单位应当按照分包合同的约定对其分包工程的质量向总承包单位负责，总承包单位与分包单位对分包工程的质量承担连带责任。工程保修书由建设单位与工程总承包单位签署，保修期内工程总承包单位应当根据法律法规规定以及合同约定承担保修责任，工程总承包单位不得以其与分包单位之间保修责任划分而拒绝履行保修责任。

工程总承包单位对承包范围内工程的安全生产负总责。分包单位应当服从工程总承包单位的安全生产管理，分包单位不服从管理导致生产安全事故的，由分包单位承担主要责任，分包不免除工程总承包单位的安全责任。

6. 分包合同的付款

工程总承包单位的分包合同的计价模式相对较为灵活，可能有固定总价、固定单价、成本加酬金等多种模式，承包人应按分包合同约定向分包人支付合同价款。分包单位的付款基础条件需要满足分包单位所完成的工程符合国家质量强制性规定，同时满足合同约定的质量标准。如果分包单位所完成工程质量不合格，且分包单位拒绝修理、返工的工程总承包单位可以减少支付分包合同价款、委托他人修理并由分包单位承担修理费用。

如果在分包合同中约定“背靠背”条款，即对分包单位的付款以工程总承包单位的收款为必要前提条件，则在签订分包合同时，工程总承包单位应当及时向分包单位提供总承包合同中关于收款的相关内容并及时披露总承包合同收款的情况，在建设单位付款滞后的情况下，总承包单位应当积极向建设单位主张相应的工程款；否则，不能以“背靠背”条款为由拒绝向分包单位支付工程款。

7. 分包合同变更

分包合同变更有下列两种情况：①承包人根据项目情况和需要，向分包商发出书面指令或通知，要求对分包范围和内容进行变更，经双方评审并确认后则构成分包合同变更，应按变更程序处理。②承包人接受分包商书面的“合理化建议”，对其在费用、进度、质量、技术性能、操作运行、安全维护等方面的作用及产生的影响进行澄清、评审并确认后，则构成分包合同变更，应按变更程序处理。

分包合同变更应按下列程序进行：综合评估分包变更实施方案对项目质量、安全、费用和进度的影响；根据评估意见调整或完善后的实施方案，报项目经理审查并按工程总承包企业合同管理程序审批；进行沟通和谈判，签订分包变更合同或协议；监控变更合同或协议的实施。

8. 分包合同收尾

承包人应按分包合同约定程序和要求进行分包合同的收尾。合同管理人员应对分包合同约定目标进行核查和验证，当确认已完成缺陷修补并达标时，进行分包合同的最终结算和关闭分包合同的工作。当分包合同关闭后应进行总结评价工作，包括对分包合同订立、履行及其相关效果的评价。

第 9 章　建设工程材料设备采购合同管理

9.1　材料设备采购合同概述

9.1.1　材料设备采购合同的定义

建设工程材料设备采购合同，是出卖人转移建设工程材料设备的所有权于买受人，买受人支付价款的合同。

建设工程材料设备采购合同属于买卖合同，具有买卖合同的一般特点。

（1）出卖人与买受人订立买卖合同，是以转移财产所有权为目的。

（2）买卖合同的买受人取得财产所有权，必须支付相应的价款；出卖人转移财产所有权，以买受人支付价款为对价。

（3）买卖合同是双务、有偿合同。所谓双务有偿是指合同双方互负一定义务，出卖人应当保质、保量、按期交付合同订购的物资、设备，买受人应当按合同约定的条件接收货物并按约支付货款。

（4）买卖合同是诺成合同。除了法律有特殊规定的情况外，当事人之间意思表示一致，买卖合同即可成立，并不以实物的交付为合同成立的条件。

9.1.2　材料设备采购合同的特点

建设工程材料设备采购合同与建设项目的建设密切相关，其特点主要表现为：

1. 建设工程材料设备采购合同的当事人

建设工程材料设备采购合同的买受人即采购人，可以是发包人，也可能是承包人，依据合同的承包方式来确定。永久工程的大型设备一般情况下由发包人采购。施工中使用的建筑材料采购责任，按照施工合同专用条款的约定执行。通常分为发包人负责采购供应；承包人负责采购，包工包料承包；大宗建筑材料由发包人采购供应，当地材料和数量较少的材料由承包人负责三类方式。

采购合同的出卖人即供货人，可以是生产厂家，也可以是从事物资流转业务的供应商。

2. 材料设备采购合同的标的

建设工程材料设备采购合同的标的品种繁多，供货条件差异较大，双方应结合供需实际情况在合同中具体约定。

3. 材料设备采购合同的内容

建设工程材料设备采购合同视标的的特点，合同涉及的条款繁简程度差异较大。建筑材料采购合同的条款一般限于物资交货阶段，主要涉及交接程序、检验方式、质量要求和合同价款的支付等。大型设备的采购，除了交货阶段的工作外，往往还需包括设备生产制造阶段、设备安装调试阶段、设备试运行阶段、设备性能达标检验和保修等方面的条款约定。

4. 材料设备供应的时间

建设工程材料设备采购合同的履行与施工进度密切相关。出卖人必须严格按照合同约定的时间交付订购的货物。延误交货将导致工程施工的停工待料，不能使建设项目及时发挥效益。提前交货通常买受人也不同意接受，一方面货物将占用施工现场有限的场地影响施工，另一方面增加了买受人的仓储保管费用。如出卖人提前将500吨水泥发运到施工现场，而买受人仓库已满只好露天存放，为了防潮则需要投入很多资源进行维护保管。

9.2 材料设备采购合同的订立与履行

9.2.1 材料设备采购合同的订立

按照《民法典》合同编的分类，材料采购合同属于买卖合同，合同条款一般包括以下几方面内容：

（1）产品名称、商标、型号、生产厂家、订购数量、合同金额、供货时间及每次供应数量；

（2）质量要求的技术标准，供货方对质量负责的条件和期限；

（3）交（提）货地点、方式；

（4）运输方式及到站、港和费用的负担责任；

（5）合理损耗及计算方法；

（6）包装标准、包装物的供应与回收；

（7）验收标准、方法及提出异议的期限；

（8）随机备品、配件工具数量及供应办法；

（9）结算方式及期限；

（10）如需提供担保，另立合同担保书作为合同附件；

（11）违约责任；

（12）解决合同争议的方法；

（13）其他约定事项。

9.2.2 材料设备采购合同的履行

1. 出卖人义务的履行

在工程材料、设备买卖合同中，出卖人的义务就是交付标的物并转移标的物的所有权，因此，合同依法生效后，出卖人应当履行向买受人交付标的物或者交付提取标的物的单证，并转移标的物所有权的义务。具体来讲，出卖人合同义务的履行，包括以下几个方面的内容：

1）交付标的物的时间、地点、方式

（1）交付标的物的时间。凡当事人在合同中对交付标的物的时间有明确约定的，出卖人应按合同约定的期限履行交货义务。当事人如果约定交付是期间段的，出卖人可以在该交付期间内的任何时间交付。

当事人没有约定标的物的交付期限或者约定不明确的，可以协议补充；不能达成补充协议的，按照合同有关条款或者交易习惯确定；按照合同有关条款或者交易习惯仍不能确定的，出卖人可以随时履行，买受人也可以随时要求履行，但应当给对方必要的准备时间。

（2）交付标的物的地点。出卖人应当按照约定的地点交付标的物。当事人没有约定交付地点或者约定不明确的，可以协议补充；不能达成补充协议的，按照合同有关条款或者交易习惯确定。否则，适用下列规定：

① 标的物要运输的，出卖人应当将标的物交付给第一承运人以运输交付买受人；

② 标的物不需要运输，出卖人和买受人订立合同时知道标的物在某一地点的，出卖人应当在该地点交付标的物。不知标的物在某一地点的，应当在出卖人订立合同时的营业地交付标的物。

（3）交付标的物的方式。交付标的物的方式可分为现实交付和拟制交付。现实交付，是出卖人将标的物的事实管领权转移给买受人，使买受人能实际控制标的物，即由买受人直接占有标的物。拟制交付，是出卖人将代表标的物的所有权的单证交给买受人，买受人凭单证提取标的物。根据我国《民法典》的规定，交付标的物的方式，可以是现实交付，也可以是拟制交付，但在国内工程材料、设备买卖合同中多是现实交付，而在国际工程材料、设备买卖合同中多是拟制交付。

（4）交付其他单证和资料，出卖人交付的单证有两类，一类是代表标的物所有权的单证，如提单；另一类是辅助单证，商品检验合格证、使用说明书等。出卖人交付其他单证，指的是交付辅助单证。根据我国《民法典》第五百九十九条规定，出卖人应当按照约定或者交易习惯向买受人交付提取标的物单证以外的有关单证和资料。

2）权利担保

权利担保是出卖人应确保对其出售的标的物享有完全的权利，任何第三者不得就该标的物向买受人主张任何权利，也没有侵犯任何第三者的权利。对此，我国《民法典》作出了明确规定：

（1）第五百九十七条规定，因出卖人未取得处分权致使标的物所有权不能转移的，买受人可以解除合同并请求出卖人承担违约责任。

（2）法律、行政法规禁止或者限制转让的标的物，依照其规定。

（3）第六百一十二条规定，出卖人就交付的标的物，负有保证第三人对该标的物不享有任何权利的义务，但法律另有规定的除外。

（4）第六百一十三条规定，买受人订立合同时知道或者应当知道第三人对买卖的标的物享有权利的，出卖人不承担前条规定的义务。

（5）第六百一十四条规定，买受人有确切证据证明第三人对标的物享有权利的，可以中止支付相应的价款，但是出卖人提供适当担保的除外。

3）品质担保

品质担保是出卖人对其出售的工程材料、设备的质量、特性或适用性承担的责任。对此，我国《民法典》第六百一十五条至第六百一十七条规定：

（1）出卖人应当按照约定的质量要求交付标的物。出卖人提供有关标的物质量说明的，交付的标的物应当符合该说明的质量要求。

（2）当事人对标的物的质量要求没有约定或者约定不明确，依照本法第五百一十条的规定仍不能确定的，适用本法第五百一十一条第一项的规定。

第五百一十条　合同生效后，当事人就质量、价款或者报酬、履行地点等内容没有约定或者约定不明确的，可以协议补充；不能达成补充协议的，按照合同相关条款或者交易习惯确定。

第五百一十一条　当事人就有关合同内容约定不明确，依据前条规定仍不能确定的，适用下列规定：

（一）质量要求不明确的，按照强制性国家标准履行；没有强制性国家标准的，按照推荐性国家标准履行；没有推荐性国家标准的，按照行业标准履行；没有国家标准、行业标准的，按照通常标准或者符合合同目的的特定标准履行。

（3）出卖人交付的标的物不符合质量要求的，买受人可以依据本法第五百八十二条至第五百八十四条的规定请求承担违约责任。

第五百八十二条　履行不符合约定的，应当按照当事人的约定承担违约责任。对违约责任没有约定或者约定不明确，依据本法第五百一十条的规定仍不能确定的，受损害方根据标的的性质以及损失的大小，可以合理选择请求对方承担修理、重作、更换、退货、减少价款或者报酬等违约责任。

第五百八十三条　当事人一方不履行合同义务或者履行合同义务不符合约定的，在履行义务或者采取补救措施后，对方还有其他损失的，应当赔偿损失。

第五百八十四条　当事人一方不履行合同义务或者履行合同义务不符合约定，造成对方损失的，损失赔偿额应当相当于因违约所造成的损失，包括合同履行后可以获得的利益；但是，不得超过违约一方订立合同时预见到或者应当预见到的因违约可能造成的损失。

（4）包装义务。按照我国《民法典》第六百一十九条的规定，出卖人应当按照约定的包装方式交付标的物。对包装方式没有约定或者约定不明确的，可以协议补充；不能达成补充协议的，按照合同有关条款或者交易习惯确定。否则，应当按照通用的方式包装，没有通用方式的，应当采取足以保护标的物且有利于节约资源、保护生态环境的包装方式。

2. 买受人义务的履行

在工程材料、设备买卖合同中，买受人的主要义务是支付价款和收取标的物。具体来讲，包括以下几个方面：

1）支付价款的数额、支付方式、地点、时间

（1）支付价款的数额和支付方式。根据《民法典》第六百二十六条规定，买受人应当按照约定的数额和支付方式支付价款，当事人对价款的数额和支付方式没有约定或者约定不明确的，可以协议补充；不能达成补充协议的，按照合同有关条款或者交易习惯

确定。否则，按照订立合同时履行地的市场价格履行；依法应当执行政府定价或者政府指导价的，按照规定履行。履行方式不明确的，按照有利于实现合同目的的方式履行。

（2）支付价款的地点。根据《民法典》第六百二十七条规定，买受人应当按照约定的地点支付价款。对支付地点没有约定或者约定不明确的，可以协议补充；不能达成补充协议的，按照合同有关条款或者交易习惯确定。否则，买受人应当在出卖人的营业地支付，但是，约定支付价款以交付标的物或者交付提取标的物单证为条件的，在交付标的物或者交付提取标的物单证的所在地支付。

（3）支付价款的时间。根据《民法典》第六百二十八条规定，买受人应当按照约定的时间支付价款，对支付时间没有约定或者约定不明确的，可以协议补充；不能达成补充协议的，按照合同有关条款或者交易习惯确定。否则，买受人应当在收到标的物或者提取标的物单证的同时支付。

2）收取标的物

交付标的物是出卖人的义务，收取标的物则是买受人的义务。买受人应按合同约定的时间、地点和方式收取标的物。买受人违反约定，没有收取的，标的物毁损、灭失的风险自违反约定时起由买受人承担。

3）检验标的物

买受人对标的物负有检验义务。对此，我国《民法典》第六百二十条至第六百二十四条作出了明确规定：

（1）买受人收到标的物时应当在约定的检验期限内检验。没有约定检验期限的，应当及时检验。

（2）当事人约定检验期限的，买受人应当在检验期限内将标的物的数量或者质量不符合约定的情形通知出卖人。买受人怠于通知的，视为标的物的数量或者质量符合约定。

当事人没有约定检验期限的，买受人应当在发现或者应当发现标的物的数量或者质量不符合约定的合理期间内通知出卖人。买受人在合理期间内未通知或者自收到标的物之日起二年内未通知出卖人的，视为标的物的数量或者质量符合约定；但是，对标的物有质量保证期的，适用质量保证期，不适用该二年的规定。

出卖人知道或者应当知道提供的标的物不符合约定的，买受人不受前两款规定的通知时间的限制。

（3）当事人约定的检验期限过短，根据标的物的性质和交易习惯，买受人在检验期限内难以完成全面检验的，该期限仅视为买受人对标的物的外观瑕疵提出异议的期限。

约定的检验期限或者质量保证期短于法律、行政法规强制性规定期限的，应当以法律、行政法规规定的期限为准。

（4）当事人对检验期限未作约定，买受人签收的送货单、确认单等载明标的物数量、型号、规格的，推定买受人已经对数量和外观瑕疵进行检验，但是有相关证据足以推翻的除外。

（5）出卖人依照买受人的指示向第三人交付标的物，出卖人和买受人约定的检验标准与买受人和第三人约定的检验标准不一致的，以出卖人和买受人约定的检验标准为准。

9.2.3 材料设备采购合同的变更与终止

1. 变更与终止

合同履行过程中，如需变更合同内容或解除合同，都必须依据《民法典》合同编的有关规定执行。对此，具体规定如下：

1）合同变更

《民法典》第五百四十三条、第五百四十四条规定，当事人协商一致，可以变更合同。当事人对合同变更的内容约定不明确的，推定为未变更。

2）合同解除

《民法典》第五百六十二条规定，当事人协商一致，可以解除合同。

当事人可以约定一方解除合同的事由。解除合同的事由发生时，解除权人可以解除合同。

《民法典》第五百六十三条对法定解除权作出明确规定："①因不可抗力致使不能实现合同目的；②在履行期限届满前，当事人一方明确表示或者以自己的行为表明不履行主要债务；③当事人一方迟延履行主要债务，经催告后在合理期限内仍未履行；④当事人一方迟延履行债务或者有其他违约行为致使不能实现合同目的；⑤法律规定的其他情形。以持续履行的债务为内容的不定期合同，当事人可以随时解除合同，但是应当在合理期限之前通知对方。"

《民法典》第五百六十五条规定："当事人一方依法主张解除合同的，应当通知对方。合同自通知到达对方时解除；通知载明债务人在一定期限内不履行债务则合同自动解除。债务人在该期限内未履行债务的，合同自通知载明的期限届满时解除。对方对解除合同有异议的，任何一方当事人均可以请求人民法院或者仲裁机构确认解除行为的效力。

当事人一方未通知对方，直接以提起诉讼或者申请仲裁的方式依法主张解除合同。人民法院或者仲裁机构确认该主张的，合同自起诉状副本或者仲裁申请书副本送达对方时解除。"

一方当事人要求变更或解除合同时，在未达成新的协议以前，原合同仍然有效，一方当事人依法行使单方解除权的除外。要求变更或解除合同一方应及时将自己的意图通知对方，对方也应在接到书面通知后的合理期限内或合同约定的时间内予以答复，双方合同中约定逾期不答复视为默认的，按约定处理。

物资采购合同变更的内容可能涉及订购数量的增减、包装物标准的改变、交货时间和地点的变更等方面。采购方对合同内约定的订购数量进行调整的应及时与供货方协商，给供货方造成损失的应由采购方承担相应损失赔偿责任。只有当供货方不能按期交付货物，或交付的货物存在严重质量问题而影响工程使用时，构成根本性违约的，采购方才可以拒收货物，甚至解除合同关系。如果采购方要求变更到货地点或接货人，应在合同规定的交货期限前的合理期限内通知供货方，以便供货方修改发运计划和组织运输工具。迟于上述规定期限，双方应当立即协商处理。如果已不可能变更或变更后会发生额外费用支出，其后果均应由采购方负责。

2. 违约责任

1）违约责任的规定

双方可以通过协商，在合同中约定违约金或者该违约金的计算方法。合同中也可以约定定金，如果合同约定的定金不足以弥补一方违约造成的损失，对方可以请求赔偿超过定金部分的损失，但定金和损失赔偿的数额总和不应高于因违约造成的损失。

2）供货方的违约责任

（1）未能按合同约定交付货物。这类违约行为可能包括不能供货和不能按期供货两种情况，由于这两种错误行为给对方造成的损失不同，因此承担违约责任的形式也不完全一样。

① 如果是因供货方应承担责任的原因导致不能全部或部分交货，应按合同约定的违约金比例乘以不能交货部分货款计算违约金。若违约金不足以偿付采购方所受到的实际损失时，守约方可以向法院或仲裁机构提出违约金调整请求，使实际受到的损害能够得到合理的补偿。如果施工采购方为了避免停工待料，不得不以较高价格紧急采购不能供应部分的货物而受到的价差损失时，供货方应承担相应的责任。

② 供货方不能按期交货的行为，又可以进一步区分为逾期交货和提前交货两种情况。

a. 逾期交货。不论合同内规定由供货方将货物送达指定地点交接，还是采购方去自提，均要按合同约定依据逾期交货部分货款总价计算违约金。对约定由采购方自提货物而不能按期交付时，若发生采购方的其他额外损失，这笔实际开支的费用也应由供货方承担。如采购方已按期派车到指定地点接收货物，而供货方又不能交付时，则派车损失应由供货方支付费用。

b. 提前交付货物。属于约定由采购方自提货物的合同，采购方接到对方发出的提前提货通知后，可以根据自己的实际情况拒绝提前提货；对于供货方提前发运或交付的货物，买受人仍可按合同规定的时间付款，而且对多交货部分，以及品种、型号、规格、质量等不符合合同规定的产品，在代为保管期内实际支出的保管、保养等费用由供货方承担。代为保管期内，不是因采购方保管不善原因而导致的损失，仍由供货方负责。

c. 交货数量与合同不符。供货方多交标的物的，买受人可以接收或者拒绝接收多交的部分。买受人接收多交部分的，按照合同的价格支付价款；买受人拒绝接收多交部分的，应当及时通知出卖人。

（2）产品的质量缺陷。交付货物的品种、型号、规格、质量不符合合同规定，如果采购方同意使用，应当按质论价；当采购方不同意使用时，由供货方负责包换或包修。不能修理或调换的产品，按供货方不能交货对待。

（3）供货方的运输责任。主要涉及包装责任和发运责任两个方面。

① 合理的包装是安全运输的保障，供货方应按合同约定的标准对产品进行包装。凡因包装不符合规定而造成货物运输过程中的损坏或灭失，均由供货方负责赔偿。

② 供货方如果将货物错发到货地点或接货人时，除应负责运交合同规定的到货地点或接货人外，还应承担对方因此多支付的一切实际费用和逾期交货的违约金。供货方应按合同约定的路线和运输工具发运货物，如果未经对方同意私自变更运输工具或路

线，要承担由此增加的费用。

3）采购方的违约责任

（1）不按合同约定接受货物。合同签订以后或履行过程中，采购方要求中途退货，应向供货方支付合同约定的违约金。对于实行供货方送货或代运的物资，采购方违反合同规定拒绝接货，要承担由此造成的货物损失和运输费用。约定为自提的产品，采购方不能按期提货，应承担逾期提货时间内供货方实际发生的代为保管、保养费用，造成延期付款还应承担延期付款的违约责任。逾期提货，可能是未按合同约定的日期提货，也可能是已同意供货方逾期交付货物，而接到提货通知后未在合同规定的时限内去提货两种情况。

（2）逾期付款。采购方逾期付款，如果合同约定了逾期付款违约金或者该违约金的计算方法，应当按照合同约定执行。如果合同没有约定逾期付款违约金或者该违约金的计算方法，供货方以采购方违约为由主张赔偿逾期付款损失的，违约行为发生在2019年8月19日之前的，按照中国人民银行同期同类人民币贷款基准利率为基础标准计算；违约行为发生在2019年8月20日之后的，按照违约行为发生时中国人民银行授权全国银行间同业拆借中心公布的一年期贷款市场报价利率（LPR）标准为基础计算逾期付款损失。

（3）货物交接地点错误的责任。货物交接地点错误的责任不论是由于采购方在合同内错填到货地点或接货人，还是未在合同约定的时限内及时将变更的到货地点或接货人通知对方，导致供货方送货或代运过程中不能顺利交接货物，所产生的后果均由采购方承担。责任范围包括，自行运到所需地点或承担供货方及运输单位按采购方要求改变交货地点的一切额外支出。

9.3 材料设备采购合同的管理

基于工程材料设备是建设工程主要组成部分，加强工程材料、设备买卖合同的管理，是工程承包合同管理的重要工作内容之一。因此，对工程材料、设备买卖合同的管理，应纳入工程合同管理范畴，同时，工程材料、设备买卖合同的买受人也应做好管理工作。在签订和履行工程材料、设备买卖合同时，应注意以下几个问题：

（1）工程材料、设备买卖合同的内容应符合工程承包合同的要求，尤其是有关标的物的品种、规格、型号、数量、质量及检验标准、交货期限等内容，不得与工程承包合同相抵，否则，将对工程承包合同的履行产生不利影响。

（2）工程材料、设备买卖合同的订立方式应适当选择，凡依法应采用招标投标方式订立的，不应与法律法规的要求相抵触，否则，会影响合同的有效成立。

（3）加强工程材料、设备的质量检验与监督。对工程材料、设备的质量检验，不应仅于交货后检验，应力求在工程材料、设备的生产制造及运抵现场安装后调试、试运行过程中，加强监督、避免缺陷，必要时，可派独立的检验人员，驻厂监督。一旦发现质量问题，及时作出处理。

（4）承包商进行工程材料、设备采购时，订立合同后，应将合同的副本交给工程师，并获得工程师的许可。在工程材料、设备的生产制造过程中，为工程师检验、检查提供便利。当工程材料、设备交付时，应事先取得工程师认可后才能进场。在投料时，发现有缺陷的材料设备应服从工程师的指示，予以拆除、运出现场并重新采购。

（5）根据施工进度的调整，双方应及时协商调整材料设备供货期限，避免影响现场施工进度和增加过多的采购成本和管理成本。

第 10 章　建设工程全过程工程咨询合同管理

10.1　全过程工程咨询合同概述

10.1.1　全过程工程咨询合同的概念

全过程工程咨询服务合同是委托人根据自身需要及建设项目要求，委托具有相应资质资格和能力的全过程工程咨询方，对建设项目投资决策、工程建设和运营维护的全生命周期提供涉及组织、管理、经济和技术等各有关方面的局部或整体解决方案以及咨询服务，进而与全过程工程咨询方共同订立的咨询服务合同。

10.1.2　全过程工程咨询合同的特点

1. 委托合同的性质

全过程工程咨询合同属于委托合同的一种。《民法典》第九百一十九条规定“委托合同是委托人和受托人约定，由受托人处理委托人事务的合同”。全过程工程咨询合同的订立系全过程工程咨询方接受委托人的委托，综合运用多学科知识、工程实践经验、现代科学技术和经济管理方法，采用多种服务方式组合，为委托人在项目投资决策、建设实施乃至运营维护阶段持续提供局部或整体解决方案的咨询服务。

2. 交付成果多样化

全过程工程咨询方根据合同约定向委托人提供有形和无形的多样化服务成果，提供包括但不限于阶段性和最终的咨询报告、模型、图纸、文件、说明、技术规定等智力性成果。

3. 争议解决方式多样化

相较于以工程实体为交付物的工程项目发承包关系下的合同纠纷，全过程工程咨询合同的纠纷更为复杂。因此，全过程工程咨询合同约定发生争议后除通过和解、调解、仲裁或诉讼外，还引入争议评审的争议解决方式，并对争议评审小组的确定、争议评审费用负担、争议评审程序的启动及争议评审小组决定的效力等作出约定。

10.1.3　全过程工程咨询合同文本

近年来，为了推进全过程工程咨询服务发展，完善配套制度，相关行政主管部门陆续发布了政策文件、相关技术标准及合同示范文本（征求意见稿）。

2017 年 2 月 21 日，国务院办公厅发布《关于促进建筑业持续健康发展的意见》（国办发〔2017〕19 号），其中在“完善工程组织建设模式”部分，明确提出“制订全过程工程咨询服务技术标准和合同范本”。

2018 年 3 月，住房城乡建设部建筑市场监管司发布《关于征求推进全过程工程咨询服务发展的指导意见（征求意见稿）和建设工程咨询服务合同示范文本（征求意见稿）意见的函》（建市监函〔2018〕9 号），要求在全过程工程咨询服务工作开展过程中，应当建立全过程工程咨询服务技术标准和合同体系，从而促进全过程工程咨询服务的科学化、标准化以及规范化。

2019 年 3 月，国家发展改革委、住房城乡建设部发布《关于推进全过程工程咨询服务发展的指导意见》（发改投资规〔2019〕515 号）再次明确，要在房屋建筑和市政基础设施领域“建立全过程工程咨询服务技术标准和合同体系”。

2020 年 4 月，《房屋建筑和市政基础设施建设项目全过程工程咨询服务技术标准（征求意见稿）》，提出“全过程工程咨询单位应与委托人以书面形式订立全过程工程咨询合同，合同中应明确工程咨询服务的范围、内容、服务期限和酬金、咨询成果形式，以及双方义务、违约责任等条款”。

2020 年 8 月，住房城乡建设部建筑市场监管司发布《关于征求全过程工程咨询服务合同示范文本（征求意见稿）意见的函》（建司局函市〔2020〕199 号）。该合同示范文本主要适用于房屋建筑和市政基础设施项目，兼顾了不同阶段、不同方式的咨询服务及费用计取等需求。

2022 年 1 月 19 日，住房城乡建设部组织编制《“十四五”建筑业发展规划》，强调发展全过程工程咨询服务，需要“加快建立全过程工程咨询服务交付标准、工作流程、合同体系和管理体系，明确权责关系，完善服务酬金计取方式。发展涵盖投资决策、工程建设、运营等环节的全过程工程咨询服务模式，鼓励政府投资项目和国有企业投资项目带头推行。培养一批具有国际竞争力的全过程工程咨询企业和领军人才”。

除前述外，各试点地区分别根据自身开展全过程工程咨询服务的实践情况以及研究成果，先后发布了全过程工程咨询服务合同示范文本或者征求意见稿。

目前，在吸收全过程工程咨询服务的实践经验的基础上，住房城乡建设部建筑市场监管司组织起草的全过程工程咨询合同示范文本正在进一步修订、完善，正式稿即将发布。

10.2　全过程工程咨询合同的订立和履行

10.2.1　全过程工程咨询合同的订立

1. 合同文件

1）合同主体

全过程工程咨询合同的签订主体为委托人及咨询人。

（1）委托人。全过程工程咨询合同的委托人可以是投资方或建设单位，也可能是运营方。其中，建设单位指建设工程项目的投资主体或投资人，也是与承担全过程工程咨询服务任务的咨询机构签订合同协议书的当事人及取得该当事人资格的合法继承人。对该工程拥有产权的建设单位也称为业主单位或项目业主。建设单位主要履行提出建设规划、提供建设用地和建设资金的责任。

委托人应履行以下义务：①及时办理审批、核准或备案手续的义务；②为咨询人履行职责提供外部条件的义务；③提供相关资料、设备、设施及提供其他人员的服务的义务；④支付费用的义务；⑤合同当事人在专用合同条款中约定委托人应承担的其他义务。

(2) 咨询人。工程咨询单位是指在中国境内设立的从事工程咨询业务并具有独立法人资格的企业、事业单位。而全过程工程咨询方是指全过程工程咨询业务的提供方，其应当在技术、经济、管理、法律等方面具有丰富经验，具有与全过程工程咨询业务相适应的服务能力，同时具有相应的资质资格和良好的信誉，作为承担建设项目全过程工程咨询服务的咨询机构，全过程工程咨询方可以是独立咨询机构或联合体。

咨询人应履行以下义务：①提供服务的义务；②勤勉尽职的义务；③定期报告的义务；④保护委托人提供的设备、设施及其他财产的义务；⑤合同当事人在专用合同条款约定咨询人应承担的其他义务。

2) 合同文件组成

构成全过程工程咨询服务合同的文件包括：合同协议书、招标文件（如有)、中标通知书（如有)、投标函及其附录（如有)、专用合同条款及附件、通用合同条款、技术标准和要求、其他合同文件，以及在合同订立及履行过程中形成的与合同有关的文件均构成合同文件组成部分。前述各项合同文件包括双方就该项合同文件所作出的补充和修改。

(1) 招标文件、中标通知书、投标函及其附录。委托人可采用招标或非招标采购方式将全过程工程咨询业务委托给一个全过程工程咨询服务方或联合体承担。按现行招标投标相关规定，全过程工程咨询业务中包含依法必须招标项目的，应通过招标方式优选全过程工程咨询方。

比如，在“大型地下变电站——宁波 110kV 大河变迁扩建项目”中，全过程工程咨询的发包方式为公开招标，主要评价标准包括三个方面：①投标企业资信实力（企业资信和业绩等)；②技术服务方案；③服务费用。

(2) 合同协议书。合同协议书集中约定了合同当事人的基本权利义务，包括项目概况、服务范围、委托人代表与咨询项目总负责人、服务费用、服务期限、合同文件的组成、双方承诺、词语含义等重要内容，并约定了合同订立生效条件及合同订立的时间、地点和合同份数。

(3) 通用合同条款。通用合同条款是合同当事人根据《中华人民共和国民法典》《中华人民共和国建筑法》《政府投资条例》等法律法规和规章的规定，就全过程工程咨询服务的提供及相关事项，对合同当事人的权利义务做出的原则性规定。

(4) 专用合同条款及附件。该部分系合同当事人根据项目建设的实际情况以及双方谈判的具体内容，对通用合同条件这一原则性部分进行细化、修改、补充、完善后的结果，也系双方在发生合同争议纠纷后可进行优先解释适用的部分。专用合同条款的附件包括服务范围、服务费用和支付、服务进度计划、主要咨询人员。

(5) 技术标准和要求。全过程工程咨询服务的开展应符合国家、行业以及项目所在地等标准规范。

（6）其他合同文件。其他合同文件是指经合同当事人约定的与全过程工程咨询服务有关的具有法律约束力的文件或书面协议。合同当事人可以在专用合同条款中进行约定。

（7）合同文件的优先顺序。组成合同的各项文件应互相解释，互为说明。除专用合同条款另有约定外，解释合同文件的优先顺序如下：

合同协议书→招标文件（如有）→中标通知书（如有）→投标函及其附录（如有）→专用合同条款及附件→通用合同条款→技术标准和要求→其他合同文件。

在合同订立及履行过程中形成的与合同有关的文件均构成合同文件组成部分，并根据其性质或双方协商确定优先解释顺序。

3）条款结构安排

（1）合同协议书。合同协议书的具体内容包括：项目概况、服务内容、委托人代表与咨询项目总负责人、签约合同价、服务期限、合同文件构成、承诺、词语含义、合同订立和生效，明确了合同当事人基本的合同权利义务。

（2）通用合同条款。通用合同条款的具体内容包括：一般约定，委托人，咨询人，咨询服务要求及成果，进度计划、延误和暂停，服务费用和支付，变更和服务费用调整，知识产权，保险，不可抗力，违约责任，合同解除，争议解决。

（3）专用合同条款。专用合同条款主要是结合项目实际情况和各方当事人的特定需求对通用条款的细化或完善，所以其具体内容与通用条款相对应，包括：一般约定，委托人，咨询人，咨询服务要求及成果，进度计划、延误和暂停，服务费用和支付，变更和服务费用调整，知识产权，保险，不可抗力，违约责任，合同解除，争议解决。

2. 订立合同时需要明确的内容

1）服务范围条款

全过程工程咨询服务范围主要包括投资决策综合性咨询服务、工程建设全过程咨询服务以及其他工程专项咨询服务。在全过程工程咨询服务合同的签订过程中，应当具体化全过程工程咨询方向委托人提供的咨询服务项目，包括工作内容、成果文件、标准和要求、相关管理和配合服务、委托人委托的其他服务人员（比如委托人另行委托的监理服务）与全过程工程咨询人员的服务界面划分等，以便于全过程工程咨询方有效规避非自身服务范畴的风险。

在设置服务范围条款时，还应关注服务范围的变更条款，对于在合同履行过程中可能发生的因建设项目内容、规模、功能、条件、投资额等变化而引起的咨询服务范围、内容、方式等发生相应变化的情况，将变更情形、变更程序、变更结果全面考虑并于合同中固定，以便于全过程工程咨询方在主张因变更而产生的费用调整以及进度延期时有据可依。

2）授权委托条款

当前，全过程工程咨询服务主要有由一家具有相应资质和综合能力的全过程工程咨询单位独立承担项目工程的全部咨询服务工作，或是由多家具有相应资质的咨询单位联合承接。

在不同的咨询服务模式下，全过程工程咨询方的授权范围并不相同，如全过程工程咨询方在与委托人签订全过程工程咨询服务合同时未能将其授权范围界定清楚，则全过程工程咨询方极有可能面临因自身权利行使不当而被委托人追究违约赔偿责任的风险。例如：对于采取“另行分包”模式的全过程工程咨询项目，如全过程工程咨询服务合同中未将全过程工程咨询方可自行分包以及须经委托人同意后方可另行分包的咨询服务内容分别列明，则全过程工程咨询方极有可能出现违约分包甚至被认定为违法分包的行为。另外，对于该模式下“须经委托人同意”这一条款的具体内容同样需要进一步细化，包括委托人的审查内容即全过程工程咨询方应将分包单位的基本信息及资质能力、拟委派的咨询工程师基本资料及执业经历等报委托人书面审批，以及委托人的审批时限以及逾期不审批的后果等，在一定程度上减少被认定为违约违法分包的风险及承担的损失赔偿责任。

除前述外，对于委托人代表及相关人员、全过程工程咨询方委派项目负责人以及专项咨询负责人等咨询人员的权限范围，同样是全过程工程咨询服务合同“授权委托条款”的细化重点。例如：不论是委托人还是全过程工程咨询方委派的授权人员，都应将其身份信息以及权限范围进行明示，具体可包括处理合同所涉及的工程业务事项、处理项目内部行政管理事务、报送报表资料等非经济事务。但对于涉及变更合同的内容（包括但不限于计价计量方式、质量安全、进度、违约条款等）、以委托人或是全过程工程咨询方的名义作出不利承诺、以委托人或是全过程工程咨询方的名义出具欠条或者提供担保、以委托人或是全过程工程咨询方的名义出具结算单等行为时，全过程工程咨询合同中务必明示相关人员的行为必须经过委托人或是全过程工程咨询方的书面授权同意或者加盖其印章，否则由此产生的后果由该行为人自行负责，不产生约束委托人以及全过程工程咨询方的法律效力。

3）权责界定条款

权责界定条款是全过程工程咨询服务合同的重点条款，一旦全过程工程咨询方与委托人的权责界定不全面、不明晰，将导致全过程工程咨询方承担过重的责任，不利于全过程工程咨询方开展全过程工程咨询服务工作。

举例来说，对于采取“联合经营”模式的全过程工程咨询项目，除了联合体内部通过签订联合体协议以明确各自的咨询服务内容以及应承担的责任外，更为重要的是，在联合体与委托人签订全过程工程咨询服务合同时，同样应将联合体各成员的分工情况、权限范畴以及责任承担方式于全过程工程咨询服务合同中进行明示。只有委托人对于联合体的内部分工确属明知，才可以有效规避联合体牵头单位以表见代理、无权代理等违背联合体成员意愿的方式作出侵害联合体其他成员利益的行为，包括擅自变更合同内容、擅自达成签证结算等。与此同时，也只有委托人与联合体各方就责任承担方式达成一致，才可以避免委托人就联合体提供的咨询服务成果仅向联合体牵头单位追究相应责任的后果，从而起到以平衡联合体成员责任的方式激发联合体成员共同履约的积极性并提高联合体成员提供咨询服务的认真度的作用。

除前述外，对委托人的权利进行合理限制同样也是权责界定条款完善中应当关注的重点。全过程工程咨询服务实际上就是全过程工程咨询方受委托人的委托，在委托人的授权范围内代表委托人对整个项目建设进行监督和管理，同时提供相应的工程咨询服务。鉴于全过程工程咨询项目周期较长且投入资金额较大，故委托人对于这种将项目工程交由全过程工程咨询方的模式目前还存在一定疑虑以及不信任等因素，在此情况下，委托人往往会介入全过程工程咨询方的监督管理工作中，甚至做出部分干预全过程工程咨询方专业决策的行为，由此导致的后果便是工程多头管理、责任互相推诿、项目建设停滞不前。因此，全过程工程咨询方极有必要在全过程工程咨询服务合同中将委托人的监督权限、监督范围以及因委托人擅自干预而导致项目工程出现进度、质量安全等问题的责任承担进行明确，在合理约束委托人的同时推动全过程工程咨询工作的顺利实施。

4）服务进度条款

全过程工程咨询的服务期较长，且具有服务结果集成化及难以量化的特点，因此在全过程工程咨询方与委托人签订全过程工程咨询服务合同时，应根据咨询服务进度设置相应的控制节点，由此既可实现委托人对于全过程工程咨询服务的监督，也可实现全过程工程咨询方对其提供咨询服务工作的量化。

具体来说：首先，应确定服务开始的具体时间，可以为委托人向全过程工程咨询方发出开始服务通知中载明的日期，也可以为全过程工程咨询方正式开始工作并给予委托人以书面记录中载明的日期。其次，确定全过程工程咨询方完成所有咨询服务内容的具体顺序以及时间节点，包括将各项咨询服务成果交付委托人的关键日期以及由委托人或是第三方提供决策、同意、批准或资料的关键日期。最后，关于服务进度的变更、延误、暂停，尤其是非全过程工程咨询方原因导致的服务进度变更、延误或是暂停情形，以及发生变更、延误或是暂停后全过程工程咨询方的通知程序，委托人的响应程序，相应的变更、延误或暂停如何处理，服务费用是否调整等内容，均需要在合同中提前细化。

其中，为了避免出现委托人对全过程工程咨询方提交服务进度计划、咨询服务成果、服务进度延后申请等材料迟迟不予回应进而影响整体服务进度或是损害全过程工程咨询方的服务费用调整等情况，全过程工程咨询方须就委托人的响应时间进行限定，如："委托人应在收到全过程工程咨询方提交的服务进度计划/服务成果/服务进度延后申请后X天内完成审批或提出异议，逾期未审批或提出异议的，视为委托人认可该服务进度计划/咨询服务成果/服务进度延后申请。"

总而言之，若服务进度内容约定不明，一旦在合同履行过程中出现进度变更、延误或暂停等涉及服务进度和费用调整的情形时，委托人与全过程工程咨询方很难通过协商达成调解，届时也不利于合同的继续履行。

例如：天津市滨海新区人民法院（2018）津0116民初41182号民事判决书显示，天津宸颍某公司与天津汉滨某公司签订的《汉滨·城市花园项目全过程工程咨询管理咨询合同》因涉案工程造价增加约40%，咨询人服务时间增加一倍有余，据此，应认定全过程工程咨询方提供了合同约定的额外服务，委托人应按合同约定，向全过程工程咨询方支付额外服务费用。

5）结算支付条款

涉及结算支付条款，主要应从以下几个方面进行明晰：

其一，关于全过程工程咨询的计费方式。当前全过程工程咨询项目主要存在四种计费模式，分别为：①"单项收费汇总"模式。以传统取费模式为参照依据，将各单项咨询业务按市场价或规范定价进行汇总。②"1＋N叠加计费"模式。其中"1"指全过程工程咨询服务费，"N"指全过程各专业咨询服务费。③"总价×费率"模式。根据合同中约定的工作内容多少，以收费基数和费率共同确定收费额。当前费率的确定方式主要有两种，一是根据市场标准确定费率，二是通过对项目策划、勘察、设计、造价咨询、招标采购、工程监理等费用进行综合计算，采用加权法确定费率。④“人工时计费”模式。该模式是以工日为单位进行计费，涉及每工日的收费标准，则需要综合考量当地经济发展水平、项目工作量以及难易程度、委托的咨询服务人员的资质等级以及经验等。其中，单项收费模式是对传统咨询服务收费模式的延续，其适用极易导致在一个项目工程中各单项咨询业务拼凑情况的出现，不利于全过程工程咨询模式的推广与发展。而人工时取费模式则因考虑了各地区实际发展状况和物价水平，更适用于专业性较强的咨询业务。但总体来说，“总价×费率”模式更适用于大部分全过程工程咨询服务项目，在该模式下，全过程工程咨询方可在对各阶段服务费用进行综合计算的基础上，用加权法确定费率，同时结合市场及企业现状，最终确定适用于不同规模与类型项目的费率区间，以此作为合同计费指导。

其二，关于咨询服务费的结算支付程序。结算支付程序条款的细化是后续全过程工程咨询单位主张咨询服务费的有利依据。以传统建设工程施工合同中关于“发包人对承包人提交的结算材料逾期不回复即视为认可结算”的内容为参考，在全过程工程咨询服务合同中，同样可以对委托人的审查期限进行限定约定。如可将委托人于各阶段的应付款数额以及时间置于结算条款中，同时约定：“委托人在收到全过程工程咨询单位提报的咨询服务成果以及进度款/增加款/结算款审批材料后，应在不超过X天内审查完毕，如委托人审查未通过的，则应于X天内以书面形式通知全过程工程咨询单位，并说明不符合要求的具体内容；全过程工程咨询单位应根据委托人的要求进行修改后重新报送并重新计算审查期；审查期满后，委托人没有做出审查结论也没有提出异议的，视为认可咨询服务成果以及进度款/增加款/结算款，委托人应自认可之日起X天内按照该进度款/增加款/结算款向全过程工程咨询单位进行支付。”

6）服务要求和服务成果条款

全过程工程咨询方向委托人申请支付咨询服务费的前提即为向委托人提供了满足合同要求的咨询服务成果，故只有将全过程工程咨询服务的具体要求以及各阶段服务成果的交付、审查标准进行细化，方才有利于全过程工程咨询方在面对委托人以咨询服务成果不满足要求为由迟延支付咨询服务费的情况时，可以进行有力抗辩。

具体来说，全过程工程咨询服务主要包括项目投资决策咨询、招标采购咨询、勘察设计咨询、工程监理咨询、工程项目管理、运营维护咨询以及涉及工程造价咨询、投融资咨询等在内的其他专项咨询，对于不同的咨询服务项目，应当在全过程工程咨询服务合同中明确具体的服务成果要求。比如，在投资决策阶段，全过程工程咨询方应组织编制并提交项目投资决策过程中所形成的包括项目建议书、可行性研究报告等在内的咨询成果文件，且文件质量应当符合国家有关标准及行业规范。在工程监理阶段，全过程工程咨询方则应设置工程监理机构，编制工程监理实施方案，通过旁站、巡视、检验等方式对施工单位的施工全过程实施监督和控制，按照项目管理要求对施工过程中所形成的咨询成果文件进行全面收集、整理与移交等。

在对全过程工程咨询方提供的服务成果进行具体化约束后，关于委托人对服务成果的审查程序也应当进一步明确，避免出现因委托人原因致使服务成果审查无法进行或无法按期进行时服务费用或是服务期限的调整无据可依的不利后果。关于服务成果的审查，可在专用条款中约定委托人在收到全过程工程咨询单位提供的服务成果后的审查异议期及审查依据，以及因委托人原因造成的服务成果不合格等无法通过审查情况下的服务费用、期限调整以及责任承担方式等。

7）知识产权条款

全过程工程咨询方向委托人提供全过程工程咨询服务的过程，在一定程度上可视为全过程工程咨询方向委托人提供具有独创性智力成果的过程，期间全过程工程咨询方编制的资料、文件、技术规范等具有独创性特点的成果，即属于知识产权的规制范畴。

对于委托人自行编制或向全过程工程咨询方提供的技术规范、资料、文件或其他类似性质文件的知识产权，不可否认确属于委托人所有，但全过程工程咨询单位可于合同中明确其在提供咨询服务过程中享有一定的免费使用权。双方应在合同中对全过程工程咨询方完成并提交的咨询服务成果的知识产权归属进行约定。除此之外，对于全过程工程咨询方独立于合同之外而创造、开发和拥有的知识产权，包括但不限于全过程工程咨询方编制的各类书面文件等，则应在全过程工程咨询服务合同中明确约定系属于全过程工程咨询方所有，并且对于委托人使用该部分知识产权而产生的费用，双方可进一步协商是否包含在咨询服务费中，如不包含，则计费标准、使用范围、后续转让事项等也需要进行书面细化。

8）争议解决条款

对于全过程工程咨询合同在履行过程中存在的争议问题，可以采取传统的和解、调解、诉讼或仲裁等方式。在此强调，如全过程工程咨询方与委托人约定适用诉讼或仲裁争议解决模式时，应尽量选择与己方具有密切联系的法院或仲裁委，规避不利于己方的法律环境因素。其中应特别注意的是，如选择适用仲裁模式，应将拟选择的仲裁机构名称、地点以及仲裁解决的争议范围以及仲裁规则等进行细化，以避免出现当地仲裁机构过多而无法定位、仲裁解决争议范围不明等导致仲裁条款无效的情况；此外，还须避免出现既约定诉讼解决又约定仲裁解决的无效条款出现。

除前述可采取诉讼或仲裁等传统争议解决模式外，全过程工程咨询方与委托人还可以通过在专用合同条件中约定采取争议评审的方式以解决争议。争议评审是合同当事人在合同履行过程中发生争议时，根据约定，将有关争议提交独立的争议评审组，通过授予评审组调查、听证、建议或者裁决权等方式，由评审组作出评审意见，且该意见依约对当事人产生约束力。鉴于全过程工程咨询项目周期长、规模大且技术较为复杂，故适用争议评审制度，通过专家的介入、组织争议评审小组定期对项目进行实地考察，将便于项目后续产生争议时评审组可以及时介入、全面搜集证据，并能够从技术、风险、合同及法律等多个角度对争议进行分析，从而使争议纠纷得到相对公平合理的解决。争议评审的相关事项，可参照本书第十一章争议解决的相关内容。

10.2.2　全过程咨询合同的履行

1. 全过程咨询服务模式及人员职责

1）工程咨询服务模式

委托人可以通过招标或非招标采购的方式将全过程工程咨询业务委托由一家具有相

应资质和能力的工程咨询单位承担，也可由若干家具有相应资质和能力的工程咨询单位以联合体形式承担。具体如下：

表 1　全过程工程咨询业务委托人情况及服务内容

委托人是否为联合体	全过程工程咨询单位资质资格能力	服务内容
委托一家工程咨询单位	承接全部咨询业务且同时具备相应资质和能力	由一家具有相应资质和能力的工程咨询单位作为集成化服务提供商，独立承担全过程工程咨询业务，全面整合项目建设全过程所需的投资决策综合性咨询、工程建设全过程咨询以及专项咨询等服务项目，进而实现综合性、跨阶段的一体化、一站式集成咨询服务。
	承接全部咨询业务但不具备部分资质和能力	承担全过程工程咨询业务的全过程工程咨询单位，不得将其承担的全部咨询服务整体委托给第三方实施。但对于其自有资质证书许可范围外的咨询业务，全过程工程咨询单位可以按照合同约定或经委托人同意，择优委托具有相应资质和能力的工程咨询单位承担该咨询业务。
由两家或两家以上工程咨询单位组成联合体共同接受委托	联合体各方共同与委托人签订全过程工程咨询合同并按合同约定共同提供咨询服务	全过程工程咨询业务可由若干家具有相应资质和能力的工程咨询单位以联合体方式承担。在联合体经营模式下，应在联合体各方共同与委托人签订的全过程工程咨询合同中明确联合体的牵头人和各成员工作分工、权利、义务、责任，经委托人确认后作为合同附件。在合同履行过程中，未经委托人同意，不得修改联合体协议、变更联合体成员、各成员履行的咨询服务及联合体的法律性质。

全过程工程咨询方应根据建设项目的特点、规模、技术复杂程度、环境等因素，组建项目全过程工程咨询服务机构，该服务机构可独立于委托人进行全过程工程咨询，也可将其专业咨询人员分别派入委托人相关职能部门共同形成一体化工作团队。全过程工程咨询服务机构可根据项目投资决策及建设实施不同阶段咨询内容或专项咨询内容设立不同的咨询工作部门，委派咨询工作部门负责人。

2）工程咨询人员职责

《工程咨询行业管理办法》第十四条规定："工程咨询单位对咨询质量负总责。主持该咨询业务的人员对咨询成果文件质量负主要直接责任，参与人员对其编写的篇章内容负责，实行咨询成果质量终身负责制。工程咨询单位在开展项目咨询业务时，应在咨询成果文件中就符合本办法第十三条要求，及独立、公正、科学的原则作出信用承诺。工程项目在设计使用年限内，因工程咨询质量导致项目单位重大损失的，应倒查咨询成果质量责任，并根据本办法第三十、三十一条进行处理，形成工程咨询成果质量追溯机制。"

（1）工程咨询人员包括咨询项目总负责人及其他由全过程工程咨询方配备和派遣，能胜任本职工作及具备相应能力和经验、满足法律法规规定的相应执业资格的各专项咨询负责人，以及其他专业技术人员和管理人员。全过程工程咨询实行咨询项目总负责人责任制，以及在咨询项目总负责人协调下的各专项咨询负责人责任制。

（2）全过程工程咨询项目总负责人应履行下列职责：

① 组织制订项目全过程工程咨询服务的组织架构、专业分工、决策机制、管理制度、工作流程及相关成果文件标准等，并组织实施。

② 组织编制全过程工程咨询服务工作大纲，审批专业咨询实施方案。

③ 确定全过程工程咨询人员分工及岗位职责，并根据咨询工作需要及时调配专业咨询人员，明确专业咨询人员的职责。

④ 统筹、协调和管理项目内外部相关方关系，调解相关争议，解决项目实施中出现的问题。

⑤ 监督检查咨询工作进展情况，组织评价咨询工作绩效。

⑥ 定期向委托人报告项目进展计划完成情况及所有与其利益密切相关的重要信息。

⑦ 全过程工程咨询方或委托人委托授予的其他权责。

（3）全过程工程咨询项目各专项咨询负责人应履行下列职责：

① 参与全过程工程咨询服务工作大纲的编制，负责专业咨询实施方案的编制。

② 按照工作计划、任务分配和现行法律法规、标准规范、质量要求等，完成所负责的专业咨询服务工作，并及时向项目总负责人汇报工作。

③ 完成项目总负责人安排的其他咨询服务工作。

（4）全过程工程咨询服务团队的其他专业技术人员和管理人员，根据咨询岗位职责分工，履行相应咨询职责。

2. 投资决策综合性咨询

投资决策综合性咨询是全过程工程咨询方在投资决策环节，基于深化投融资体制改革、优化营商环境、促进投资高质量发展之目的，就投资项目的市场、技术、经济、生态环境、能源、资源、安全等影响可行性的要素，结合国家、地区、行业发展规划及相关重大专项建设规划、产业政策、技术标准及相关审批要求进行分析研究和论证，为委托人提供综合性、一体化、便利化的咨询服务。

投资决策综合性咨询服务包括投资策划咨询、可行性研究、建设条件单项咨询等活动，以及在此基础上编制形成的，符合建设项目投资决策基本程序要求的申报材料，同时协助委托人按规定完成投资决策阶段各项审批、核准或备案事项。具体内容如下：

（1）投资策划咨询。投资策划咨询指全过程工程咨询方根据委托人的委托，结合法律法规政策文件、项目所在地整体规划、产业政策、投资条件、市场状况等开展投资策划咨询，最终提供投资机会研究成果。项目投资策划咨询服务须于可行性研究论证前完成。全过程工程咨询方应基于类似案例、经验分析等大数据论证，结合实地调研、问卷调研、访谈等多种研究方式，对建设项目包括整体定位、投资机会、设计及运营策划等在内的事项进行数据收集与分析，进而形成《项目策划报告》，以作为委托人进行内部决策的依据以及后续制订投资计划和开展项目可行性研究的有力支撑。

（2）可行性研究。可行性研究是投资决策综合性咨询服务的核心内容。全过程工程咨询方接受委托人的委托，就影响项目落地、实施、运营的各项因素进行全面分析与论述，进而提出项目建设必要性、可行性和合理性的研究结论，以支撑委托人的内部决策。

可行性研究内容和深度应达到可行性研究报告、建设条件单项咨询相应的规定要求。鼓励将国家法律法规、行政审批中要求的可行性研究报告报批前必须完成的建设条件单项咨询纳入可行性研究统筹论证。鼓励将开工前必须完成的其他建设条件单项咨询主要内容纳入可行性研究统筹论证。

在可行性研究的基础上，全过程工程咨询方按照建设项目分类管理要求编制形成相应申报材料。关于政府投资项目，全过程工程咨询方应当协助委托人编制项目建议书、可行性研究报告、初步设计等，按照政府投资管理权限和规定的程序，报投资主管部门或者其他有关部门审批。关于企业投资项目，应按照规定要求和委托人需求，编制形成项目申请报告、资金申请报告等，分别实行核准管理或备案管理，其中对关系国家安全、涉及全国重大生产力布局、战略性资源开发和重大公共利益等项目实行核准管理，其他项目实行备案管理。

(3) 建设条件单项咨询。建设条件单项咨询包括建设项目选址论证、建设项目压覆重要矿产资源评估、建设项目环境影响评价、节能评估、防洪影响评价、生产建设项目水土保持方案、水资源论证、建设工程文物保护、社会风险评估、政府和社会资本合作(PPP)咨询等内容。

纳入可行性研究的相关建设条件单项咨询，鼓励以可行性研究报告进行报批，也可以提交单项申报材料进行报批。单独开展的单项咨询结论应当与可行性研究报告相关内容保持一致。

3. 工程建设全过程咨询

工程建设全过程咨询是指全过程工程咨询方接受委托，为委托人在工程建设实施阶段，提供包括招标代理、勘察、设计、监理、造价、项目管理等在内的阶段性或整体解决方案的综合性智力服务活动。具体内容如下：

(1) 工程勘察设计管理。全过程工程咨询方提供工程勘察设计管理服务的，应协助委托人选择工程勘察设计单位，并对具体勘察设计工作的启动、实施以及工作成果进行全过程监督与管理。

工程勘察管理内容包括但不限于：勘察任务书的编制、勘察管理人员的规范、现场人员仪器的检查、勘察工作方案及进度计划等材料的审核、工程勘察方案执行情况的监督检查、工程勘察费用支付申请的审核、工程勘察的索赔、勘察成果文件的审核及归档等。

工程设计管理内容包括但不限于：设计任务书编制、设计方案评选、设计质量管理、设计成本管理、设计进度管理、设计变更管理、设计索赔管理、设计文件审核及归档等。

(2) 工程勘察设计服务。全过程工程咨询方具有与工程规模以及委托人委托内容相适应的勘察设计资质的，可以与委托人合同中约定承担工程勘察设计服务，并应按照合同约定自行完成自有资质许可范围内的勘察设计服务。

全过程工程咨询方提供工程勘察咨询服务的，根据全过程工程咨询服务合同约定，既可针对可行性研究勘察、初步勘察、详细勘察和施工勘察提供综合性咨询服务，并根据工程勘察任务书要求及工程勘察相关标准编制工程勘察报告，也可针对某一特定勘察任务提供专项咨询服务并编制相应的专项勘察报告（包括但不限于水文地质勘察报告、文物保护勘察报告等)。

全过程工程咨询方提供工程设计咨询服务的，根据全过程工程咨询服务合同约定，提供方案设计、初步设计和施工图设计三个阶段的咨询服务。其中，全过程工程咨询方应按照工程设计任务书要求向委托人提交方案设计成果、初步设计成果以及施工图设计成果，同时应配合委托人完成设计成果的审核验收、报批报审手续，并参加委托人组织的设计交底和图纸会审会议。除此之外，全过程工程咨询方在工程施工过程中还应向委托人提供设计服务，包括处理设计变更事宜、参加主要分部工程验收和工程竣工验收等。

(3) 工程造价咨询。全过程工程咨询方可根据全过程工程咨询服务合同约定，为委托人提供覆盖项目投资决策和建设实施全过程或其中若干阶段的造价咨询服务。

在项目投资决策阶段，全过程工程咨询方可编制或审核项目投资估算，并可编制或审核项目经济评价报告。

在项目设计阶段，全过程工程咨询方可编制或审核项目设计概算、施工图预算，并可针对设计方案优化、限额设计方案进行工程造价比较分析。

在项目发承包阶段，全过程工程咨询方可编制或审核工程量清单、标底或最高投标限价，并可进行合同策划，拟定工程合同中有关造价条款；还可审核投标报价文件，并协助委托人签订工程承包合同。

在项目施工阶段，全过程工程咨询方可协助委托人编制资金使用计划，进行工程计量及预付款、进度款支付审核，并可确定工程变更、索赔费用，进行工程造价动态分析和审核合同价款调整等工作。

在项目竣工阶段，全过程工程咨询方可审核工程结算报告，并可编制或审核工程竣工决算报告，配合审计部门完成工程竣工决算审计工作。

全过程工程咨询方还可鉴定工程经济纠纷，提出鉴定意见书，核查工程保险理赔事宜。

(4) 工程招标采购咨询。全过程工程咨询方在全过程工程咨询服务项目招标采购阶段的主要任务是协助委托人在授权范围内开展工程勘察设计、监理、工程施工及材料设备采购等的招标代理工作，也可在委托人的授权下直接进行材料设备采购管理相关的咨询服务工作。全过程工程咨询方在实施工程勘察设计、监理、工程施工招标代理工作时，应保证招投标活动符合相关法律法规规定，避免不正当竞争，具体包括招标策划，设定招标条件、编制和发布招标公告或发出投标邀请书，资格预审，编制和发出招标文件，组织评标委员会进行评标，协助委托人与中标单位签订合同等内容。全过程工程咨询方在实施材料设备采购管理工作时，应根据法律法规及委托人要求采用直接采购、询价采购或招标采购方式，采购品质优良、价格合理的材料设备，并应保证所采购的材料设备供应满足工程建设进展需求。

(5) 项目管理。在工程施工阶段，全过程工程咨询方可根据全过程工程咨询服务合同要求从事工程监理或施工项目管理服务活动，也可从事工程监理与项目管理一体化服务活动。全过程工程咨询方根据委托人的委托提供施工项目管理服务时，应委派项目管理负责人并组建项目管理团队，根据全过程工程咨询服务合同的要求和建设项目的特点，统筹协调与建设单位、施工单位、勘查单位、设计单位、监理单位等各参与主体之间的关系，开展包括报批管理、合同管理、设计管理、进度管理，质量管理、安全生产管理、资源管理、收尾管理等在内的咨询服务工作，以保证工程项目有序实施。具体如下：

① 报批管理。全过程工程咨询方开展项目报批管理工作，必须充分掌握建设工程所在地的项目报批流程以及报批材料，从而就整个项目工程从立项到最终验收所需完成的完整程序向委托人进行详细交底。除此之外，全过程工程咨询方还应当根据其与委托人之间所达成的咨询服务模式约定，向委托人予以明示是否需要其他咨询单位进行配合，从而统一安排好工程勘察、设计、监理、施工等单位提前准备好报批所需材料，以协助委托人向有关行政主管部门顺利且高效地完成工程项目各种规划、施工等审批手续的办理。

② 合同管理。全过程工程咨询方应协助委托人建立健全项目合同管理体系，协助委托人做好包括监督检查各参建方履约情况在内的合同实施控制工作，协助委托人解决合同纠纷，做好合同管理总结工作。

③ 进度管理。全过程工程咨询方应当协助委托人完成对整个项目工程总进度的分析论证工作，通过编制项目总体进度计划报委托人审批，并以此为据对各参建方的进度计划进行总体控制、分级管理。

④ 质量管理。全过程工程咨询方实施项目质量管理，主要包括：根据全过程工程咨询服务合同的质量目标约定，制订相应的质量管理计划；参加勘察、设计、施工等各参建方的交底会议，明确质量控制重点以及难点，统筹协调各参建方做好工程施工过程中的质量控制工作；在委托人的授权范围内定期或不定期地进行质量检查检验工作，对于全过程工程咨询单位在实施质量检验检查过程中发现的任何质量隐患，须及时通报委托人，并有权督促各参建方落实整改工作；对于项目工程建设过程中发生的质量缺陷以及质量事故，全过程工程咨询单位应当牵头负责完成事故调查工作，协助委托人消除不利质量影响；参与建设项目的阶段性质量验收工作，同时协助委托人就质量争议问题进行质量索赔，督促施工单位履行质量整改维修义务。

⑤ 安全生产管理。全过程工程咨询方应编制安全生产管理计划以及安全生产事故预防、应急处理方案，落实安全生产设备的配置，做好安全生产管理的准备工作。督促各参建方落实安全生产计划、做好安全教育培训工作，协助委托人定期或不定期对施工现场安全生产情况进行监督，跟踪落实各参建方安全生产职责的履行情况，审核、监督安全生产费用的使用情况，确保施工安全。协助委托人对项目的安全生产状况进行总体评估，识别可能发生的安全生产突发情况，消除安全生产隐患；发生安全生产事故时，及时启动应急准备并采取安全救援措施，协助委托人查清安全事故诱因并妥善处理安全生产事故相关问题。

⑥ 资源管理。全过程工程咨询方提供项目资源管理咨询服务工作，主要包括劳务管理、工程材料与设施设备管理、资金管理。具体来说，全过程工程咨询单位应对承包商编制的劳务需求计划、劳务配置计划和劳务人员培训计划等进行审核，从而确保承包商劳务资源配置符合项目工程的整体劳务管理需求。全过程工程咨询单位应督促承包商编制施工材料以及设施设备的需求计划、使用方案以及保养计划，监督承包商对于材料设备供应商的选择、材料设备的质量、材料设备的使用等均符合法律法规、合同以及项目管理的整体

要求。全过程工程咨询单位应督促委托人与承包商编制项目资金需求计划、收入计划和使用计划，同时在项目建设过程中对资金使用情况保持紧密跟踪，既要对资金使用差异进行分析从而不断优化资金管理方案、提高资金使用效益，同时亦要落实资金的具体用途，确保专款专用，避免发生农民工工资拖欠事项等，从而损害委托人权益。

⑦ 信息档案管理。全过程工程咨询方可根据全过程工程咨询服务合同约定，应用项目信息化管理技术，采用专业信息系统，实施信息档案管理。一方面，全过程工程咨询单位应充分利用现代信息技术和 BIM 平台对项目信息进行收集、整理、分析、处理、传递以及使用，建立信息管理体系，实现信息效益最大化。另一方面，全过程工程咨询方应配备档案管理专员，对全过程工程咨询服务过程中产生的文件与档案资料进行及时收集、有效标识、完整存档。

⑧ 收尾管理。全过程工程咨询方应编制经委托人批准的竣工验收管理计划，协助委托人组织各参建方完成项目工程的各类专项验收以及最终的竣工验收工作，保证项目工程的有序移交，按规定做好资产权属的登记工作。与此同时，全过程工程咨询方应制订项目工程保修期管理制度，督促施工单位严格按照保修合同约定编制保修工作计划，并履行工程保修义务。

（6）工程监理服务。全过程工程咨询方在提供工程监理服务时，应根据全过程工程咨询服务合同及建设工程监理规范要求，在施工现场派驻项目监理机构，并应明确监理人员岗位职责，在实施好与工程现场监理相关工作的同时，给予其他咨询服务工作团队相应的配合。

全过程工程咨询方须完成的现场监理工作主要包括：编制监理规划及监理实施细则；控制工程质量、造价及进度；协调处理工程变更、索赔及施工合同争议；管理监理文件资料；设备采购与设备监造；履行建设工程安全生产管理法定职责、对工程建设相关方进行协调等。

全过程工程咨询方须落实的配合工作主要包括：①配合项目管理服务工作团队，完成现场需要工程监理配合的工作；②配合造价咨询服务工作团队，完成现场变更签证等现场管理资料；③配合工程设计服务工作团队，按全过程工程咨询服务合同要求对工程设计提供相应的技术交流与相关支持；④配合招标代理服务工作团队，为招标代理提供标段划分、实施方案技术要求等技术支持。

4. 工程专项咨询

（1）信息技术咨询。全过程工程咨询方可根据全过程工程咨询服务合同约定，针对信息技术系统集成或某一特定信息技术应用，以建筑信息建模技术为核心，综合集成地理信息系统、物联网、大数据、人工智能等现代信息技术，为委托人在项目投资决策、建设实施乃至运营维护阶段提供数字化解决方案。

（2）风险管理咨询。全过程工程咨询方可根据全过程工程咨询服务合同约定，针对项目投资决策、建设实施及运营维护阶段或其中若干阶段风险管理为委托人提供咨询服务。具体包括：根据工程特点，工程所处的自然、经济、社会及政策环境，工程进展阶段和类似工程风险等信息资料，进行风险识别，建立工程风险清单；基于工程风险清单，通过风险评估对风险发生的可能性及风险事件发生后可能导致的损失大小进行定性、定量分析；根据风险评估结果，委托人风险接受准则及工程实际情况，明确风险应对策略；在风险应对策略实施过程中，通过监测风险应对策略的实施效果，预测已识别风险的变化趋势，识别新出现的风险，并细化或调整风险应对策略。

（3）项目后评价咨询。全过程工程咨询服务项目经竣工验收并投入使用或运营一段时间后，为了充分评估项目建成所达到的实际效果与项目最初制订的可行性研究报告、初步设计等文件主要内容之间的差距及原因，进而便于全过程工程咨询方以及委托人更好地总结经验教训，全过程工程咨询方的咨询服务内容往往还包括对全过程工程咨询项目的后评价。全过程工程咨询方应根据要求编制项目后评价报告，报告内容主要包括项目概况、项目过程评价、项目效果评价、项目目标及可持续性评价、项目总结五个部分。

其中，参加过同一项目前期、建设实施工作或编写自我总结评价报告的工程咨询机构不得承担该项目的后评价任务，即全过程工程咨询方不得同时承接同一项目的前期、建设实施工作、自我总结评价报告编写工作以及后评价工作。

（4）建筑节能与绿色建筑咨询。建筑节能与绿色建筑咨询应依据有关法律法规、政策、标准及全过程工程咨询服务合同进行，并应符合上位规划对于项目所在片区建筑节能、绿色建筑相关规定。

（5）工程保险咨询。全过程工程咨询方提供工程保险咨询服务的，可进行工程保险方案设计，包括保险标的、保险险种、保险费率、承保人、受益人、保险期限等的确定；可协助委托人评价和优选保险人，并可参与工程保险合同谈判和签订；可编制工程保险索赔报告，并可协助委托人实施工程保险索赔。

10.2.3　全过程工程咨询合同的变更与解除

1. 全过程工程咨询合同的变更

1）变更情形

除专用合同条款另有约定外，合同履行过程中发生下列情形的，应按合同约定进行服务变更：

（1）因非咨询人原因导致项目的内容、规模、功能、条件、投资额发生变化的；

（2）委托人提供的资料及根据合同应提供的设备、设施和人员发生变化的；

（3）委托人改变咨询服务范围、内容、方式的；

（4）委托人改变咨询服务的履行顺序和服务期限的；

（5）基准日期后，因项目所在地及提供咨询服务所在地的法律法规发生变动、强制性技术标准的颁布和修改而引起服务费用和（或）服务期限改变的；

（6）委托人或委托人的承包商、供应商、其他咨询方等使咨询服务受到障碍或延长的；

（7）专用合同条款约定的其他服务变更情形。

上述服务变更不应实质性地改变咨询服务合同性质。

2）变更程序

（1）委托人发起变更。咨询服务完成前，委托人可通过签发服务变更通知发起对咨询服务的变更。委托人也可先要求咨询人就即将采取的服务变更拟定建议书。委托人接受服务变更建议书后，应签发服务变更通知以确认该服务变更。

（2）咨询人认为构成变更的确认。咨询人认为委托人发出的指示或其他事件构成服务变更的，应在合理可行的情况下尽快将该事件对服务进度计划、相关服务费用的影响通知委托人。除专用合同条款另有约定外，委托人应在收到通知 14 天内签发服务变更通知或取消该指示，或作出该指示或事件不会导致服务变更的解释。咨询人可在收到进一步的通知后 7 天内根据争议解决条款将该事件作为争议提交，否则咨询人应遵守委托人的进一步通知。委托人逾期签发服务变更通知、进一步通知或其他意见的，视为委托人认可该指示或事件构成服务变更。

（3）合同变更的除外情形。委托人签发服务变更通知后，咨询人应受到该通知的约束，除非咨询人向委托人发出以下有证据支持的通知：

① 咨询人不具备实施服务变更的技术和资源；

② 咨询人认为服务变更将实质性地改变咨询服务的程度或性质；

③ 委托人签发的服务变更通知存在违反法律法规或技术标准前置性规定的情形。

3）价格调整和变更影响

（1）服务变更的影响。服务变更可能影响其他部分的咨询服务、服务进度计划和服务期限或增加咨询人工作量的，委托人和咨询人应对此服务变更引起的服务费用调整和计算方式，包括对其他部分的咨询服务影响、服务进度计划和服务完成日期的影响，以及增加的服务工作量达成一致。

（2）委托人发出执行服务变更指令。服务变更引起的服务费用调整和其对服务进度计划的影响，须经委托人书面同意和确认。委托人同意服务费用调整和服务变更的影响后，应向受托人发出指令，要求开始执行服务变更。

下列情形下，委托人可直接向咨询人发出开始执行服务变更的指令：

① 咨询人收到服务变更通知 14 天后，双方未能确认服务变更的所有影响并达成一致；

② 在服务变更工作开始前，双方无法确认服务变更的所有影响并达成一致。

在此情形下，咨询人应基于其付出的时间，根据合同约定的取费标准获得补偿。

（3）法律法规及标准的变更。除专用合同条款另有约定外，咨询人完成咨询服务所应遵守的法律法规规定，以及国家、行业、团体和地方的规范和标准，均应视为在基准日期适用的版本。基准日期之后，前述版本发生重大变化，或有新的法律法规，以及国家、行业、团体和地方的规范和标准实施的，咨询人应向委托人提出遵守新规定的建议，对强制性规定或标准应遵照执行。因委托人采纳咨询人的建议或遵守基准日期后新的强制性规定或标准，导致服务开支增加和（或）服务期限延长的，由委托人承担责任。

（4）服务费用调整。服务变更引起的服务费用调整应根据合同约定的取费标准确定。合同约定的取费标准不适用于该服务变更的，双方应协商确定新的取费标准。

4）变更形式

对合同的变更或修改应以书面形式做出并由合同当事人正式签署。

2. 全过程工程咨询合同的解除

1）协商一致解除合同

委托人与咨询人协商一致，可以解除合同。

2）由委托人解除合同

有下列情形之一的，委托人可提前 14 天向咨询人发出通知解除合同：

(1) 未经委托人同意，咨询人将咨询服务全部或部分交由第三方实施的；

(2) 咨询人未履行其义务或履行义务不符合合同约定，委托人向咨询人发出通知，列明违约情况和补救要求，咨询人在此通知发出后28天内未能对违约进行补救的；

(3) 不可抗力导致咨询服务暂停超过182天的，或专用条款约定的期限的；

(4) 咨询人违反合同中有关从业规范的约定的；

(5) 咨询人宣告破产或无力偿还债务的；

(6) 专用合同条款约定的其他合同解除情形。

3) 由咨询人解除合同

有下列情形之一的，咨询人可提前14天向委托人发出通知解除合同：

(1) 咨询服务因为委托人根据项目进展情况，以书面通知方式指示咨询人暂停部分或全部咨询服务工作，暂停超过182天，或专用条款约定的期限的；

(2) 咨询服务因为委托人未能按期支付款项且未就未付款项发出异议通知而暂停，暂停超过42天，或者专用条款约定的期限的；

(3) 咨询服务因不可抗力已暂停超过182天，或专用条款约定的期限的；

(4) 委托人违反合同中有关从业规范的约定的；

(5) 委托人宣告破产或无力偿还债务；

(6) 专用合同条款约定的其他合同解除情形。

4) 合同解除的后果

(1) 委托人的权利。委托人根据合同约定解除合同的，具有下列权利：

① 要求咨询人移交其截至合同解除之日履行咨询服务义务所必需的所有文件和其他服务成果；

② 要求咨询人按照合同中有关违约责任的约定赔偿因合同解除直接导致的合理费用损失。

(2) 咨询人的权利。咨询人应根据其在合同解除前已履行的咨询服务获得服务费用。

咨询人根据合同约定解除合同的，有权要求委托人按照合同中有关违约责任的约定赔偿因合同解除直接导致的合理费用损失。

(3) 合同解除的效力。合同解除不应损害或影响合同解除前已发生的双方责任和义务。

3. 违约责任

1) 委托人违约

(1) 委托人违约的情形。在合同履行过程中发生的下列情形，属于委托人违约：

① 委托人未能按合同约定提供有关资料或所提供的有关资料不符合合同约定或存在错误或疏漏的；

② 委托人未能按合同约定提供咨询服务工作条件、设施场地、人员服务的；

③ 委托人擅自将咨询人的成果文件用于本项目以外的项目或交由第三方使用的；

④ 委托人未按合同约定日期足额付款的；

⑤ 委托人未能按照合同约定履行其他义务的。

(2) 改正通知。委托人违约的，咨询人可向委托人发出通知，要求委托人在指定的期限内采取有效措施纠正违约行为。

（3）委托人的违约责任。委托人应根据合同约定承担因其违约给咨询人增加的费用和（或）因服务期限延长等造成的损失，并支付咨询人合理的费用和（或）利润。委托人违约责任的承担方式和计算方法可在专用合同条款中约定。

山西省大同市云州区人民法院（2021）晋 0215 民初 531 号民事判决书显示，法庭经查明，天津泰达工程管理咨询有限公司与大同普云大数据有限公司签订《大同云中 e 谷产业园 S2A 地块全过程工程咨询服务合同》，约定咨询服务费用共分七次支付完毕，其中，第一笔服务费 279 万元应于 2020 年 12 月 31 日支付，逾期支付的，应按照 LPR 标准的 2 倍向原告支付违约金及逾期付款利息。截至 2020 年 12 月 31 日，咨询人已按合同约定完成本项目第一阶段调查报告并提交了服务成果，已达到第一期咨询服务费支付时间节点，遂判令委托人支付服务费用，并承担逾期利息及违约金。

2）咨询人违约

（1）咨询人违约的情形。在合同履行过程中发生的下列情形，属于咨询人违约：

① 由于咨询人原因，未按合同约定的时间和质量交付咨询服务成果文件的；

② 由于咨询人原因，造成工程质量事故或其他事故的，或造成影响到结构安全、使用安全、公共安全或严重影响使用功能的质量缺陷的；

③ 由于咨询人原因，造成建筑施工安全生产事故或形成安全生产重大隐患的；

④ 咨询人未经委托人同意，擅自将咨询服务转让给第三方或交由其他咨询单位实施的；

⑤ 未经委托人书面同意，咨询人擅自更换咨询项目总负责人、专项咨询负责人及其他主要咨询人员的；

⑥ 咨询人未能按照合同约定履行其他义务的。

（2）通知改正。咨询人违约的，委托人可向咨询人发出通知，要求咨询人在指定的期限内改正。

（3）咨询人的违约责任。咨询人应根据合同约定承担因其违约给委托人增加的费用和（或）因服务期限延误等造成的损失。咨询人违约责任的承担方式和计算方法可在专用合同条款中约定。

3）责任期限

责任期限自合同生效之日开始，至专用合同条款中约定的期限或法律法规规定的期限终止。工程勘察、设计和监理等影响工程质量的服务内容的责任期限应延长至法律法规规定的相应责任期。

4）责任限制

（1）违约责任范围。任何一方承担违约责任，应仅限于：

① 因违约直接造成合理可预见的损失；

② 除专用合同条款另有约定外，最大赔偿额不应超过工程建设全过程咨询服务费用（扣除国家规定的增值税税金）；

③ 除合同另有约定外，咨询人被认为应与第三方共同向委托人负责的，咨询人支付的赔偿比例应仅限于因其违约而应负责的部分，但如果该第三方是咨询人的分包商、供应商或其雇佣的除外。

在不损害咨询人根据有关合同解除后果条款享有权利的前提下，任何一方均不应就其他合同、侵权行为以及任何法律法规等规定的任何收入损失、利润损失、生产延误、合同损失、使用损失、业务损失、第三方惩罚性赔偿、商业机会损失，或任何非直接、特殊或间接的损失负责。

（2）对工程合同相对方承担责任的排除。除非另有规定或咨询人有明显过错的情况下，在提供与工程合同相关的咨询服务时，咨询人仅根据合同约定对委托人承担违约责任，而不应就工程合同下的相对方（如工程总承包单位）履行工程合同所产生的责任对委托人承担责任。在法律法规允许的前提下，委托人应尽合理努力保护咨询人免受工程合同下的相对方提起的、与工程合同相关的索赔而导致的损失。

（3）责任限制的例外。因任何一方故意或疏忽大意违约、欺诈、虚假陈述等不当行为造成损失，其损失赔偿不受合同责任限制约定所限制。

10.3 全过程咨询合同管理

10.3.1 委托人对全过程咨询合同管理

委托人在委托全过程工程咨询方提供咨询服务前，应当先行识别项目需求和范围，并根据自身服务管理能力、相关方约定以及项目目标之间的内在联系，确定全过程工程咨询服务范围、服务内容、服务标准和服务要求。

（1）委托人可以通过招标或非招标采购的方式将全过程工程咨询业务委托由一个具有相应资质和能力的工程咨询单位或联合体承担。委托人在委托全过程工程咨询服务业务时，应当与全过程工程咨询方签订全过程工程咨询服务合同。

（2）委托人应负责项目决策，并对咨询方的服务行为进行监督、检查和考核，确保项目正常推进。

委托人的管理工作主要包括：①审批全过程工程咨询服务机构的组织结构和人员配置；②明确委托人对咨询方的授权范围、期限和内容；③明确咨询方与项目其他相关方的权利、义务和责任；④审批全过程工程咨询服务管理规划大纲和实施规划以及专项咨询服务实施规划和实施方案；⑤审批咨询方报送的项目相关人的咨询成果，并及时进行确认；⑥审批咨询方报送的项目相关人的请款申请，并及时进行支付；⑦审批咨询方报送的项目实施过程中发生的各变更事项，并及时进行确认；⑧审批咨询方报送的项目实施过程突发的重大安全事件的处置原则和处置方案，并参与配合工程质量安全事故的调查和处理；⑨沟通协调解决项目各相关方之间的争议及存在的问题；⑩组织项目后评价和全咨管理绩效评价。

（3）委托人应按合同约定向咨询方及时支付服务费用，并为咨询方提供开展服务工作所需的相关资料、设备和设施。

10.3.2 咨询方对全过程咨询合同管理

咨询方在提供全过程工程咨询服务过程中，应在合同约定以及委托人的授权范围内，代表委托人实现对全过程工程咨询项目的总控管理，并配合委托人对政府建设主管部门、第三方审查和审计机构等相关人的全过程沟通协调，通过提供高质量咨询服务，实现建设项目的各项管理目标，全面提升项目的投资效益、建设质量和运营效率。

（1）咨询方在承担全过程工程咨询业务时，应具备相应的资质、能力和业绩，其中涉及工程勘察、工程设计、监理、造价等咨询服务业务的，应由具有相应资质的咨询方承担。

（2）承担全过程工程咨询业务的咨询方，未经委托人同意，不得擅自将其承担的全部咨询服务转让给第三方实施。委托人同意咨询方将部分咨询服务交由其他咨询单位完成的，不减轻或免除咨询方就该部分咨询服务应承担的责任和义务，咨询方仍应对该部分咨询服务负总责，并就其他咨询方的行为、疏忽和违约承担相应责任。

（3）咨询方系以联合体的方式投标全过程工程咨询业务的，应当明确联合体的牵头单位以及联合体的责任承担。咨询方经委托人同意委托专业咨询工作时，应与专业咨询方签订专业咨询服务合同，并明确各方在提供咨询服务过程中的权利、义务和责任。

（4）咨询方应根据建设项目的特点、规模、技术复杂程度、环境等因素，通过组建全过程工程咨询服务机构以实现对咨询服务项目的全程管控，并对咨询服务和管理服务的成果质量负责。

咨询方的管理工作主要包括：①咨询方应配备满足全咨业务开展所需要的人力、材料、机具、设备和资金等资源；②咨询方应编制全过程工程项目管理规划大纲和管理实施规划、单项咨询服务实施规划和实施方案；③咨询方应对全过程工程咨询项目总负责人和全过程工程咨询服务机构的授权范围、期限和内容中的工作进行全过程的监督、指导和管控，对履约过程中存在的问题和不足应及时提出解决建议和整改措施；④咨询方应审核项目实施过程中突发的重大事件的处置方案；⑤咨询方应负责维护与委托人、承包人和专项咨询方等相关人的良好合作关系，定期对全过程工程咨询服务机构的执行情况进行检查；⑥咨询方应对全过程工程咨询服务机构的管理行为和管理结果负责，对全过程工程咨询服务机构的工作进行全面指导和支持。

咨询方的咨询服务工作主要包括：①咨询方在提供招标代理服务时，应根据招标采购需要，在符合法律规定的前提下，与投标人、评标人、相关政府机构等相关方进行联系协调；②咨询方在提供勘察服务时，应参与勘察技术交底，参与施工验槽，委派专业人员及时配合解决与勘察有关的问题，参与地基基础验收和工程竣工验收等工作；③咨询方在提供设计服务时，应参与设计技术交底、施工现场服务，参与施工过程验收、隐蔽工程验收、试运行、工程竣工验收等工作；④咨询方在提供监理服务时，应根据法律法规以及工程建设标准，在施工阶段对工程质量、造价、进度进行控制，对合同、信息进行管理，对工程建设相关方的关系进行协调，并履行建设工程安全生产管理法定职责；⑤咨询方在提供造价咨询服务时，应与项目各参与方就项目资金使用、价款的确定和调整、竣工结算等工程造价相关事宜进行联系与沟通，协调项目参与各方的关系，确保项目投资控制目标的实现；⑥咨询方在提供项目服务时，应对招标代理、勘察、设计、监理、造价咨询等服务及相关活动进行统筹管理。

10.3.3　全过程咨询合同的管理要点

1. 投资决策阶段

1）管理内容

在投资决策咨询阶段，可行性研究论证是最具综合性咨询特征的核心内容，也是咨询方在该阶段的服务与管理重点。可行性研究论证成果包括但不限于以下文件：项目建议书、可行性研究报告、项目申请报告、资金申请报告，以及建设项目选址论证、交通影响评价报告、项目社会稳定性风险评价、环境影响评价报告、节能评估报告、项目安全评价、水土保持方案、地质灾害危险性评估等。

鉴于可行性研究报告是政府投资项目审批决策的重要依据，也是支撑委托人进行内部决策的重要参考，故全过程工程咨询方在编制可行性研究报告时，需要结合项目的实际情况，同时参考国家现行的相关规范、标准以及审批要求，保证可行性研究报告的编制格式、内容和深度均达到规定要求。其中，可行性研究报告的编制应注意下述内容：

（1）明确提出可行性研究报告编制工作的范围、重点、深度要求、完成时间、费用预算和质量要求。

（2）可行性研究报告的编制团队应具有相应的专业水平、技术资格以及工作能力；编制格式、内容和深度均应达到规定要求和合同约定；编制工作应包括调查收集资料、制订技术路线、编制方案及评价、撰写研究报告、成果验收报审、评审修改完善等具体阶段。

（3）应符合国家、地方、行业的相关规划及重大项目建设计划，符合相关法律、法规和产业政策，符合有关技术标准、规范和审批要求等规定。

（4）在调查研究的基础上，应按照客观情况进行论证和评价。

（5）在对历史、现状资料研究分析的基础上，应对未来的市场需求、投资效益或效果进行预测和评估。

（6）应统筹考虑影响项目可行性的各种因素，做好与单独开展的专项评价评估的协调、衔接，以及方案的比选优化。

（7）投资估算、成本测算、财务评价数据要精确有效，利率、汇率要精确预估，项目收益率、折现率、涨价费率等指标要具有依据性和前瞻性，确保经济、财务分析有效和实用。

（8）应在全面分析、预测、规避各类风险的基础上，提出切实可行、合理有效的风险规避策略和方法。

2）管理风险

（1）全过程工程咨询方在提供可行性研究论证咨询服务过程中，应向委托人提交符合合同约定要求的项目建议书、可行性研究报告、项目申请报告、资金申请报告、单项咨询报告等可行性研究成果，并对可行性研究成果的真实性、有效性和科学性负主体责任。否则，若是全过程工程咨询单位未按要求或未尽职尽责的编制、提交可行性研究成果，并给委托人造成损失的，根据《民法典》第五百七十七条之规定，将承担继续履行、采取补救措施或者赔偿损失等违约责任。

举例说明，如因全过程工程咨询单位原因导致委托人不能及时获悉政府职能部门就可行性研究、环境影响评价的工作安排及要求，或是因全过程工程咨询单位编制、提交的文件资料不达标以致无法通过行政主管部门审批等，阻碍全过程工程咨询项目的服务进度的，均视为全过程工程咨询单位未全面履行合同义务，委托人不但有权顺延支付咨询费的期限，而且有权要求咨询人承担延期的相应责任。

（2）全过程工程咨询单位在提供可行性研究咨询服务过程中，不论是项目策划书、项目建议书的编制，还是可行性研究报告、投资估算报告、环境影响评价报告的出具，其内容论证都应严格遵守客观真实、诚实守信、公正执业的基本原则。

《中央预算内直接投资项目管理办法》第三十八条规定：“有关工程咨询机构或者设计单位在编制项目建议书、可行性研究报告、初步设计及投资概算以及开展咨询评估或者项目后评价时，弄虚作假或者咨询评估意见严重失实的，国家发展改革委和有关部门将其纳入不良信用记录，根据其情节轻重，依法给予警告、停业整顿、降低资质等级或者撤销资质等处罚；造成损失的，依法承担赔偿责任。相关责任人员涉嫌犯罪的，依法移送司法机关处理。”《环境影响评价法》第三十二条规定：“接受委托编制建设项目环境影响报告书、环境影响报告表的技术单位违反国家有关环境影响评价标准和技术规范等规定，致使其编制的建设项目环境影响报告书、环境影响报告表存在基础资料明显不实，内容存在重大缺陷、遗漏或者虚假，环境影响评价结论不正确或者不合理等严重质量问题的，由设区的市级以上人民政府生态环境主管部门对技术单位处所收费用三倍以上五倍以下的罚款；情节严重的，禁止从事环境影响报告书、环境影响报告表编制工作；有违法所得的，没收违法所得。编制单位编制主持人和主要编制人员五年内禁止从事环境影响报告书、环境影响报告表编制工作；构成犯罪的，依法追究刑事责任，并终身禁止从事环境影响报告书、环境影响报告表编制工作。”

根据前述，全过程工程咨询方在提供可行性研究咨询服务过程中，如存在违反国家有关规定，致使编制报告内容明显不实，存在重大遗漏、缺陷或是虚假等严重质量问题时，不但需要面临被责令改正、警告、停业整顿、降低资质等级或者撤销资质等行政处罚，涉嫌违法犯罪的，如涉嫌提供虚假证明文件罪、出具证明文件重大失实罪、受贿罪、非国家工作人员受贿罪等刑事犯罪，全过程工程咨询方以及相关人员还将面临严苛的刑罚处罚。

2. 勘察设计阶段

1）管理内容

全过程工程咨询方组织开展勘察设计咨询以及管理服务时应满足下列要求：

（1）全过程工程咨询方应具有与工程规模及合同约定内容相适应的勘察设计资质的，并应依据合同自行完成自有资质许可范围内的勘察设计任务；全过程工程咨询方不具备相应的勘察设计资质的，应按照合同约定或经委托人同意，择优委托具有相应资质的咨询方承担勘察设计任务。

（2）明确勘察设计负责人，制订勘察设计阶段管理制度，确定勘察设计管理目标和流程，配备相应资源。

（3）对勘察设计的质量、进度、变更等进行管理。

（4）督促勘察设计单位各阶段的工作满足相关规范、规程、标准的要求，满足工程进度的要求，满足勘察设计合同和项目特殊性的要求。

2）管理风险

全过程工程咨询方在承担工程勘察设计咨询服务工作时，一方面，应根据建设项目的特点、工作性质等内容合理预估项目工期，并在合同约定、委托人要求的合理工期内完成勘察设计咨询服务，及时交付勘察设计成果。如果全过程工程咨询方出现迟延交付勘察设计成果、勘察设计成果交付形式、期限、数量不符合合同要求等情形，进而影响勘察设计进度甚至是整个工程进度，由此造成工期延误的，全过程工程咨询方须就委托人的工期损失承担相应的过错赔偿法律责任。另一方面，全过程工程咨询方应保证勘察设计质量符合合同约定、行业规范要求及工程质量标准。如全过程工程咨询方因自身勘察、设计及管理的疏忽或过失而引发工程质量事故，进而给委托人造成损失或造成第三人人身伤亡或财产损失的，全过程工程咨询方应承担合同解除、支付违约金、赔偿损失等违约、侵权民事责任；触犯行政监管的，将被相关行政主管部门处以罚款、停业整顿、降低资质等级、吊销资质证书等行政处罚；造成工程重大安全事故构成犯罪的，还应承担相应的刑事责任。

全过程工程咨询方在承担工程勘察设计管理工作时，需密切关注承担勘察设计任务的其他咨询方的履职情况，避免出现因对勘察设计方履职不当而给委托人造成损失的不利情况。否则一旦出现，全过程工程咨询单方将面临因管理不到位而产生的合同违约风险，届时需对委托人承担违约损失赔偿等法律责任。

3. 招标采购阶段

1）管理内容

在招标采购阶段，全过程工程咨询方应按照全过程工程咨询合同约定，自行或是委托第三方完成服务项目的招标或非招标采购工作，同时做好组织、协调、审核和流程管理，接受委托人和当地招标投标管理部门的监督检查，按规定完成招标采购相关审核和备案手续。

2）管理风险

全过程工程咨询方提供招标采购代理服务时，应当在委托人的授权范围内办理招标代理事宜，避免出现下述违法违规行为，否则根据《招投标法》以及《招投标法实施条例》相关规定，全过程工程咨询方及其工作人员将被行政监督部门处罚、没收违法所得、吊销营业执照等行政处罚：

（1）泄露应当保密的与招标投标活动有关的情况和资料，包括标底、评标委员会的名单或应当保密的其他资料和情况。

（2）与招标人、投标人串通损害国家利益、社会公共利益或者他人合法权益。

（3）招标代理机构在所代理的招标项目中投标。

（4）招标代理机构在所代理的招标项目中同时代理他人投标。

（5）招标代理机构在所代理的招标项目中为投标人编制投标文件、提供咨询。

（6）招标代理机构及其工作人员其他违规行为。

其中，应当注意的是，如在招标过程中全过程工程咨询方存在协助投标人相互串通投标报价的行为，以致损害招标人或者其他投标人利益，情节严重的，将涉嫌串通投标罪；如全过程工程咨询方存在协助招标人与投标人串通投标以致损害国家、集体、公民的合法利益的行为，亦涉嫌串通投标罪。

4. 工程施工阶段

1）工程监理

全过程工程咨询方在从事工程监理服务时，应当将工作重点置于质量控制、进度控制及安全生产控制等环节之上，确保工程监理咨询服务工作既符合全过程工程咨询服务的整体要求，同时也满足建设工程监理规范的强制标准。

（1）质量控制

① 全面审查施工现场包括施工单位主要管理人员、专职安全生产管理人员等在内的质量管理组织机构的配备情况和人员劳动社保工资关系，认真核实施工分包单位、现场施工人员的资质条件，积极敦促施工现场质量管理制度的有效落实。

② 采取巡视、旁站、平行检验等方式对工程质量实施过程控制，严格执行工程质量验收程序，尤其是对施工单位存在的质量缺陷问题，应积极督促其整改，并严格跟踪检查其整改过程。

③ 对于全过程工程咨询服务合同或建设工程监理合同约定的设备采购与设备监造等工作内容，应配备相应的监理人员，明确岗位职责。具体做到检查设备制造单位的质量管理体系，审查设备制造单位报送的设备制造生产计划和工艺方案；审查设备制造的检验计划和检验要求，确认各阶段的检验时间、内容、方法、标准以及检测手段、检测设备和仪器等；监督设备制造过程，对主要及关键零部件的制造工序进行抽检。

（2）进度控制

① 及时向项目管理服务工作团队获取总体施工进度计划，以便工程监理在实施过程中根据总体施工计划督促施工单位编制详细施工进度计划及施工方案，并依据审核通过的施工方案进行每道工序的验收。

② 全面检查咨询项目分阶段施工进度计划的执行情况，发现实际进度严重滞后于计划进度时，应当采取合理措施协调施工进度，纠正进度偏差。

③ 规范监理工作，将监理指令以及监理工作的开展情况形成完整的监理报告，同时按要求对监理资料进行归档。

（3）安全生产控制

① 将安全生产管理的监理工作内容、方法和措施纳入监理规划及监理实施细则，协助承包方共同制订文明施工管理办法，并根据办法的要求对工程文明施工实施控制。

② 审查施工单位在施工现场的安全生产管理制度及组织管理机构，并应检查主要生产管理人员的配备情况，督促相关单位加强施工安全生产管理，定期开展安全培训。

③ 协助委托人定期组织安全生产管理联合检查，监督施工单位关于安全费用的使用情况。

④ 发现工程存在安全事故隐患时应要求施工单位进行全面整改，同时负有向委托人和主管部门及时报告的义务。

（4）管理风险。全过程工程咨询方在提供工程监理服务时，不论是由其自行提供监理咨询服务，还是由其对另行分包的监理咨询单位或是对联合体负责监理咨询服务的其他成员的监理服务总负责，全过程工程咨询方都应当利用自身的专业知识提供符合法律法规标准、合同要求的监理咨询服务。

如果全过程工程咨询方未按照合同要求妥善办理监理业务登记及撤销手续，或是监理工作未完成或未按时完成，或是擅自停止监理工作，特别是未履行工程停工、延误告知义务并在停工过程中未按照规定及时采取适当措施防止损失扩大，再或是存在擅自变更监理人员或其指派的监理人员长期不到岗，监理人员未及时发现并报告工程设计、施工不符合质量标准、未组织召开监理例会、未审查和及时处理工程变更等履职不到位等情形的，都可能构成对委托人的违约，需要承担相应的民事赔偿责任。此外，如果全过程工程咨询方未严格按照合同要求保质保量地提供监理咨询服务工作，并触犯了行政管理相关规定的，还需要承担相应的行政责任。如因此而引发安全生产或是质量事故的，将涉嫌刑事犯罪。

2）施工项目管理

（1）报批管理。对于全过程工程咨询方而言，其在提供报批管理服务时，若未能提前熟悉建设工程当地的项目报批流程，或未能协助委托人准备好真实完整且符合要求的项目报批材料，从而导致建设工程规划许可证等规划审批许可未能通过相关主管部门的审查或是未能得到相关主管部门的认可，且委托人亦因此而需对施工单位以及相关行政主管部门承担相应的民事以及行政法律责任时，那么全过程工程咨询方需对委托人承担因咨询服务不到位而产生的违约责任。届时委托人不但可以据此要求解除全过程工程咨询服务合同，同时亦可追究因全过程工程咨询方的过错损失赔偿责任。

（2）合同管理。全过程工程咨询单位在提供施工项目管理服务过程中，需协助委托人做好从合同评审、合同订立、到合同实施、最后到合同总结的综合性合同管理工作。对于委托人于合同评审、合同订立以及合同履行过程中存在的法律风险点，全过程工程咨询方需帮助委托人有效规避，包括：在合同评审阶段做好对合同相对方资质与信誉情况、合同实质性内容、项目合法性的审核；在合同签订阶段协助委托人建立切实可行且规范化的合同印章及授权审批制度，协助委托人识别合同风险并提出风险管理措施；在合同履行阶段协助委托人积极索赔与反索赔，高效解决委托人与合同相对方的合同争议问题，同时在委托人涉诉时帮助委托人全面且充分收集、整理证据材料等。倘若全过程工程咨询方未能全面履行前述合同管理义务，一旦委托人因此而产生一定损失，包括过错赔偿损失、工期延误损失、行政处罚损失等，委托人同样可依合同约定追究全过程工程咨询单位的违约责任。

除此之外，全过程工程咨询方在分包诸如投资决策咨询、勘察设计咨询、运营维护咨询、专项咨询等服务工作时，也应当关注自身在下游合同订立到合同履行全阶段的法律风险，避免因自身服务款项支付不足额、不及时等原因而被合同相对方追究违约赔偿责任等风险。

（3）进度管理。一方面，全过程工程咨询方应当明确项目工程的整体进度方案，对于施工过程中存在的进度偏差，应当及时纠正，尤其是涉及工期变更内容，全过程工程咨询方应进行综合评估，并及时上报委托人，协助委托人或在委托人的授权下自行审批工期变更签证，进而保证项目工程的施工按时完成。

另一方面，全过程工程咨询方履行进度管理职责，应当督促好包括施工单位、勘察单位、设计单位、监理单位等在内的各参建方明确好各自进度职责，积极落实好各自进度计划。其中应特别注意的是，全过程工程咨询方还应协助委托人履行好工期职责，包括按时按约提供图纸、原材料、设备、场地、资金、技术资料、开工条件，按时支付工程款，按时检查施工进度等。

（4）质量、安全生产管理。质量管理以及安全生产管理均系全过程工程咨询方于施工项目管理阶段最为核心的服务内容。一方面，全过程工程咨询方需通过对项目工程的人、材、机等进行全过程管理，从而确保工程质量满足质量标准和相关方要求。另一方面，全过程工程咨询方还应督促及管理各参建主体，尤其是施工单位，建立安全生产管理制度，落实安全生产职责，确保项目工程处于安全的状态。

基于此，全过程工程咨询方在施工项目管理阶段履行质量管理以及安全生产管理职责时，除了会面临因对委托人涉及工程质量以及安全生产的风险关注不到位，以致不能及时协助委托人有效避免因自身原因出现工程质量缺陷或是安全生产事故的不利情形，从而需对委托人的损失承担相应的违约赔偿责任外，更为重要的是，全过程工程咨询单位还应关注其作为工程质量以及安全生产的行政和刑事主体责任。

（5）资源管理。全过程工程咨询方的资源管理咨询服务内容包括劳务管理、工程材料与设施设备管理、资金管理等，其中农民工工资以及中小企业材料设备等款项的支付问题是资源管理工作的重中之重。全过程工程咨询方应当在充分掌握我国法律法规对于农民工工资以及中小企业款项支付问题相关内容的基础上，协助委托人并督促各施工单位妥善处理好农民工工资以及中小企业款项的发放事宜，避免出现委托人因自身拖欠农民工工资、中小企业款项或是因未管理好施工单位支付农民工工资而承担直接清偿或是代为垫付等责任。否则一旦因农民工工资以及中小企业款项拖欠问题导致项目工程进度受阻、委托人资信受损等，全过程工程咨询方有过错或履行职责不到位的，都将承担相应的违约责任。

5. 竣工验收阶段

1）管理内容

在竣工验收阶段，全过程工程咨询方的咨询服务内容包括下述：

（1）对建设项目从投资决策到实施阶段形成的过程文件、图纸、资料等进行全面收集、整理，协助委托人完成竣工验收、竣工结算、竣工移交、竣工决算等全部工作。

（2）组织施工单位将验收合格的建设项目及完整资料移交给委托人。

（3）协助委托人与施工单位签订工程保修期保修合同，审核施工单位制订的项目保修管理制度和保修工作计划，执行定期回访制度，出现质量缺陷时及时开展原因调查，并协助委托人、施工单位确定责任归属，全面修复质量缺陷。

2）管理风险

全过程工程咨询方在协助委托人以及各参建方完成项目工程的竣工验收以及竣工结算工作时，若因全过程工程咨询单位组织不当等原因导致出现项目逾期组织验收、逾期提出整改意见或签发工程接收证书、未经竣工验收擅自使用、逾期结算等问题时，不但会导致项目工程的竣工以及交付日期认定存在争议，从而增加委托人对施工单位的工期追责难度，加重委托人的工程款支付责任，同时还将丧失对施工单位主张质量责任的权利。此时，全过程工程咨询方作为以维护委托人最大权益为宗旨的服务方，将因委托事项完成不到位而面临委托人行使合同解除权并追究损失赔偿责任的法律风险。

6. 运营维护阶段

全过程工程咨询方在运营维护阶段，主要为委托人提供项目后评价、项目绩效评价、运营维护管理策划、资产管理等方面的咨询服务。其中，项目后评价及绩效评价的编制系该阶段的管理重点，通过编制项目后评价以及绩效评价的方式，对建设项目全过程的经验教训进行总结，进而为后续的建设项目决策提供参考。

在项目后评价以及绩效评价的编制管理过程中，主要存在以下风险点：

（1）根据《中央政府投资项目后评价管理办法》第二十八条规定：“项目单位存在不按时限提交自我总结评价报告，隐匿、虚报瞒报有关情况和数据资料，或者拒不提交资料、阻挠后评价等行为的，根据情节轻重给予通报批评，在一定限期内暂停安排该单位其他项目的中央投资。”

对于明确列入后评价计划的中央投资全过程工程咨询项目，如全过程工程咨询方编制的后评价报告存在前述问题，并导致委托人被给予通报批评或是被暂停安排其他项目的中央投资，则全过程工程咨询方将被委托人依法追究包括合同解除、违约损失赔偿等在内的法律责任。

（2）根据《中央政府投资项目后评价管理办法》第二十五条规定：“工程咨询机构应对项目后评价报告质量及相关结论负责，并承担对国家秘密、商业秘密等的保密责任。”《工程咨询行业管理办法》第十四条第2、3款规定：“工程咨询单位对咨询质量负总责。主持该咨询业务的人员对咨询成果文件质量负主要直接责任，参与人员对其编写的篇章内容负责。实行咨询成果质量终身负责制。工程咨询单位在开展项目咨询业务时，应在咨询成果文件中就符合本办法第十三条要求，及独立、公正、科学的原则作出信用承诺。工程项目在设计使用年限内，因工程咨询质量导致项目单位重大损失的，应倒查咨询成果质量责任，并根据本办法第三十、三十一条进行处理，形成工程咨询成果质量追溯机制。”

全过程工程咨询方在编制项目后评价以及绩效评价报告时，如存在弄虚作假、泄露委托人商业秘密、咨询成果存在严重质量问题等情形时，全过程工程咨询单位以及相关咨询负责人将面临被责令改正、警告处罚、取消评价等级、通报批评、注销登记证书并收回执业专用章等处罚。触犯法律的，还将被依法追究法律责任，包括但不限于因工程质量问题而导致的侵权法律责任以及安全事故刑事法律责任。

第 11 章　合同争议解决管理

11.1　合同争议的内容

11.1.1　合同争议的成因

合同争议是指合同当事人对于自己一方与对方之间就权利行使、义务履行或责任分担、法律事实等，有不同的请求或主张。合同争议可能发生于合同订立、履行、变更、解除以及合同权利行使的任何阶段。基于合同的相对性原则，只有合同当事人一方才能基于合同约定向对方当事人提出请求或主张，而不能向与其无合同关系的第三人提出请求或主张，因此，合同争议只存在于合同当事人之间。合同争议内容，主要表现为合同当事人对于导致合同法律关系产生、变更与消灭的法律事实以及法律关系的内容有着不同的理解、请求或主张。合同争议的成因较为复杂，可从是否因违反合同约定导致争议的角度加以分类。

1. 违约成因

《民法典》第五百零九条第一款规定："当事人应当按照约定全面履行自己的义务。"也就是说，合同建立在当事人的自愿与平等协商的基础上，合同当事人应当严格根据合同的约定履行各自义务。当事人违反合同的约定是造成合同争议的主要原因。

违约行为一般包括不履行合同、履行不符合约定、预期违约等。例如，卖方准备将一批空调设备卖给买方并签署合同后，在交付之前，空调涨价，第三方愿意出更高的价格购买此批空调，卖家于是又与第三方就同一批空调设备签署买卖合同并交付，导致卖方无法向买方履行交付义务而产生争议。再如，甲方与乙方签订方案设计合同，约定合同签订后 30 日交付书面成果文件及电子成果文件，后乙方因新冠疫情防控政策影响，导致设计合同签订后第 50 天才向甲方提交了电子成果文件，双方就未能及时提交工作成果的原因及责任承担发生争议，甲方主张乙方没有按照合同约定及时提交成果文件应承担违约责任，乙方认为不能及时提交成果文件的原因在于不可抗力，乙方不承担违约责任。双方争议的核心问题是新冠疫情防控政策能不能构成不可抗力以及不可抗力情况下是否需要承担违约责任。

2. 非违约成因

非违约成因有多种多样，如缔约过失、约定不明、情势变更、异常恶劣的气候条件、不可抗力等。例如，施工合同的履行过程中发生地震，导致已完工程毁损，且无法按照原有合同约定继续施工，此时，承发包双方会面临合同解除、合同变更及损失的分担等问题，并很可能因此产生纠纷。再如，合同成立后，因不可归责于双方当事人的原因发生情势变更，此时继续履行合同对于当事人一方明显不公平，或者导致合同无法继续履行，当事人因此解除合同，在此情况下产生争议。

实践中，导致合同争议发生的因素可能有多方面，甚至可能同时涉及违约成因与非违约成因等多个因素。因此，对于合同争议的成因，需在个案中作出具体分析。

11.1.2　合同争议的表现

合同争议表现为各方当事人对合同效力、合同履行、合同变更、合同转让、合同解除、合同终止以及合同的清算等方面，存在不同的观点或看法。

1. 合同效力争议

《民法典》第五百零二条规定："依法成立的合同，自成立时生效，但是法律另有规定或者当事人另有约定的除外。依照法律、行政法规的规定，合同应当办理批准等手续的，依照其规定。未办理批准等手续影响合同生效的，不影响合同中履行报批等义务条款以及相关条款的效力。应当办理申请批准等手续的当事人未履行义务的，对方可以请求其承担违反该义务的责任。依照法律、行政法规的规定，合同的变更、转让、解除等情形应当办理批准等手续的，适用前款规定。"合同效力是解决合同争议问题首先要解决的问题，合同效力争议包括确认合同有效、确认合同无效、确认合同可撤销争议等。在其他类型的合同争议案件中，合同的效力问题也是首先需要解决的问题，合同合法有效，才涉及违约以及违约责任承担的问题，否则违约无从谈起。且只有在合同有效的情况下，才会涉及合同转让及合同解除的问题。因此，合同的效力问题是解决合同其他争议的基础性问题。

2. 合同变更争议

合同变更争议是指合同各方当事人就合同内容是否变更，变更的具体内容等事宜发生的争议。《民法典》第五百四十四条规定，当事人对合同变更的内容约定不明确的，推定为未变更。合同变更的争议一般不会单独作为一个争议而发生，往往是与合同的履行、合同转让等争议一并出现的。

3. 合同转让争议

《民法典》第五百四十五条规定，债权人可以将债权的全部或者部分转让给第三人，但是有下列情形之一的除外：（一）根据债权性质不得转让；（二）按照当事人约定不得转让；（三）依照法律规定不得转让；（四）当事人约定非金钱债权不得转让的，不得对抗善意第三人；（五）当事人约定金钱债权不得转让的，不得对抗第三人。合同概括转让，是指合同权利、义务的概括转让，即当事人一方将合同的权利或义务全部或部分转让给第三人的行为，亦即由新的债权人代替原债权人，或由新的债务人代替原债务人。合同转让中，往往会因合同债务的承担、转让内容的确切性等问题发生争议。

4. 合同价款争议

合同价款争议，是指因订立和履行合同而发生的价款事项争议，主要包括缔约损失争议、价格确定争议、价款支付争议、债权清算争议、违约赔偿争议、合同终止清算价款以及其他与合同有关的债权债务争议等。因合同债权债务涉及合同交易过程中最为重要的对价和利益，故该类争议最为常见，如建设工程合同中常见的计价方式纠纷、进度款支付纠纷、工程结算价款纠纷、合同解除后的价款清算纠纷等。

以上是较为常见的合同争议，除此以外，其他与合同有关的方面也可能产生合同争议。

11.2　合同争议的解决原则

11.2.1　协商优先原则

在解决合同争议的各种方式中，协商是成本最低、效率最高的解决方式。因此在合同争议发生后，合同当事人应首先尽量选择协商的方式解决争议。以协商作为解决合同纠纷的优先选择项，不仅能够节约当事人的时间和社会资源，同时还能保持缔约双方良好的互信关系，继续推动交易的顺利进行，也有利于为未来继续合作积累基础。在实践中，争议解决条款也常含有“因本合同发生的争议，双方应当通过友好协商的方式解决”等类似内容。和解是当事人的法定权利，即便当事人不约定和解，商事合同发生争议之后，当事人通常首先寻求通过友好协商的方式解决争议。

11.2.2　继续履行原则

合同争议解决前，基于诚实信用原则和合同减损原则，合同当事人不应中止对合同义务的履行，相反，合同当事人仍应履行无争议事项，尽力促成合同目的的实现。如《2007 版标准施工招标文件》通用合同条款第 3.5.2 款中规定：“总监理工程师应将商定或确定的事项通知合同当事人，并附详细依据。对总监理工程师的确定有异议的，构成争议，根据第 24 条的约定处理。在争议解决前，双方应暂按总监理工程师的确定执行，根据第 24 条的约定对总监理工程师的确定作出修改的，按修改后的结果执行。”

需要说明的是，并非所有的合同在发生争议之后都应当绝对地坚持不中止履行原则。如争议的一方继续履行合同将会给自己造成更大的损失的，该方当事人可以及时中止履行合同。另外，如果争议一方符合行使同时履行抗辩权、先履行抗辩权及不安抗辩权情形的，该方当事人亦可以中止履行合同。合同争议发生后，是否需要中止履行，应当综合多方面的因素考虑，如继续履行是否经济、是否符合法定的可以中止履行的情形、中止履行后是否会引起对方的反索赔等，因此，合同当事人在发生争议之后，可就是否中止履行以及应当采取的措施等，征求专业律师的意见。

11.2.3　合法性原则

合同争议发生之后，当事人应当通过和解、调解、争议评审、诉讼、仲裁等合法的途径和方式解决争议，避免以不合法的方式解决争议。在招标采购合同的履行中，常常出现当事人发生争议之后，围困施工项目部、暴力阻碍继续施工、破坏施工现场、殴打项目管理人员等情形，这些维权方式与现行法律规定相悖，不但无法得到法律支持，甚至可能构成违法犯罪行为。因此，当事人应当避免采用暴力的、非理性的、不合法的方式解决争议，否则，不仅正当的权利难以得到保护，还会受到法律严厉的制裁。

11.2.4 及时性原则

合同争议发生之后，当事人应积极地、及时地采取措施加以解决，千万别放任权利过期。如果当事人拖延解决争议，一方面可能造成证据灭失，进而导致案件事实难以查清；另一方面还会导致权利的丧失。如对于合同的解除，《民法典》第564条规定："法律规定或者当事人约定解除权行使期限，期限届满当事人不行使的，该权利消灭。法律没有规定或者当事人没有约定解除权行使期限，自解除权人知道或者应当知道解除事由之日起一年内不行使，或者经对方催告后在合理期限内不行使的，该权利消灭。"此外，诉讼时效制度、撤销权行使的除斥期间制度等都要求当事人及时行使权利，否则，超过法律规定的权利行使期限的，该等权利将失去法律保护。所谓诉讼时效，是指权利人请求人民法院以强制程序保护其合法权益而提起诉讼的法定有效期限，如权利人在法定期间内不行使权利且持续达到一定期限，将使得其请求权丧失强制力或者胜诉权。

除法律规定外，合同条款也可以约定权利的行使期间，如《2007版标准施工招标文件》要求承包人应在知道或应当知道索赔事件发生后28天内，向监理人递交索赔意向通知书，并说明发生索赔事件的事由。承包人未在前述28天内发出索赔意向通知书的，丧失要求追加付款和（或）延长工期的权利。

11.3 合同争议的解决方式

11.3.1 和解

1. 和解的概念和特点

和解是指当事人在自愿互谅的基础上，就已经发生的争议进行协商并达成协议，是当事人自行解决争议的一种方式。我国自古以来就尊崇以和为贵的思想。《论语》提出，"礼之用，和为贵"。在解决纠纷的各种方式中，和解是成本最低、效率最高的争议解决方式，和解的核心价值在于其一般不会破坏缔约双方的良好关系，能够促进交易的顺利推进，也有利于构建和谐社会。和解具有如下特点：

1）效率高

无论诉讼还是仲裁，都要经过一个复杂的程序，且需经历较长的时间。然而，和解仅需通过双方的磋商即可以实现，无须经历复杂且严格的程序，只要双方有和解的诚意，且都能够换位思考、愿意作出让步，则纠纷的解决会很快得到实现。

2）成本低

通过诉讼或仲裁解决争议的，当事人需要支付大量的费用，这些费用包括诉讼费、仲裁费、保全费、律师费、公证费、鉴定费、评估费等，而通过和解解决纠纷的，这些费用则无须支付，因此，和解与诉讼或仲裁相比，能够为当事人节省较多的费用开支。

3）保持良好的商事合作关系

双方当事人一旦通过仲裁或诉讼解决争议，通常存在剑拔弩张、矛盾不可调和的情形，影响到当事人之间相对友好的气氛，甚至相互提防、指责接踵而至，且在一般情况下，一旦开始仲裁或诉讼，双方往往彻底破裂，不再会考虑继续合作的可能性。但通过和解方式解决争议，双方是在互谅互让情况下友好决纠纷，友好合作的气氛未被打破，双方仍然存在继续合作的可能性。

4）和解协议不具有强制执行效力

和解解决争议虽然便捷、高效，但与仲裁裁决书、法院判决书具有强制执行力不同，和解协议并不具有强制履行的效力。通常情况下，和解协议都能在当事人的自觉自愿情况下顺利履行完毕。在和解协议达成之后，如当事人不根据和解协议约定的内容履行各自义务，守约方不能依据和解协议向人民法院请求强制执行违约方。但这并不是说，和解协议不具有法律效力。当事人达成的和解协议具有合同效力，如果任何一方不履行和解协议，另一方可以提起民事诉讼或仲裁维护合法权益。

2. 促成和解的注意事项

争议当事人能够达成和解依赖于诸多方面的因素，但是一般而言，要促成和解应当考虑以下事项：

1）合同各方存在和解诚意

和解的实现以双方当事人具有和解诚意为前提，任何一方没有和解的诚意，和解达成的可能性都会非常小，因此，争议当事人如果希望通过和解解决争议的，就应当向对方表现出和解的诚意。这种诚意表现在诸多方面，比如对于非原则性问题不斤斤计较、善于换位思考、尽可能互谅互让、不以和解为幌子拖延履行义务时间、不以敌意的态度与对方谈判等。

2）合同当事人存在让步意愿

和解并不必然以查清事实、分清是非、划清责任为前提。因此，为了和解目标的实现，争议当事人不应抱着有理寸步不让的态度。对于己方合理的且在事实上或法律上都能得到支持的事项，当事人亦可以适当作出让步。如承发包双方达成了结算协议并约定了支付时间，但发包人未能在限定的时间向承包人支付工程款并进而形成争议的，如承发包双方拟通过和解方式解决该等争议的，为实现和解的目标，承包人可作出适当让步，如允许发包人分期付款、放弃追究发包人支付逾期付款违约金的权利等。

3）及时锁定和解成果

尽管和解不需要经历复杂程序，但并非所有和解都可以通过一次谈判实现。对于复杂的争议，往往需要很多个阶段、很多轮次的谈判才能最终达成。此种情况下，每一阶段的谈判都可能达成一定的共识，为了避免争议当事人事后反悔或对已达成一致意思的事项再生争议，当事人应当在每一共识达成之后及时以书面形式将合意的内容予以固定。

11.3.2　调解

1. 调解的概念和特点

调解是指双方或多方当事人就争议的事项，在人民法院、仲裁庭、人民调解委员会或有关行业组织的主持下，自愿进行协商，通过教育疏导，促成各方达成协议、解决纠纷的一种争议解决方式。按照调解主体的不同，调解可分为调解机构调解、仲裁机构调解、法院调解等。2019 年 8 月 7 日，《联合国关于调解所产生的国际和解协议公约》在新加坡开放签署，包括中国、美国、韩国、印度、新加坡、哈萨克斯坦、伊朗、马来西亚、以色列等在内的 46 个国家和地区签署了公约。公约鼓励缔约国通过调解方式解决涉外争议，赋予一定条件下对于调解协议的强制执行力。调解具有如下特点：

1）调解以双方自愿为前提

无论是何种类型的调解，都需要以双方自愿为前提，任何一方不愿意接受调解的，调解不能实现。《民事诉讼法》第二百零八条规定：“当事人对已经产生法律效力的调解书，提出证据证明调解违反自愿原则或者调解协议的内容违反法律的，可以申请再审。经人民法院审查属实的，应当再审。”因此，争议双方自愿调解是调解能够进行的前提，同时，自愿亦是确保调解协议有效性的重要因素。

2）调解应坚持合法性原则

所谓“合法”，是指调解活动应以法律为准绳，调解程序、调解方法和调解内容均不得违反法律，不得损害国家、集体和第三人的合法权益。《人民调解法》第三条规定：“人民调解委员会调解民间纠纷，不应违背法律、法规和国家政策”；《民事诉讼法》第九条规定：“人民法院审理民事案件，应当根据自愿和合法的原则进行调解；调解不成的，应当及时判决。”调解只有合法，才能保证调解质量，真正使争议案结事了，对于强迫调解、强制调解、违法调解的，应当予以纠正，否则不仅不利于纠纷的彻底解决，甚至会激化矛盾或者增加新的矛盾。在合法的前提下，调解可以不受法律关系、诉讼主体和诉讼请求的限制，尽可能一次性解决立案、审判、执行的问题，有助于一揽子解决当事人之间的所有纠纷，真正达到案结事了。

3）调解具有高效性及解决纠纷的彻底性

与仲裁、诉讼相比，调解对于程序的要求相对宽松，调解解决争议的效率也相对较高，争议双方不至于陷入诸多程序性问题，或诸多事实真伪的证明之中，能极大节省解决纠纷的成本。诉讼程序包括一审、二审、再审、执行等漫长环节，而调解期限较短。另外，争议双方通过调解解决争议的，不存在上诉的问题，而且，调解协议是在双方友好、互谅互让的基础上达成的，相对于判决或裁决，争议当事人本着诚信原则积极履行的可能性更大，且调解协议生效后，当事人申请再审的可能性也相对较小。因此，与仲裁、诉讼相比，调解体现出解决纠纷的彻底性。

4）调解保密性强

按照最高人民法院要求，除个别案件外诉讼文书需公开上网；但调解文书不对外公开，且法院根据调解协议出具的调解书或者司法确认裁定，是否上网也要征求双方当事人的意见。因此，通过调解方式解决争议有利于维护各方当事人的声誉和形象。

5）调解协议具有法律效力

根据最高人民法院《关于人民法院进一步深化多元化纠纷解决机制改革的意见》第三十一条的规定：“当事人直接来纠纷调解委员会调解的案件，可以向调解组织所在地基层人民法院或者人民法庭依法申请司法确认。登记立案前委派给纠纷调解委员会的案件，可以向调解组织所在地或者委派调解的基层人民法院管辖。调解协议经司法确认后即可强制执行，任何一方当事人不得就同一纠纷再提起诉讼或仲裁。”

2. 调解的分类

1）人民调解

新中国成立后，人民调解制度一直作为司法制度建设和社会主义基层民主政治制度建设的重要内容。1954 年，政务院颁布了《人民调解委员会暂行组织通则》，确定了人民调解组织的性质、名称、设置，规范了人民调解的任务、工作原则和活动方式。2010 年国家发布了《人民调解法》，确定了人民调解制度的法律地位，为开展人民调解工作提供了上位法依据。《人民调解法》第二条规定："本法所称人民调解，是指人民调解委员会通过说服、疏导等方法，促使当事人在平等协商基础上自愿达成调解协议，解决民间纠纷的活动。"该法第三条还规定："人民调解委员会调解民间纠纷，应当遵循下列原则：①在当事人自愿、平等的基础上进行调解；②不违背法律、法规和国家政策；③尊重当事人的权利，不得因调解而阻止当事人依法通过仲裁、行政、司法等途径维护自己的权利。"《人民调解法》第三十一条第 1 款规定："经人民调解委员会调解达成的调解协议，具有法律约束力，当事人应当根据约定履行。"

2）专业机构调解

专业机构调解是指由专业领域内的调解机构调解员或当事人自行选定的专家，根据机构调解规则调解争议的一种方式，最常见的专业机构调解就是行业组织调解。

近年来，国家大力鼓励和支持行业组织调解机构的建设和发展。2004 年最高人民法院出台了《人民法院第二个五年改革纲要》，提出："与其他部门和组织共同探索新的纠纷解决方法，促进建立健全多元化的纠纷解决机制。"2009 年最高人民法院出台《关于建立健全诉讼与非诉讼相衔接的矛盾纠纷解决机制的若干意见》（法发〔2009〕45 号），鼓励和支持行业协会建立健全调解相关纠纷的职能和机制。2011 年司法部出台《关于加强行业性专业性人民调解委员会建设的意见》（司发通〔2011〕93 号），提出要加强与社会团体联系和沟通，相互支持、相互配合，共同指导和推动行业性、专业性人民调解委员会的建立。2014 年中共中央出台了《关于全面推进依法治国若干重大问题的决定》，加强行业性、专业性人民调解组织建设，完善人民调解、行政调解、司法调解联动工作体系。2015 年 12 月，中央办公厅、国务院办公厅出台了《关于完善矛盾纠纷多元化解机制的意见》（中办发〔2015〕60 号），坚持人民调解、行政调解、司法调解联动，鼓励通过先行调解等方式解决问题。2016 年最高人民法院出台《关于人民法院进一步深化多元化纠纷解决机制改革的意见》（法发〔2016〕14 号），加强与行业调解组织的对接。积极推动具备条件的行业协会设立行业调解组织，在房地产、工程承包等领域提供行业调解服务。2013 年 12 月通过的《建筑工程施工发包与承包计价管理办法》（住房城乡建设部令第 16 号）第十八条第一款第（三）项规定：承包方对发包方提出的工程造价咨询企业竣工结算审核意见有异议的，在接到该审核意见后一个月内，可以向有关工程造价管理机构或者有关行业组织申请调解，调解不成的，可以依法申请仲裁或者向人民法院提起诉讼。《建筑工程施工发包与承包计价管理办法》是住房城乡建设领域第一个提出建立行业调解制度的部门规章，为建设工程纠纷的行业调解提供了上位法依据。

目前，国内已经成立诸多专业的行业调解组织，如中国建设工程造价管理协会工程造价纠纷调解工作委员会、中国房地产业协会调解中心、中国建筑业协会调解中心等。

在多元化解决纠纷方面，行业协会有着专业优势。为破解建设工程案件审理周期长、鉴定争议多等难题积极发挥作用。

河北、江苏、四川、北京、广东、浙江等省级造价管理协会也积极开展了建设工程造价纠纷调解工作，取得了良好的社会效果，发挥了行业协会在解决建设工程价款纠纷中的重要作用。

各行业调解机构都制订有调解规则，对调解的适用范围等问题作出规定。如《中国建设工程造价管理协会工程造价纠纷调解中心调解规则（试行）》规定，国内外平等主体的自然人、法人或其他组织之间因建设工程及建设工程相关的合同履行中发生的造价及财产性权益相关的纠纷，均可提交中国建设工程造价管理协会工程造价纠纷调解工作委员会调解。当事人同意将争议提交该中心调解的，适用该中心的调解规则，当事人就调解程序或者调解适用的规则另有约定的，依据该约定进行调解。该规则规定，对于经过调解当事人达成一致意见的，签订和解协议。和解协议对各方当事人有约束力。

3）仲裁中调解

仲裁调解的表现形式为仲裁中调解，即指在仲裁庭的主持下，仲裁当事人在自愿协商、互谅互让基础上达成协议，从而解决纠纷的一种制度。我国《仲裁法》第五十一条第1款规定："仲裁庭在作出裁决前，可以先行调解。当事人自愿调解的，仲裁庭应当调解。调解不成的，应当及时作出裁决。"目前，在建设工程施工合同纠纷中，仲裁调解发挥的作用越来越大，越来越多的纠纷都通过仲裁中的调解得到了及时的解决。《仲裁法》第五十一条第2款规定："调解达成协议的，仲裁庭应当制作调解书或者根据协议的结果制作裁决书。调解书与裁决书具有同等法律效力。"

4）诉讼中调解

法院调解的表现形式为诉讼中调解，是指在法院审判人员的主持下，双方当事人就民事权益在自愿、平等协商的基础上达成协议，进而解决纠纷的诉讼活动。《民事诉讼法》第九十六条规定："人民法院审理民事案件，根据当事人自愿的原则，在事实清楚的基础上，分清是非，进行调解。"因此，诉讼中调解是法院和当事人进行的诉讼活动。但是，对于调解不成的案件，法院应当及时判决。《民事诉讼法》第一百条规定："调解达成协议，人民法院应当制作调解书。调解书应当写明诉讼请求、案件的事实和调解结果。调解书由审判人员、书记员署名，加盖人民法院印章，送达双方当事人。调解书经双方当事人签收后，即具有法律效力。"

3. 与调解有关的约定

对于人民调解，调解的开始并不以争议双方约定调解为前提，《人民调解法》第十七条规定："当事人可以向人民调解委员会申请调解；人民调解委员会也可以主动调解。当事人一方明确拒绝调解的，不得调解。"因此，在人民调解的启动方式上，不像司法程序那样采用不告不理原则，也没有那么严格的管辖程序，同时也摆脱了繁琐的申请、受理程序。既可以由当事人向人民调解委员会申请调解，又可以由人民调解委员会主动调解。

对于诉讼与仲裁调解，专业机构调解程序的启动，也并不以双方约定调解条款为前提。《民事诉讼法》第九十六条规定："人民法院审理民事案件，根据当事人自愿的原则，在事实清楚的基础上，分清是非，进行调解。"《仲裁法》第五十一条第1款规定："仲裁庭在作出裁决前，可以先行调解。当事人自愿调解的，仲裁庭应当调解。调解不成的，应当及时作出裁决。”因此，对当事人而言，法院或仲裁调解是当事人通过友好协商处分实体权利和诉讼权利的一种表现，对法院或仲裁庭而言，调解是法院、仲裁庭在充分尊重当事人行使处分权的基础上解决民事纠纷的一种职权行为，因此并不要求当事人在调解之前就接受调解达成一致意思，但当事人在合同中约定调解条款更加有利于争议解决。2017 年住房城乡建设部、工商总局印发的《建设工程施工合同（示范文本）》GF-2017-0201 第 20.2 条规定：“合同当事人可以就争议请求建设行政主管部门、行业协会或其他第三方进行调解，调解达成协议的，经双方签字并盖章后作为合同补充文件，双方均应遵照执行。”需要特别说明的是，调解是以自愿为先的原则，当事人拟通过机构调解解决争议的，应当首先就是否愿意将争议提交机构进行调解达成协议。

根据我国现行法律规定，诉讼与仲裁只能二者选一，但专业机构调解与诉讼、仲裁均不冲突。专业机构调解可以作为纠纷解决的前置程序，在纠纷双方选择行业调解后，如达不成调解协议，不影响当事人再通过诉讼或仲裁解决纠纷。目前纠纷调解委员会已与有关仲裁机构达成了战略合作协议，可以为当事人更好提供调解与仲裁的相互衔接服务。

11.3.3　争议评审

争议评审不同于和解与调解，是工程建设项目领域常见的一种解决争议的方式，具有专业性、全过程解决争议的特点，同时机制也比较灵活。FIDIC 合同体系、《2007 版标准施工招标文件》、《建设工程施工合同（示范文本）》（GF-2017-0201）等众多合同文本中均设置了争议评审制度。

1. 争议评审制度的概念

争议评审是通过合同当事人的自愿选择，由合同约定的争议评审小组对提交的争议作出评审决定，根据约定在合同当事人确认或不提出异议的前提下，争议评审决定产生约束力的纠纷解决机制。该机制可以及时化解过程中分歧较小的争议，防止损失扩大造成工程拖延、损失和浪费，保障工程顺利进行。一般而言，建设工程争议评审可在工程开始或进行中，也可以在工程施工完成后，由合同当事人选择独立的评审专家，并约定相关评审规则。

2. 争议评审制度的适用范围

争议评审可根据当事人的约定在建设工程施工合同中适用，特别是对于那些时间跨度大、情况复杂的建设工程，因其产生各种纠纷的可能性更大，对专业、高效解决争议以保障合同顺利履行的需求更为迫切。在此类建设工程合同中，争议评审制度的高效、低成本的优势才体现得更为充分和明显。如《北京仲裁委员会建设工程争议评审规则》第 2 条规定，当事人可以约定在勘察合同、设计合同、施工合同、监理合同、项目管理合同等建设工程合同中适用争议评审。实践中，争议评审可适用于施工合同、设计—施工合同、设计—采购—施工合同、勘查合同、设计合同、监理合同、项目管理合同、代建合同等。

3. 争议评审中的相关约定

1）争议评审组的成立

《2007 版标准施工招标文件》《2012 版标准设计施工总承包招标文件》约定，采用争议评审的，发包人和承包人应在开工日后的 28 天内或在争议发生后协商成立争议评审组。争议评审组由有合同管理和工程实践经验的专家组成。

2）争议评审的程序

《2007 版标准施工招标文件》约定的评审程序是：①由申请人向争议评审组提交评审申请报告，并将副本提交被申请人及监理人；②由被申请人在收到副本后 28 天内提交答辩报告并附证明材料；③无特别约定，则争议评审组在收到合同双方报告后的 14 天内，邀请双方代表和有关人员举行调查会，调查争议细节；④在调查会结束后的 14 天内，争议评审组应在不受任何干扰的情况下进行独立、公正的评审，作出书面评审意见，并说明理由。

3）争议评审的结果

《2007 版标准施工招标文件》《2012 版标准设计施工总承包招标文件》约定，发包人和承包人接受评审意见的，由监理人根据评审意见拟定执行协议，经争议双方签字后作为合同的补充文件，并遵照执行；发包人或承包人不接受评审意见，并要求提交仲裁或提起诉讼的，应在收到评审意见后的 14 天内将仲裁或起诉意向书面通知另一方，并抄送监理人，但在仲裁或诉讼结束前应暂按总监理工程师的确定执行。

11.3.4 仲裁

仲裁是指争议各方依据在争议发生前或发生后签订仲裁协议，自愿将其争议提交至仲裁机构进行审理，并接受该裁判约束的制度。仲裁活动和法院的审判活动一样，关乎当事人的实体权益，是解决民商事争议的重要方式。仲裁机构通常是民间团体的性质，其受理案件的管辖权来自合同各方的一致选择，否则仲裁机构无权受理案件。我国实行“或裁或审制”，即当事人只能选择仲裁或诉讼两种方式中的一种来解决争议，若当事人选择了以仲裁途径解决争议，就不能再选择诉讼方式。国际工程承包以及国际贸易合同中，因涉及各国对他国法院判决的认可和执行问题，通常合同当事人均约定仲裁作为争议处理方式。

1. 仲裁的特点

仲裁作为一种独立的争议解决方式，与诉讼相比具有诸多不同。仲裁的典型特点如下：

1）仲裁具有自愿性和灵活性

《仲裁法》第四条规定：“当事人采用仲裁方式解决纠纷，应当双方自愿，达成仲裁协议。没有仲裁协议，一方申请仲裁的，仲裁委员会不予受理。”

仲裁的自愿性是仲裁最突出的特点。一方面，提交仲裁解决争议的前提是当事人基于自愿签订了仲裁协议，如无仲裁协议，则不能启动仲裁。另一方面，仲裁庭的组成、仲裁地、仲裁语言等均需要当事人在自愿的基础上协商确定。因此，仲裁是最能充分体现当事人意思自治原则的争议解决方式。

与诉讼相比，仲裁的规则能体现较为突出的灵活性，如当事人自行选择仲裁员、书面审理、仲裁程序等方面，此外，仲裁管辖由当事人选择适用，不受地域管辖、级别管辖和不动产专属管辖限制，且在审理时限和代理制度方面也存在很大的灵活性。

2）仲裁具有专业性

《仲裁法》第十三条规定，仲裁员应当符合的条件中包括具有法律知识，从事经济贸易等专业工作并具有高级职称或者具有同等专业水平。因此，众多纠纷案件的当事人愿意选择具有专业知识的专家，如建设工程、知识产权、计算机信息技术、金融等方面的专家，以确保案件在审理裁判过程中的公平性。

3）仲裁具有保密性

与诉讼不同，仲裁以不公开审理为原则，以公开审理为例外。《仲裁法》第四十条规定："仲裁不公开进行。当事人协议公开的，可以公开进行，但涉及国家秘密的除外。"该条规定充分体现了仲裁的保密性。仲裁的保密性还体现在有关的仲裁法律和仲裁规则规定了仲裁员及仲裁秘书人员的保密义务。因此当事人的商业秘密和贸易活动不会因仲裁活动而泄露，故仲裁表现出极强的保密性。

4）仲裁具有快捷性

《仲裁法》第九条规定："仲裁实行一裁终局的制度。裁决作出后，当事人就同一纠纷再申请仲裁或者向人民法院起诉的，仲裁委员会或者人民法院不予受理。"一裁终局制度的确立，不仅排除了所谓又裁又审的可能性，而且也否定了一裁一复议的可能性，即裁决作出后也不能向行政机关、其他仲裁机构申请复议，一次裁决即意味着该纠纷最终解决完毕。一裁终局制度有助于当事人之间的纠纷能够得以迅速解决。

5）仲裁具有经济性

仲裁的经济性主要表现在：时间上的快捷性使得仲裁所需费用相对较少；仲裁无须多审级收费，使得仲裁费往往低于诉讼费；仲裁的自愿性、保密性使当事人之间通常没有激烈的对抗，且商业秘密不必公之于世，对当事人之间今后的商业机会影响较小。

6）仲裁具有独立性

在机构设置上，仲裁机构不依附于任何机关和团体，仲裁庭在审理仲裁案件时，依法独立进行审理和作出裁决，不受任何机关、团体和个人的干涉。

7）仲裁具有国际性

随着经济全球化，仲裁案件的来源、当事人、仲裁庭的组成以及裁决的执行，国际性因素越来越多，跨国仲裁已屡见不鲜。

2. 仲裁的适用范围

尽管仲裁是一种经济快捷的争议解决方式，但并非所有的争议都可以由仲裁解决。《仲裁法》对仲裁范围作出了明确具体的规定。

1）可以适用仲裁的争议

根据法律规定，平等主体的公民、法人和其他组织之间发生的合同纠纷和其他财产权益纠纷，可以仲裁。可以仲裁的争议应当具备三个基本条件：①发生纠纷的当事人必须是民事主体，包括国内外法人、自然人和具有独立主体资格的其他合法组织；②仲裁的争议事项应当是当事人有权处分的事项；③争议纠纷属于合同纠纷或其他财产权益纠纷。

合同纠纷是指合同当事人因订立或履行合同而产生的纠纷，包括国内外主体地位平等的自然人、法人以及其他组织之间发生的各类经济合同纠纷、知识产权纠纷、房地产合同纠纷、建设工程合同纠纷、期货和证券交易纠纷、保险合同纠纷、借贷合同纠纷、票据纠纷、抵押合同纠纷、运输合同纠纷等。

其他财产权益纠纷主要是指侵权纠纷，这类纠纷在海事、房地产、产品质量、知识产权领域较为多见，也可以通过达成仲裁协议的方式选择仲裁。

2）不能适用仲裁的争议

根据《仲裁法》第三条的规定，以下两类争议不能仲裁：

① 婚姻、收养、监护、扶养、继承纠纷。这类纠纷虽然属于民事纠纷，也不同程度地涉及财产权益，但这类纠纷往往涉及当事人的身份关系，需要由法院作出判决或由政府机关作出决定，不属仲裁机构的管辖范围。

② 依法应当由行政机关处理的行政争议。行政争议是指国家行政机关之间，或者国家行政机关与企事业单位、社会团体以及公民之间，由于行政管理而引起的争议。我国法律规定这类纠纷应当依法通过行政复议或行政诉讼解决。

此外，《仲裁法》第七十七条规定："劳动争议和农业集体经济组织内部的农业承包合同纠纷的仲裁，另行规定。"

3. 仲裁协议

1）仲裁协议概述

仲裁协议是指当事人双方约定将已经发生的或将来可能发生的纠纷提交仲裁机构进行裁决，并约定解决争议的仲裁机构、仲裁规则、仲裁地等内容的协议。仲裁协议是仲裁程序启动的先决条件，仲裁协议的内容直接决定着争议是否由某个仲裁委员会管辖，争议解决适用何种实体法、何种语言等内容。因此，仲裁协议对当事人争议的解决至关重要。仲裁协议是当事人申请仲裁、排除法院管辖的法律依据和合同依据。仲裁协议一经生效，就成为仲裁机构受理合同争议的凭据，同时也是申请法院强制执行仲裁裁决的依据。

2）仲裁协议的内容

仲裁协议的内容，是双方当事人选择仲裁作为争议解决方式的意思表示。仲裁协议的内容决定着仲裁事项、仲裁机构等重要的问题，是判定仲裁条款是否成立的重要依据。仲裁协议的内容可以分为两类：一是法定内容，即法律规定仲裁协议必须具备的内容；二是约定内容，即法定内容外可由当事人自由约定的内容。

根据《仲裁法》第十六条第2款的规定："仲裁协议应当具有下列内容：①请求仲裁的意思表示；②仲裁事项；③选定的仲裁委员会。"该三项内容也即仲裁协议的法定内容。在法定内容中，需要对"选定的仲裁委员会"作特别说明。

根据我国仲裁法的规定以及仲裁实践，合同当事人在仲裁协议中必须明确规定其争议解决的仲裁机构，以便该仲裁机构行使管辖权。当事人只需选择明确具体的仲裁机构即可，至于仲裁员的选定则不是仲裁协议的法定内容。另外，根据仲裁法的规定："仲裁协议对仲裁事项或者仲裁委员会没有约定或者约定不明确的，当事人可以补充协议；达不成补充协议的，仲裁协议无效。"可见，选定具体的仲裁委员会是我国仲裁协议有效的实质要件。而仲裁的意思表示和仲裁事项的约定则比较容易实现。在选择仲裁机构时，应注意如下问题：

（1）仲裁机构可以在合同争议解决条款中约定明确，也可以通过专门的仲裁协议书予以约定。

（2）仲裁机构的约定，应当明确且唯一。《仲裁法司法解释》第五条规定："仲裁协议约定两个以上仲裁机构的，当事人可以协议选择其中的一个仲裁机构申请仲裁；当事人不能就仲裁机构选择达成一致的，仲裁协议无效。”为避免当事人无法在已经约定的两个仲裁机构中合意选定一个，进而导致仲裁协议无效的情形发生，当事人在签订仲裁协议时应约定唯一确定的仲裁机构。如合同争议解决条款约定：“因本合同产生的争议，合同当事人可以提交到北京的仲裁委员会裁决。”该条款中约定的仲裁机构采用的是“北京的仲裁机构”，众所周知，北京市至少有两家仲裁机构，包括北京仲裁委员、中国国际经济贸易仲裁委员会，还有海事仲裁委员会，如此约定，不能导致选择的仲裁机构为明确唯一，需要合同当事人重新予以确认方可确定仲裁机构。

（3）合同当事人如拟选择以仲裁方式解决争议，则不应既约定仲裁，又同时约定以诉讼方式解决争议，以避免仲裁协议无效的情形发生。《仲裁法司法解释》第七条规定：“当事人约定争议可以向仲裁机构申请仲裁也可以向人民法院起诉的，仲裁协议无效。但一方向仲裁机构申请仲裁，另一方未在《仲裁法》第二十条第 2 款规定期间内提出异议的除外。”

关于仲裁协议约定的内容，主要是指当事人可以在不违反法律规定的前提下约定一些事项，如涉外仲裁中选择适用法律的问题。应当注意的是，在我国，一裁终局制中不同仲裁机构的仲裁规则对仲裁费用的负担，仲裁员的选定、指定方法都有相应的规定，如当事人对仲裁费用负担，仲裁员选定或指定方法、仲裁程序等没有约定的，可以直接适用仲裁机构的仲裁规则，如当事人对仲裁费用负担，仲裁员选定或指定方法、仲裁程序有特别约定的，则可以按照当事人约定执行，体现出仲裁程序的灵活性。

3）仲裁协议的形式

在实践中，仲裁协议往往可以表现出多种形式。根据仲裁协议订立的时间，仲裁协议可以分为事前仲裁协议和事后仲裁协议。其中，纠纷发生前订立的仲裁协议称为事前仲裁协议；纠纷发生后订立的仲裁协议称为事后仲裁协议。实践中，多数仲裁协议为事前仲裁协议。

根据仲裁协议的意思表示，仲裁协议可以分为明示仲裁协议和默示仲裁协议。明示仲裁协议，是当事人以口头或书面等形式明确、积极地表示将争议交付仲裁的意思而达成的仲裁协议。默示仲裁协议，是指当事人以实际行为表示仲裁意思而达成的仲裁协议。即双方当事人事先既无口头又无书面方式的仲裁协议，争议发生后，一方当事人向仲裁机构申议而应诉。在此种情形下，双方当事人都以实际行动接受了仲裁这一解决纠纷的方式，当事人之间就达成了一个默示的仲裁协议。

需要注意的是，我国仲裁法不承认默示仲裁协议，也不承认口头仲裁协议，只承认书面方式明示的仲裁协议，因此，当事人拟选择仲裁解决争议的，应当以书面形式签订符合仲裁法要求的仲裁协议。在具体的实践中，符合仲裁法对仲裁协议形式要件要求的仲裁协议包括如下三种：

（1）典型规范的书面仲裁协议。此类仲裁协议包括约定在主合同中的仲裁条款以及在合同之外专门签订的仲裁协议两种。例如，在订立建设工程施工总承包合同时，双方当事人没有在合同中约定争议的解决方式，事后双方当事人再专门订立一个协议，约定有关仲裁事宜，这样一个协议就是仲裁协议书。各仲裁机构都设有相应的示范仲裁条款，如北京仲裁委员会示范仲裁条款为：“因本合同引起的或与本合同有关的任何争议，均提请北京仲裁委员会根据该会仲裁规则进行仲裁。仲裁裁决是终局的，对双方均有约束力。”为避免当事人对仲裁协议的效力发生争议，当事人可以直接引用示范仲裁条款。

（2）存在于函电中的仲裁协议。此种仲裁协议与以上典型规范的书面仲裁协议不同之处在于，后者是一个完整的合同，其载体是一份独立的文件；而存在于函电中的仲裁协议明显地由要约和承诺两部分构成，这两部分往往存在于双方的信函之中，不处于同一份文件上。

（3）引用型书面仲裁协议。是指在合同有关条款引用的文件中，包含有关仲裁方面的内容，这些内容即视为当事人所订立的仲裁协议。应当注意的是，在引用型仲裁协议中，必须是在被引用的文件中的确存在仲裁的有关内容且仲裁委员会是可以确定的方可。

4）涉外仲裁协议

涉外仲裁协议，是指涉外民商事案件的当事人约定将纠纷提交某仲裁机构并按该仲裁机构规则解决争议的书面协议。涉外仲裁协议亦是仲裁机构受理涉外仲裁案件的唯一法律依据。

（1）涉外仲裁协议大致分为两类：

a. 合同中的“仲裁条款”。争议发生之前，双方当事人在合同中所订立的将有关合同争议交付仲裁的条款，是目前在涉外仲裁中普遍采用的一种形式。仲裁机构一般都拟定有自己的示范仲裁条款，推荐给当事人订立合同时采用。如中国国际经济贸易仲裁委员会的示范仲裁条款为：“凡因本合同引起的或与本合同有关的任何争议，均应提交中国国际经济贸易仲裁委员会，按照申请仲裁时该会现行有效的仲裁规则进行仲裁。仲裁裁决是终局的，对双方均有约束力。”

b. 单独订立仲裁协议。该种仲裁协议书是在争议发生之前或发生之后由当事人订立的表示同意将争议交付仲裁的一种专门协议。当事人在往来函电及其他有关文件中达成的将争议交付仲裁的特别约定，如通过信件、电传、电报、传真或其他电子传送系统达成的将争议交付仲裁的协议，也属这类仲裁协议。

（2）订立涉外仲裁协议时应当注意如下问题：

a. 尽量选择我国的常设仲裁机构。对于涉外争议，尽管当事人可以选择中国的仲裁机构解决争议，亦可选择国外的仲裁机构，如斯德哥尔摩商会仲裁院、英国伦敦国际仲裁院、国际商会仲裁院、美国仲裁协会等，但中国的当事人在与国外当事人订立仲裁协议时，应尽量争取选择中国的常设仲裁机构进行仲裁，如中国国际经济贸易仲裁委员会、北京国际仲裁中心等。特殊情况下，也可约定新加坡国际仲裁中心、ICC 国际商会仲裁院等第三地仲裁机构。

b. 可以约定与仲裁有关的其他事项。在涉外仲裁协议中，当事人除需要约定解决争议的仲裁机构外，还可以对仲裁所适用的程序规则作出约定。仲裁规则即可采用仲裁机构自己的程序规则，也可由当事人另外约定，比如采用《联合国国际贸易法委员会仲裁规则》或其他的涉外仲裁或国际商事仲裁规则。

11.3.5 民事诉讼

1. 民事诉讼概述

民事诉讼是指公民、法人或其他组织将因财产关系和人身关系产生的纠纷提交法院予以解决的争议解决方式。民事诉讼是解决民事纠纷最为普遍的一种方式，所有的民事纠纷，争议当事人都可以通过诉讼的方式寻求解决，但是，如合同当事人已经约定通过仲裁解决纠纷的，则应当将争议提交仲裁委员会解决。

民事诉讼作为解决民事争议的重要方式，具有如下特点：

1）典型的公权性

民事诉讼不同于其他解决纠纷方式，它是在国家审判权力介入之下，对民事纠纷通过国家的司法程序进行解决。

2）严格的规范性

民事诉讼活动必须严格根据民事实体法和程序法的要求进行，《民事诉讼法》第二百零七条规定："当事人的申请符合下列情形之一的，人民法院应当再审……（三）原判决、裁定适用法律确有错误的；（四）人民法院违反法定程序，可能影响案件正确判决、裁定的……"因此，人民法院在审理案件时违反民事实体法或程序法的，人民法院均应对该类违反规范性文件的案件启动再审，维护民事诉讼严格的规范性。

3）明显的阶段性

根据《民事诉讼法》的规定，民事诉讼活动分为一审阶段、二审阶段、执行阶段和审判监督阶段。每一个阶段又有严密完整的流程，前一阶段是后一阶段的基础和前提，后一阶段是前一阶段的继续和延伸。

2. 合同民事诉讼条款的约定

诉讼与仲裁不同之处在于，诉讼的启动并不以双方约定诉讼条款为前提。但当事人也可以在签订合同时一并约定诉讼条款，这并不意味着约定诉讼条款不存在任何价值和意义，诉讼条款的价值体现在其对地域管辖的确定上。

民事诉讼中的管辖，是指各级法院之间和同级法院之间受理第一审民事案件的分工和权限，是在法院内部具体确定特定的民事案件由哪个哪级法院行使民事审判权的一项制度。确定争议应由哪一级法院管辖称为级别管辖，而确定争议由同一级别的哪一个法院管辖则称为地域管辖。级别管辖由法律规定，而地域管辖除法律另有规定外，可以由当事人约定。

对于合同争议，如果当事人未约定争议解决地域管辖的法院，根据《民事诉讼法》第 22 条规定，应由被告住所地或者合同履行地人民法院管辖。若当事人约定争议管辖法院的，根据《民事诉讼法》第三十五条规定："合同或者其他财产权益纠纷的当事人可以书面协议选择被告住所地、合同履行地、合同签订地、原告住所地、标的物所在地等与争议有实际联系的地点的人民法院管辖，但不得违反本法对级别管辖和专属管辖的规定。"当事人可以在上述五个地点中选择一个作为管辖法院。当事人选择哪一法院作为解决争议的法院，主要应从解决纠纷的便利性、是否便于查明事实、与纠纷的关联性、是否便利执行等角度进行考虑。

需要注意的是，对于建设工程施工合同纠纷，2022 年修订的《最高人民法院关于适用〈中华人民共和国民事诉讼法〉的解释》第二十八条规定："民事诉讼法第三十四条第一项规定的不动产纠纷是指因不动产的权利确认、分割、相邻关系等引起的物权纠纷。农村土地承包经营合同纠纷、房屋租赁合同纠纷、建设工程施工合同纠纷、政策性房屋买卖合同纠纷，按照不动产纠纷确定管辖。不动产已登记的，以不动产登记簿记载的所在地为不动产所在地；不动产未登记的，以不动产实际所在地为不动产所在地。"

因此，建设工程施工合同纠纷属于专属管辖的范围，应由工程所在地法院管辖，当事人不能约定管辖法院。

3. 涉外民事诉讼注意事项

1）涉外民事诉讼的概念

涉外民事诉讼是指具有涉外因素的民事诉讼。所谓涉外因素，主要是指在法律关系的诸要素中至少有一个因素与外国有联系，如诉讼当事人一方或各方是外国人、无国籍人、外国法人或其他组织；诉讼所涉及的标的物在外国领域内；产生、变更或消灭民事权利义务关系的法律事实发生在国外。所谓涉外民事诉讼程序，是指人民法院受理、审判及执行具有涉外因素的民事案件时所适用的程序。

2）涉外民事诉讼的特殊规定

（1）管辖问题。因合同纠纷或者其他财产权益纠纷，若对方当事人在中华人民共和国领域内没有住所，但是合同在中华人民共和国领域内签订或履行，或者诉讼标的物在中华人民共和国领域内，或者该对方当事人在中华人民共和国领域内有可供扣押的财产，或者该对方当事人在中华人民共和国领域内设有代表机构的，该类民事诉讼可以由合同签订地、合同履行地、诉讼标的物所在地、可供扣押财产所在地、侵权行为地或者代表机构住所地人民法院管辖。

（2）法律适用问题。程序法方面，国际上一般公认，法院在审理涉外民事案件所涉程序问题方面，均依属地主义适用法院地法。我国《民事诉讼法》规定，在中华人民共和国领域内进行涉外民事诉讼，适用《民事诉讼法》有关规定；中华人民共和国缔结或者参加的国际条约与《民事诉讼法》有不同规定的，除非我国作出保留声明，否则应优先适用该国际条约的规定；对享有外交特权与豁免的外国人、外国组织或者国际组织提起的民事诉讼，应当依照我国法律和我国缔结或者参加的国际条约的规定办理。实体法方面，当事人依照法律规定可以明示选择涉外民事关系适用的法律，中华人民共和国法律对涉外民事关系有强制性规定的，直接适用该强制性规定，当事人选择适用的外国法律将损害中华人民共和国社会公共利益的，适用中华人民共和国法律。

（3）外国法律判决或仲裁裁决的承认与执行问题。对当事人申请或者外国法院请求我国人民法院承认和执行的外国法院判决或者仲裁裁决，我国人民法院应当依照我国法律，或者根据我国缔结或者参加的国际条约的规定进行审查，裁定予以承认后，才具有效力，需要执行的，可依照我国民事诉讼法的规定予以执行。

（4）语言文字的选择问题。《民事诉讼法》规定，人民法院审理涉外民事案件时，应当使用中华人民共和国通用的语言、文字，但可以根据当事人的要求提供翻译，翻译相关的费用由当事人承担。

第 12 章　国际常用建设工程合同文本简介

12.1　FIDIC 合同文本

12.1.1　FIDIC 合同文本简介

1. FIDIC 组织

FIDIC 是国际咨询工程师联合会（Fédération Internationale Des Ingénieurs Conseils）的法文字头的缩写，简称“菲迪克”。FIDIC 是最具权威的国际咨询工程师组织，在总结以往国际工程施工管理的成功经验和失败教训的基础上，发布了大量的项目管理有关文件和标准化的合同文本，推动了全球高质量的工程咨询服务业的发展。

2. FIDIC 发布的标准合同文本

目前得到广泛应用的 FIDIC 标准合同文本有：

（1）《施工合同条件》（1999 年/2017 年版），适用于各类大型或较复杂的工程项目，承包商按照雇主提供的设计进行施工或施工总承包的合同；

（2）《生产设备和设计—施工合同条件》（1999 年/2017 年版），适用于由承包商按照雇主要求进行设计、生产设备制造和安装的电力、机械、房屋建筑等工程的合同；

（3）《设计采购施工（EPC）/交钥匙工程合同条件》（1999 年/2017 年版），适用于承包商以交钥匙方式进行设计、采购和施工，完成一个配备完善的工程，雇主“转动钥匙”时即可运行的总承包项目建设合同；

（4）《简明合同格式》（1999 年版/2021 年版），适用于投资金额相对较小、工期短、不需进行专业分包，相对简单或重复性的工程项目施工；

（5）《地下工程合同条件》（2019 年版）系由 FEDICY 与国际隧道和地下空间协会（ITA-AITES）联合出版，适用于地下建设工程并考虑到了与地下物理条件有关的风险。

（6）《设计、建造和运营项目的合同条件》（2008 年版），适用于由承包商承担全部设计、施工和运营工作的总承包项目建设合同。

3. FIDIC 的《施工合同条件》

《施工合同条件》是 FIDIC 编制其他合同文本的基础，《生产设备和设计一施工合同条件》和《设计采购施工（EPC）/交钥匙工程合同条件》不仅文本格式与《施工合同条件》相同，而且内容要求相同的条款完全照搬施工合同中的相应条款。《简明合同格式》是《施工合同条件》的简化版，对雇主与承包商履行合同过程中的权利、义务规定相同。

《施工合同条件》不仅在国际承包工程中得到广泛的应用，而且各国编制的标准施工合同范本也大量参考了该文本的合同格式和条款的约定，包括我国9部委颁发的中华人民共和国标准施工招标文件中的施工合同。

由国际复兴开发银行、亚洲开发银行、非洲开发银行、黑海贸易与开发银行、加勒比开发银行、欧洲复兴与开发银行、泛美开发银行、伊斯兰开发银行、北欧发展基金与FIDIC共同对《施工合同条件》通用条件的部分条款进行了细化和调整，形成“06多边银行版”。由于FIDIC编制的合同文本力求在雇主与承包商之间体现风险合理分担的原则，而国际投资金融机构的贷款对象是雇主，调整的条款更偏重雇主对施工过程中的控制。

12.1.2 FIDIC施工合同条件简介

FIDIC编制的《土木工程施工合同条件》，于1957年首次出版。在此以前还没有专门编制的使于国际合同的条件，由于其封面为红色，“红皮书" 则成为其简称并为众人所知。第一版是以当时正在英国使用的合同为蓝本，因而所反映的传统和法律制度具有英国特色。第二版于60年代中期发行，但没有改变第一版中包含的条件，只是在第一版的基础上增加了第三部分。此部分的编撰提供了用于疏浚和填筑合同时，对通用条件所作的一些具体变动。1977年出版的第三版对第二版作了全面修订，同时出版的还有一本与之配套的解释性文件，题为《土木工程合同条件》：FIDIC拥有一个委员会，即土木工程合同委员会（CECC），该委员会监督红皮书的使用，并负责向FIDIC执行委员会汇报情况。1983年CECC向执行委员会反映，在某些地方业主们对文件提出了批评。另外，红皮书常常使用发展中国家的项目，业主代表无权向工程师授权，而在编制第三版时，则认为业主代表有此权利，于是，执行委员会要求CECC编制第四版。CECC编制第四版时参考了如下条件：第一，只有在必须改动的地方才改动；第二，保持工程师的基本作用；第三，特别注意一些具体问题，如保函和保证书、风险分担、保险、索赔程序、证书、付款以及争端程序；第四，尽量使用现代语言以便负责现场条件管理的人员更容易理解。同时，CECC在此次修订过程中，与第三版不同，承包商代表具有咨询地位，欧洲国际承包商会（EIC）受国际承包商协会联盟（CICA）的委托，承担了顾问的任务；并且，在修订时比以往更多地与世界银行进行了协商，还与阿拉伯联合基金会的代表进行了接触，1987年9月在瑞士举行的FIDIC年会上发行了《土木工程施工合同条件》第四版。在第四版中，从五个方面作了体系的改动：一是，第二部分（专用条件）已从备忘录形式扩展为一套完全展开的示范条款；二是，第二部分已单独装订成册，这就能够使第一部分（通用条件）以印刷形式附在招标文件中，对第一部分可不作任何改动，如果要求任何改动，则须通过第二部分中某一条款来体现；三是，以前的第三部分（疏浚和填筑工程）已被编入第二部分；四是，各个承包商协会的名单不再列出，但这并不影响国际承包商协会联盟各成员对本条件的使用；五是，语言风格和条款编排在一定程度上已现代化，但保留了条款的编码顺序。该版合同条件包括两部分：第一部分——通用条件、第二部分——专用条件。在通用条件中，包括七十二条194款，规定了以下内容：定义与解释，工程师及工程师代表，转让与分包，合同条件，一般义务，责任的分担和保险的义务，承包商的其他义务，劳务，材料、工程设备和工艺，暂时停工，开工和误期，缺陷责任，变更、增添和省略，索赔程序，承包商的设备、临时工程和材料，计量，暂定金额，指定的分包商，证书与支付，补救措施，特殊风险，解除合同，争端的解决，通知，业主的违约，费用和法规的变更，货币及汇率。通用条件后面附有投标书、投标书附件和协议书的格式。FIDIC 于 1988 年和 1992 年先后两次对第四版进行了修订。

1999 年，国际工程师协会联合会（FIDIC）出版四种新的合同标准形式，包含《施工合同条件》（1999 年版）。18 年后，在总结《施工合同条件》（1999 年版）经验的基础上，2017 年国际工程师协会联合会（FIDIC）出版《施工合同条件》（2017 年版），作为第一版的更新，延续了 FIDIC 平衡风险分担的基本原则。

12.1.3　FIDIC 生产设备和设计—施工合同条件（黄皮书）与设计采购施工（EPC）/交钥匙工程合同条件（银皮书）简介

《设计—施工与交钥匙工程合同条件》是由 FIDIC 于 1995 年首次出版的，被推荐在国际招标的工程设计和施工中通用；稍加修改，也同样适用于各国的国内合同。“设计-施工”与“交钥匙”这两个术语，除都涉及承包商对设计完全负责外，国际上还有没公认的定义。

FIDIC 于 1999 年出版四种新的合同标准形式，包含《生产设备和设计-施工合同条件》（黄皮书）与《设计采购施工（EPC）/交钥匙工程合同条件》（银皮书）。

FIDIC 合同条件在编制中认识到，有许多条款是普遍适用的，而同时有些条款则必须考虑到特定合同的某些具体情况予以变动。“黄皮书”和“银皮书”考虑雇主和承包商责任和风险的承担不同，在一些内容上进行了区分。

在本书中，仅以 FIDIC《生产设备和设计—施工合同条件（2017 年版）》（黄皮书）的主要条款为例，简介一下合同结构。

1. 黄皮书的合同条件构成

该合同条件主要包括：

（1）通用条件；

（2）专用条件 A 部分——合同数据；

（3）专用条件 B 部分——特别规定；

（4）附件：《担保函》、《中标函》、《合同协议书》和《争议避免/裁决委员会协议书》格式。

2. 通用条件

通用条件共 21 条。

1）一般规定

本条包括定义、解释、通知和其他通信交流、法律和语言、文件优先次序、合同协议书、权益转让、文件的照管和提供、雇主要求中的错误、雇主使用承包商文件、承包商使用雇主文件、保密、遵守法律、共同和各自的责任、责任限度、终止合同等 16 个条款。

2）雇主

本条包括现场进入权、协助雇主人员和其他承包商、雇主的资金安排、现场数据和参考事项、雇主提供的材料和雇主设备等 6 个条款。

3）工程师

本条包括工程师、工程师的任务和权利、工程师代表、工程师的托付、工程师的指示、工程师的替代、商定或确定、会议等 8 个条款。

4）承包商

本条包括承包商的一般义务、履约担保、承包商代表、分包商、指定分包商、合作、放线、健康和安全义务、质量管理和合规验证体系、现场数据的使用、中标合同金额的充分性、不可预见的物质条件、道路通行权和设施、避免干扰、进场通路、货物运输、承包商设备、环境保护、临时公用设施、进度报告、现场安保、承包商的现场作业、考古和地质发现等 23 个条款。

5）设计

本条包括一般设计义务、承包商文件、承包商的承诺、技术标准和法规、培训、竣工记录、操作和维护手册、设计错误等 8 个条款。

6）员工

本条包括员工的雇用、工资标准和劳动条件、招聘人员、劳动法、工作时间、为员工提供设施、人员的健康和安全、承包商的监督、承包商人员、承包商的记录、无序行为、关键人员等 12 个条款。

7）生产设备、材料和工艺

本条包括实施方法、样品、检验、由承包商试验、缺陷和拒收、修补工作、生产设备和材料的所有权、土地（矿区）使用费等 8 个条款。

8）开工、延误和暂停

本条包括工程的开工时间、竣工时间、进度计划、预告警示、竣工时间的延长、部门造成的延误、工程进度、误期损害赔偿费、雇主暂停、雇主暂停的后果、雇主暂停后对生产设备和材料的付款、拖长的暂停、复工等 13 个条款。

9）竣工试验

本条包括承包商的义务、延误的试验、重新试验、未能通过竣工试验等 4 个条款。

10）雇主的接收

本条包括工程和分项工程的接收、部分工程的接收、对竣工试验的干扰、需要复原的地面等 4 个条款。

11）生产设备、材料和工艺

本条包括完工扫尾工作和修补缺陷、修补缺陷的费用、缺陷通知期限的延长、未能修补缺陷、现场外缺陷工程的修补、修补缺陷后进一步试验、接收后的进入权、承包商调查、履约证书、未履行的义务、现场清理等 11 个条款。

12）竣工后试验

本条包括竣工后试验程序、延误的试验、重新试验、未能通过竣工后试验等 4 个条款。

13）变更和调整

本条包括变更权、价值工程、变更程序、暂列金额、计日工作、因法律改变的调整、因成本改变的调整等 7 个条款。

14）合同价格和付款

本条包括合同价格、预付款、期中付款的申请、付款计划表、拟用于工程的生产设备和材料、期中付款证书的签发、付款、延误的付款、保留金的发放、竣工报表、最终报表、结清证明、最终付款证书的签发、雇主责任的中止、支付的货币等 15 个条款。

15）由雇主终止

本条包括通知改正、由承包商违约的终止、由承包商违约终止后的估价、由承包商违约终止后的付款、为雇主便利的终止、为雇主便利终止后的估价、为雇主便利终止后的付款等 7 个条款。

16）由承包商暂停和终止

本条包括由承包商暂停、由承包商终止、终止后承包商的义务、由承包商终止后的付款等 4 个条款。

17）工程照管和保障

本条包括工程照管的职责、工程照管的责任、知识产权和工业产权、由承包商保障、由雇主保障、保障分担等 6 个条款。

18）例外事件

本条包括例外事件、例外事件的通知、将延误减至最小的义务、例外事件的后果、自主选择终止、依法解除履约等 6 个条款。

19）保险

本条包括一般要求、由承包商提供的保险等 2 个条款。

20）雇主和承包商的索赔

本条包括索赔、付款和（或）竣工时间延长的索赔等 2 个条款。

21）争端和仲裁

本条包括争端避免/裁决委员会的组成、未能任命争端避免/裁决委员会成员、争端避免、取得争端避免/裁决委员会的决定、友好解决、仲裁、未能遵守争端避免/裁决委员会的决定、未设立争端避免/裁决委员会等 8 个条款。

3. 专用条件编写指南

包括：

（1）介绍性指南说明；

（2）合同数据；

（3）引言；

（4）编写招标文件注意事项；

（5）编写特别规定注意事项；

（6）项目使用建筑信息模型系统的 FIDIC 合同用户的建议说明。

4. 附件

包括：

（1）《母公司保函范例格式》；

（2）《投标保险范例格式》；

（3）《履约担保函——即付保函范例格式》；

(4)《履约担保函——担保保证范例格式》;
(5)《预付款保函范例格式》;
(6)《保证金保函范例格式》;
(7)《雇主支付保函范例格式》;
(8)《投标函》;
(9)《中标函》;
(10)《合同协议书》;
(11)《争议避免/裁决委员会协议书》。

5. 银皮书与黄皮书的差异

前述是FIDIC《生产设备和设计—施工合同条件(2017年版)》(黄皮书)的主要条款设置,《设计采购施工(EPC)/交钥匙工程合同条件(2017年版)》(银皮书)的主要条款设置基本相同,内容相近。但是在以下条款,有明显的差异:

(1)银皮书第3条以“雇主管理”条款,替代了黄皮书中的“工程师条款”。因为银皮书强调雇主较少干预,由承包商承担全部的设计、施工责任和自主管理,工程师成为不必须。

(2)银皮书第5条的“设计”和黄皮书的“设计”在责任区分方面差异明显。虽然两者都约定由“承包商应实施并负责工程的设计”,但银皮书的“设计”范围和外延要明显大于黄皮书的“设计”,且银皮书明确强调了承包商的责任。即:“雇主不应对包括在合同内的雇主要求中的任何错误、不准确或遗漏负责,并不应被认为,对任何数据或资料给出了任何准确性或完整性的表示。承包商从雇主或其他方面收到的任何数据或资料,不应免除承包商对工程施工承担的承包商职责。”

(3)银皮书第14条的“合同价格和付款”和黄皮书的“合同价格和付款”在计价方式方面差异明显。虽然两者都约定“合同价格可以调整”,但是银皮书明确强调了“资料表中列出的任何数量,其不能作为要求承包商实施的工程的实际和正确数量”。即承包商通过优化设计,在满足雇主要求的情况下,可能获得更多利益。相对照的是,黄皮书的条款可能将这些利益转归雇主享有。见条款:“如果工程的任何部分将根据供应的数量或已完工的工作进行支付,则测量和估价的规定应在专用条件加以说明。合同价格相应估价,并可根据合同进行调整。”

(4)银皮书附件取消了《中标函》,并要求将《合同价格明细》作为《合同协议书》的组成部分。而黄皮书不但有《投标函》,而且有《中标函》,此外,《合同协议书》中要求使用《承包商的建议书》等内容。

12.1.4 FEDIC地下工程合同条件简介

《地下工程合同条件》(翡翠书)的第一版由国际工程师联合会(FIDIC)与国际隧道和地下空间协会(ITA-AITES)联合出版。本书以系列全面的流程图开始,以视觉形式显示FIDIC地下工程合同形式的活动顺序。该合同条件涉及与地下物理条件相关的地下工程特有的风险,而这些风险不可能在合同前进行足够精确的评估,因此该合同条件认为不能完全由承包商承担。该合同条件建议雇主在编制投标文件之前和期间,必须仔细考虑以下所有五个特征,因为它们对成功完成工程的可行性和投标人对工程进行有意义的定价的能力至关重要。与其他工程相比,地下工程主要有三个独特的特点:

（1）开挖方法和地面支撑是成功实现项目的主要因素，因此也是工程的一部分；

（2）进入工程的实际通道往往只限于几个地方，甚至是一个地方，这对施工物流和环境造成了严重的限制；

（3）建造工程的土地，通常属于第三方。

此外，还有两个重要的特点，不是地下工程所独有的，但却是所有此类工程的特点：

（1）它们需要对承包商的设备进行大量投资。

（2）地下开挖和衬砌工程非常耗时。

FIDIC 认为该合同条件的以下内容尤为重要：

其一，岩土工程基线报告（GBR）被定义为与地下物理条件有关的风险分配给双方的唯一合同来源。与地面的物理条件同样重要的是，GBR 涉及地面对挖掘的反应和合同约定的施工方法下的支撑。所有在 GBR 中没有涉及的地下物理条件应被视为不可预见的。地面的可预见特性、障碍物和对开挖和地面支撑过程的不利反应所产生的风险，以及在相同条件下进行工程的生产率和成本，都分配给承包人。反之，由不可预见的地面物理条件、障碍物以及对开挖和地面支撑过程的不利反应所产生的风险则归雇主所有，因此需要延长时间和（或）向承包商偿还费用。

其二，工程某一部分或任何里程碑的完成时间可能在很大程度上取决于开挖过程中遇到的地下物理条件。由于与这些条件有关的风险被分配给雇主，完成时间应在 GBR 规定的范围内根据这些条件的变化进行调整，只要这种变化影响到工程的关键路径、某部分或任何阶段。如果遇到的条件比 GBR 中描述的要多，则应延长完工时间，而如果遇到的条件比 GBR 中描述的要少，则应缩短完工时间。因此，承包人的投标书应包括根据 GBR 中描述的条件对每个相应工作，给出施工组织设计计划，并预估工作进度与工期。开挖、地面支撑、辅助措施和衬砌的估计数量以及相应的生产率应列入基线表，阶段之间的相应顺序逻辑联系应列入完工时间表。

其三，挖掘和衬砌工程的成本也将在很大程度上取决于地下的物理条件和（或）地面对这些工程的反应。这些条件规定，开挖和衬砌工程将按照工程量清单中规定的费率和价格进行测量和支付。根据这些条件，由承包商来测量竣工量，然后由工程师同意或确定。所有其他工程（如辅助的地面工程）都是以总价的方式支付。

其四，承包商成本与时间的相关性。由于地下工程通常持续时间长，设备投资成本高，承包商成本的一个重要部分，如设备的折旧和利息、间接费用等，是与时间有关的，而其余的成本则取决于所进行的工程量或数量。因此，由于合同约定的和遇到的地下物理条件之间的差异而对完工时间的调整（如有）也应导致对承包商与时间有关的费用的调整。因此，挖掘和衬砌工程的工程量清单应区分与时间有关的费率项目、与数量有关的费率项目和履行工程的固定费率项目。

12.2　英国 NEC 合同文本

12.2.1　NEC 合同文本简介

英国土木工程师学会（ICE）编制的标准合同文本 NEC 合同（New Engineering

Contract)，不仅在英国和英联邦国家得到广泛应用，而且对国际上众多的标准化文本的起草起到参考和借鉴作用，在全球的影响力很大。

NEC合同在1993年发布第一版，最新版本NEC4合同系列于2017年发行。NEC4合同系列包括工程与建筑分包合同、工程施工合同、联盟合同、设计建造与运行合同、争议解决服务合同、框架性协议、专业服务合同、供应合同、定期服务合同和设施管理合同以及上述部分类型合同的简短版本共计21版。与NEC3不同，NEC4根据行业经验的反馈出台了新的合同形式，即设计建造和运营合同（DBO)、联盟合同（ALC）和设施管理合同（FMC)。

NEC合同族的核心是工程施工合同（ECC)，ECC的管理理念和合同原则是NEC系列其他合同编制的基础，以下就工程施工合同（ECC）文本作一简单介绍。

12.2.2 ECC施工合同文本简介

1. 工程施工合同文本的履行管理模式

工程施工合同文本的条款规定，是基于当事人双方信誉良好、履行合同诚信基础上设定的条款内容，施工过程中发生的有关事项由雇主聘任的项目经理与承包商通过协商确定的二元管理模式。合同争议首先提交给当事人共同选定的“评判人”，独立、公正地做出处理决定。虽然合同涉及的相关方也有工程师，但他的职责仅限于工程实施的质量管理，不参与合同履行的全面管理，比我国监理工程师的职责简单。

2. 工程施工合同文本的结构

工程施工合同文本具有条款用词简洁、使用灵活的特点，为了广泛适用于各类的土木工程施工管理，标准文本的结构采用在核心条款的基础上，使用者根据实施工程的承包特点，采用积木块组合形式，选择本工程适用的主要选项条款和次要条款，形成具体的工程施工合同。

1）核心条款

核心条款是施工合同的基础和框架，规定的工作程序和责任适用于施工承包、设计施工总承包和交钥匙工程承包的各类施工合同。工程施工合同第二版中的核心条款设有9条：总则；承包商的主要责任；工期；测试和缺陷；付款；补偿事件；所有权；风险和保险；争端和合同终止。共有155款。

2）主要选项条款

NEC系列中的ECC合同对应的是FIDIC的红皮书，但是红皮书是单价合同，而ECC则有包含单价合同的6种计价模式。由于核心条款是对施工合同主要共性条款的规定，因此还要根据具体工程的合同策略，在主要选项条款的6个不同合同计价模式中确定一个适用模式，将其纳入到合同条款之中（只能选择一项)。主要选项条款是根据工程项目的规模大小、设计深度、工期要求、施工难度、业主风险等不同情况所制订的，是对核心条款的补充和细化，每一主要选项条款均有许多针对核心条款的补充规定，只要将对应序号的补充条款纳入核心条款即可。主要选项条款包括：

选项A：带有分项工程表的固定总价合同（Priced contract with activity schedule)，该计价模式是按施工节点分段式支付工程款；

选项 B：带有工程量清单的单价合同（Priced contract with bill of quantities），该计价模式与 FIDIC 红皮书所采用的模式相同，即按实际工程量付款；

选项 C：带有分项工程表的目标合同（Target contract with activity schedule），该计价模式是按项目支出（支出成本＋酬金）付款，成本由业主承担，承包商按比例获得相应的酬金；

选项 D：带有工程量清单的目标合同（Target contract with bills of quantities），该计价模式不固定目标价格，目标价格在工程完工时才得以确定。在该计价模式下，按项目支出付款（支出成本＋酬金）。其中，项目支出按成本组成表（Schedule of cost components）计算，目标价格按实际发生的工程量计算，项目支出与目标价格的偏离由业主和承包商按比例分担；

选项 E：成本补偿合同（Cost reimbursable contract），该计价模式非常适合一开始就无法正确定义工作范围的项目，例如紧急或紧急工程，并且业主已准备好承担大部分财务风险，同意向承包商支付其实际产生的费用加上商定给予承包商补偿的费用；

选项 F：管理合同（Management contract）。在该种模式下，除合同中规定的由承包商承担的少量工作以外，业主将大量工程分包出去，承包商只负责管理分包。

标价合同适用于签订合同时价格已经确定的合同，选项 A 适用于固定价格承包，选项 B 适用于采用综合单价计量承包；目标合同（选项 C、选项 D）适用于拟建工程范围在订立合同时还没有完全界定或预测风险较大的情况，承包商的投标价作为合同的目标成本，当工程费用超支或节省时，雇主与承包商按合同约定的方式分摊；成本补偿合同（选项 E）适用于工程范围的界定尚不明确，甚至以目标合同为基础也不够充分，而且又要求尽早动工的情况，工程成本部分实报实销，按合同约定的工程成本的一定百分比作为承包商的收入；管理合同（选项 F）适用于施工管理承包，管理承包商与雇主签订管理承包合同，他不直接承担施工任务，以管理费用和估算的分包合同总价报价。管理承包商与若干施工分包商订立分包合同，确定的分包合同履行费用由雇主支付。若承包商直接参与施工，将部分承包任务分包，则不属于管理合同。综上所述，从选项 A 至 F，发包人的风险由小到大，从无任何风险依次递增直至承担所有风险，而总承包商的风险则反之。

3）次要选项条款

工程施工合同文本中提供了 18 项可供选择的次要选项条款，包括：通货膨胀引起的价格调整；法律的变化；多种货币；母公司担保；区段竣工；提前竣工奖金；误期损害赔偿费；“伙伴关系”协议；履约保证；支付承包商预付款；承包商对其设计所承担的责任只限于运用合理的技术和精心设计；保留金；功能欠佳赔偿费；有限责任；关键业绩指标；1996 年房屋补助金、建设和重建法案（适用于英国本土实施的工程）；1999 年合同法案（适用于英国本土实施的工程）；其他合同条件。

雇主在制订具体工程的施工合同时，根据工程项目的具体情况和自身要求选择本工程合同适用的选项条款。对于采用的选项，需要对应做出进一步明确的内容约定。

对于具体工程项目建设使用的施工合同，核心条款加上选定的主要选项条款和次要选项条款，就构成了一个内容约定完备的合同文件。

3. 合作伙伴管理理念

核心条款明确规定，雇主、承包商、项目经理和工程师应在工作中相互信任、相互合作和合理分担风险。工程施工合同规定合同履行过程中的合作伙伴管理，改变了传统的雇主与承包商以合同价格为核心，中标靠报价、盈利靠索赔的合同对立关系，建立以工程按质、按量、按期完成并实现项目的预期功能，作为参与项目建设有关各方的共同目标，进行合作管理的新理念（Partnering 管理模式）。次要选项条款中规定的伙伴关系协议，要求雇主与参建各方在相互信任、资源共享的基础上，通过签订合作伙伴协议，组建工作团队，在兼顾各方利益的条件下，明确团队的共同目标和各自责任，建立完善的协调和沟通机制，实现风险合理分担的项目团队管理实施模式。

1）“伙伴关系”协议

鉴于参与工程项目的有关方较多，影响施工正常进行的因素来源于各个方面，因此建立伙伴关系的有关各方不仅指施工合同的双方当事人和参与实施管理的有关各方，还可能包括合同定义的“其他方”。其他方指不直接参与本合同的人员和机构，包括雇主、项目经理、工程师、裁决人、承包商以及承包商的雇员、分包商或供应商以外的人员或机构。

伙伴关系协议明确各方工作应达到的关键考核指标，以及完成考核指标后应获得的奖励。雇主负责支付咨询顾问费用，承包商负责支付专业分包商的费用。如果因伙伴关系中某一方的过失造成了损失，各方也应通过双边合同的约定来解决。对于违约方的最终惩罚是将来不再给他达成伙伴关系的机会，即表明其诚信和能力存在污点，对以后项目的承接或参与均会产生影响。

由参与团队的主要有关方组成的核心项目组负责协调伙伴关系成员之间的关系，监控现场内外的工程实施。团队成员有义务向雇主或其他成员提示施工过程中的错误、遗漏或不一致之处，尽早防患于未然。

2）早期警告

工程施工合同文本提出的早期警告条款，是对双方诚信、合作基础上实现项目预期目标的很好措施，建立了风险预警机制。当项目经理或承包人任一方发现有可能影响合同价款、推迟竣工或削弱工程的使用功能的情况时，应立即向对方发出早期警告，而非事件发生后进行索赔。这些事件可能涉及发现意外地质条件，主要材料或设备的供货可能延误，因公用设施工程或其他承包商工程可能造成的延误，恶劣气候条件的影响，分包商未履约以及设计问题等情况。

项目经理和承包商都可以提出召开早期警告会议，并在对方同意后邀请其他方出席，可能包括分包商、供应商、公用事业部门、地方行政机关代表或雇主。与会各方在合作的前提下，提出并研究建议措施以避免或减小早期警告通知的问题影响；寻求对受影响的所有各方均有利的解决办法；决定各方应采取的行动。项目经理应在早期警告会议上对所研究的建议和做出的决定记录在案，会后发给承包商。

在核心条款“补偿事件”标题下规定，项目经理发出的指令或变更导致合同价款的补偿时，如果项目经理认为承包商未就此事件发出过一个有经验的承包商应发出的早期警告，可适当减少承包商应得的补偿。

4. 争议解决模式的选择

NEC 合同注重避免争议，该合同模版提供了三种争议解决模式，合同双方必须选择其中一种来组成完整的合同：

（1）使用裁决作为争议解决的方式，而不适用英国《住房补贴、建造和改建法案 1996》；

（2）使用裁决作为争议解决的方式，适用英国《住房补贴、建造和改建法案 1996》；

（3）采用争议避免委员会作为争议解决的方式，但是不适用英国《住房补贴、建造和改建法案 1996》。

前两种方式称之为“裁决人制度”，第三种方式则为“争议避免委员会制度”。前两种解决方式中，合同双方应联合任命一名裁决人，并且新引入了“高级代表”的角色。合同双方可以委任多名己方高级代表，高级代表可以采用任何他们认为必要的方式，如协商、调解，在较短的时限内高效解决争议，并在工程期末提供一份列明已解决与未解决的问题清单，高级代表将未解决的问题提交裁决。此处的裁决系指一种非司法的争议解决程序，通过仲裁或者双方协议的方式解决。争议避免委员会仅用于第三种模式，由 1 或 3 名成员组成，在合同执行的过程中协助解决工程中的潜在争议。一般而言，该种模式适用于大型工程项目。争议避免委员会成员由业主决定，若成员为 3 名，第三人由双方联合选定。如果任何一方通过上述方式对处理结果不满意，都可以通过法庭诉讼解决问题，最终选用的法庭由业主规定。①

12.3　美国 AIA 合同文本

12.3.1　AIA 合同文本简介

美国建筑师学会（AIA）编制了众多的系列标准合同文本，适用于不同的项目管理类型和管理模式，包括传统模式、CM 模式、设计一建造模式和集成化管理模式。

表 1　AIA 合同范本体系②

AIA 合同范本	组成	
AIA 合同范本	按系列分类	A 系列：业主与承包商之间的标准合同文件
		B 系列：业主与建筑师之间的标准合同文件
		C 系列：建筑师与专业咨询人员之间的标准合同文件
		D 系列：建筑师行业内部使用的文件
		E 系列：范例文件
		G 系列：建筑师企业与项目管理中使用的文件
	按族分类	第 1 族：传统模式项目
		第 2 族：小型项目
		第 3 族：咨询型建设管理项目（CMa）
		第 4 族：承包型建设管理项目（CMa）
		第 5 族：内部装修项目
		第 6 族：国际项目
		第 7 族：设计一施工项目（DB）
		第 8 族：合同管理和项目管理表格

① 石章勇 . NEC 系列合同下 ECC 合同的论述及主要特点［J］. 中国科技纵横，2022（9）：137-139.

② 刘晓娜 . 基于 AIA-A201 施工合同的风灾风险分担研究［D］. 河北工程大学，2016.

每一系列均包括很多相关的文件，供使用者选择，《施工合同通用条件》（A201）是施工期间所涉及各类合同文件的基础。

一份典型的AIA分包合同包括：需要竣工的项目描述、应支付的金额、付款方式、部分款项是否保留到工作完成后再支付、付款的条款和程序、争议解决。

12.3.2 CM系列标准合同简介

1. CM合同类型

CM合同属于管理承包合同，有别于施工总承包商承包后对分包合同的管理。与雇主签订合同的CM承包商，属于承担施工的承包商公司，而非建筑师或专业咨询机构。依据雇主委托项目实施阶段管理的范围和管理责任不同，分为代理型CM合同和风险型CM合同两类。代理型CM合同，CM承包商只为雇主对设计和施工阶段的有关问题提供咨询服务，不承担项目的实施风险。风险型CM合同，要求在设计阶段为雇主提供咨询服务但不参与合同履行的管理，施工阶段相当于总承包商，与分包商、供货商签订分包合同，承担各分包合同的协调管理职责，在保证工程按设定的最大费用前提下完成工程施工任务。

2. 风险型CM的工作

风险型CM承包商应非常熟悉施工工艺和方法；了解施工成本的组成；有很高的施工管理和组织协调能力，工作内容包括施工前阶段的咨询服务和施工阶段的组织、管理工作。

工程设计阶段CM承包商就介入，为设计者提供建议。建议的内容可能包括：将预先考虑的施工影响因素供设计者参考，尽可能使设计具有可施工性；运用价值工程提出改进设计的建议，以节省工程总投资等。

部分设计完成后CM承包商即可选择分包商施工，而不一定等工程的设计全部完成后才开始施工，以缩短项目的建设周期（采用快速路径法）。CM承包商对雇主委托范围的工作，可以自己承担部分施工任务，也可以全部由分包商实施。自己施工部分属于施工承包，不在CM工作范围。CM工作则是负责对自己选择的施工分包商和供货商，以及雇主签订合同交由CM负责管理的承包商（视雇主委托合同的约定）和指定分包商的实施工程进行组织、协调、管理，保证承包管理的工程部分能够按合同要求顺利完成。

3. 风险型CM的合同计价方式

风险型CM合同采用成本加酬金的计价方式，成本部分由雇主承担，CM承包商获取约定的酬金。CM承包商签订的每一个分包合同均对雇主公开，雇主按分包合同约定的价格支付，CM承包商不赚取总包、分包合同的差价，这是与总承包后再分包的主要差异之一。CM承包商的酬金约定通常可采用以下三种方式中的一种：按分包合同价的百分比取费；按分包合同实际发生工程费用的百分比取费；固定酬金。

4. 保证工程最大费用

随着设计的进展和深化，CM承包商要陆续编制工程各部分的工程预算。施工图设计完成后，CM承包商按照最终的工程预算提出保证工程的最大费用值（GMP）。CM

承包商与雇主协商达成一致后，按 GMP 的限制进行计划和组织施工，对施工阶段的工作承担经济责任。当工程实际总费用超过 GMP 时，超过部分由 CM 承包商承担，即管理性承包的含义。但并不意味 CM 是按 GMP 费用为合同承包总价，对于工程节约的费用归雇主，CM 承包商可以按合同约定的一定百分比获得相应的奖励。

约定保证工程最大费用（GMP）后，由于实施过程中发生 CM 承包商确定 GMP 时不一致使得工程费用增加的情况发生后，可以与雇主协商调整 GMP。可能的情况包括：发生设计变更或补充图纸；雇主要求变更材料、设备的标准、系统、种类、数量和质量；雇主签约交由 CM 承包商管理的施工承包商或雇主指定分包商与 CM 承包商签约的合同价大于 GMP 中的相应金额等情况。

12.3.3　AIA-A201 施工合同简介

A201 施工合同通用条款（General Conditions of the Contract for Construction）是 AIA 系列合同中 A 系列——业主与承包商之间的标准合同文件的核心文件。A201 施工合同通用条款是业主和承包商之间签订的施工合同条件，规定了在施工过程中业主、承包商和建筑师的责任义务，工程变更、施工期限、付款与完工的定义和说明、人员与财产的保护、保险及索赔。由于 A201 适用于传统的设计-施工模式，是 AIA 合同范本中使用概率最高的合同文件，A201 也被称为“基准文件”，能够与多种小单元文件相互结合使用。A201 与 A101 组成用于固定总价的业主和承包商间的标准合同，A201 与 A102 组成适用于成本加酬金的业主和承包商间的标准合同，A201 与 A401 组成承包商和分包商间的标准合同，A201 与 B101 组成业主和建筑师间的标准合同，A201 与 B103 组成大型或复杂项目工程的业主和建筑师间的标准合同，A201 与 C401 组成建筑师与咨询师间的标准合同。AIA-A201 在分配风险上的原则主要有效率原则（例如 15.2.2 对索赔处理时限的规定）、权责平衡原则（例如业主负责提供关于施工现场物理特征的调查报告并对其准确性负责，承包商对设计结构的质量及抗风险性能负责）与符合工程惯例原则（例如由业主承担国家政策和法律变化的风险，承包商承担工程质量的风险）等等。

12.4　各主要金融机构适用的国际建设工程合同模版

目前，各国际主要金融机构适用的建设工程合同模版是 FIDIC 合同，例如亚洲开发银行、世界银行、亚洲基础设施投资银行、美洲开发银行、加勒比开发银行和欧洲复兴开发银行。

其中，世界银行与亚洲开发银行采用 FIDIC 的以下合同模版：

（1）由雇主设计的建筑和工程施工合同条件（“红皮书”），2017 年第 2 版；

（2）由承包商设计的机电设备和建筑工程的工厂和设计建造合同条件（“黄皮书”），2017 年第 2 版；

（3）《EPC 交钥匙工程合同条件》（“银皮书”），2017 年第 2 版；

（4）客户/顾问示范服务协议（“白皮书”），2017 年第 5 版；

（5）设计、建造和运营项目的合同条件（“金皮书”）2008 年第 1 版；

（6）简易合同格式（“绿皮书”），1999 年第一版。

亚洲基础设施投资银行则采用 FIDIC 的以下合同模版：

（1）雇主设计的建筑和工程施工合同条件（“红皮书”），1999 年第 1 版；

（2）雇主设计的建筑和工程施工合同条件（“红皮书”），2017 年第 2 版；

（3）机电设备和建筑工程设计合同条件（“黄皮书”），1999 年第 1 版；

（4）机电设备和建筑工程设计合同条件（“黄皮书”），2017 年第 2 版；

（5）EPC 交钥匙工程合同条件（“银皮书”），1999 年第 1 版；

（6）EPC 总承包项目的合同条件（“银皮书”），2017 年第 2 版；

（7）客户/顾问示范服务协议（“白皮书”），2017 年第 5 版；

（8）设计、建造和运营项目的合同条件（“金皮书”），2008 年第 1 版；

（9）简易合同格式（“绿皮书”），1999 年第 1 版。

由此可见，相较于 NEC 与 AIA 合同，FIDIC 合同系列更受大多数国际金融机构的青睐。